中央大学高等学校

〈収録内容〉

2024年度 ………………… 一般（数・英・国）

推薦（数・英・理・社・国）

※一般国語の大問二は、問題に使用された作品の著作権者が二次使用の許可を出していないため、問題を掲載しておりません。

2023年度 ………………… 一般（数・英・国）

2022年度 ………………… 一般（数・英・国）

2021年度 ………………… 一般（数・英・国）

DL 2020年度 ………………… 一般（数・英）

便利なDLコンテンツは右のQRコードから

⇒ 

※データのダウンロードは2025年3月末日まで。
※データへのアクセスには、右記のパスワードの入力が必要となります。 ⇒ 840451

〈合格最低点〉

2024年度	177点/114点
2023年度	173点
2022年度	177点
2021年度	206点
2020年度	194点

※2024年度は、一般／推薦

本書の特長

実戦力がつく入試過去問題集

- ▶ 問題 …………… 実際の入試問題を見やすく再編集。
- ▶ 解答用紙 …… 実戦対応仕様で収録。
- ▶ 解答解説 …… 詳しくわかりやすい解説には、難易度の目安がわかる「基本・重要・やや難」の分類マークつき（下記参照）。各科末尾には合格へと導く「ワンポイントアドバイス」を配置。採点に便利な配点つき。

入試に役立つ分類マーク

基本 確実な得点源！
受験生の90%以上が正解できるような基礎的、かつ平易な問題。
何度もくり返して学習し、ケアレスミスも防げるようにしておこう。

重要 受験生なら何としても正解したい！
入試では典型的な問題で、長年にわたり、多くの学校でよく出題される問題。
各単元の内容理解を深めるのにも役立てよう。

やや難 これが解ければ合格に近づく！
受験生にとっては、かなり手ごたえのある問題。
合格者の正解率が低い場合もあるので、あきらめずにじっくりと取り組んでみよう。

合格への対策、実力錬成のための内容が充実

- ▶ 各科目の出題傾向の分析、合否を分けた問題の確認で、入試対策を強化！
- ▶ その他、学校紹介、過去問の効果的な使い方など、学習意欲を高める要素が満載！

解答用紙ダウンロード	解答用紙はプリントアウトしてご利用いただけます。弊社ＨＰの商品詳細ページよりダウンロードしてください。トビラのＱＲコードからアクセス可。
リスニング音声ダウンロード	英語のリスニング問題については、弊社オリジナル作成により音声を再現。弊社ＨＰの商品詳細ページで配信対応しております。トビラのＱＲコードからアクセス可。
UD FONT	見やすく読みまちがえにくいユニバーサルデザインフォントを採用しています。

中央大学高等学校

普通科
生徒数　499名
〒112-8551
東京都文京区春日1-13-27
☎03-3814-5275
丸ノ内線・南北線後楽園駅　徒歩5分
都営三田線・大江戸線春日駅　徒歩7分
総武線水道橋駅　徒歩15分

昼間定時制のユニークな学校
小規模校ならではの家族的情味
「真」のリーダーを目指した教育

URL	https://www.cu-hs.chuo-u.ac.jp

家族的情味豊かな中大最初の附属校

1928（昭和3）年、中央大学初の附属校として、前身の中央大学商業学校（夜間）が開校。中央大学の附属校の中では、最も古い伝統を持つ。1948年、中央大学高等学校に改称し、1957年に普通科を設置。1966年には商業科の募集を停止した。さらに1989（平成元）年度より、修業年限3年制に移行。1993年度からは、64年間の夜間定時制高校の歴史の幕を閉じ、昼間定時制高校として新たなスタートをきった。

小規模・少人数によるきめの細かい教育体制が最大の特色で、建学の精神である「質実剛健」と一人ひとりの顔が見える「家族的情味」、豊かな校風を最大限に活かしながら、調和のとれた人間形成を目指し、自主自学の精神の育成を実践している。教師は生徒一人ひとりをよく理解し、また、学年を越えた生徒間の交流も本校ならではで、生徒と教師との、心と心とが触れ合う手作りの教育が行われている。

中央大学後楽園キャンパス内に立地

校舎は、文京区春日にある中央大学後楽園のキャンパスの一角に建てられている。グラウンドはないが、大学の施設を利用できる利点もある。

3年生から文系・理系のクラスに分かれる

大学生と同じキャンパス

授業は1時限50分、1日6時限、週32時限授業となっている。土曜日も1・2年生は授業がある。

オールラウンドな教養を身につけ、さらに個々の可能性を探るために、基本的に1・2年次は共通科目を履修し、徹底して基礎学力を鍛える。3年次には、文系・理系の選択クラスとなり、さらに他大学受験者に対応できる科目も設定している。また、正規の授業以外に、0時限や7時限目、土曜日には、3年生のための受験対策講座や、第2外国語（フランス語、中国語）、英会話、英検講座などの自由選択科目が開講されている。高大一貫プログラムに基づき、附属高校の特性を活かしたゼミ授業などもある。

ラッシュを避けた余裕ある登校時間

始業時間はゆっくりめで、ラッシュを避けて登校でき、授業に集中できると生徒たちから大好評だ。

学校生活の四季を彩る数々のイベントには、春のホームルーム合宿、夏のクラブ合宿、秋の文化祭（後楽祭）、冬のマラソン大会をはじめ、球技大会、芸術鑑賞教室、英検、修学旅行、体育祭などがある。

クラブは文化部9、運動部10と多いとはいえないが、いずれも充実した活動内容と、団結力には自信がある。剣道部、サッカー部、テニス部、バスケットボール部、書道部などが各種大会で優秀な成績を収め、軟式野球部は都大会優勝経験もある。

自律を重んじる本校らしく、現制服は生徒も含めた制服委員会を設けて検討された制服だ。

中大推薦約9割 他大学も視野に入れて

中央大学の各学部に卒業生の85％が推薦入学実績がある。この附属校推薦制度では、在学中の成績・実力テスト・英語

体育祭

検定・学校生活の態度（特別活動含む）等の総合結果に基づき高校が推薦をし、大学が選考して各学部への入学が許可される。最近2ヶ年の卒業生の進路は、中央大、一橋大、東京学芸大、北海道大、東京工業大、東京都立大、横浜国立大、千葉大、慶應義塾大、早稲田大、東京理科大、立教大、明治大、青山学院大、上智大、法政大、北里大、明治薬科大などに進学している。

在校生徒による「中央大学高校」紹介文

中央大学高校は、昼間定時制のため、朝の登校時間が遅いという特徴があります。そのため、朝の空いた時間を勉強や趣味、睡眠などの時間に充てることができます。また生徒会の人数が多かったり、体育祭は中央大学の多摩キャンパスで行われたりと他の高校とは違う部分がたくさんあります。中大高にしかない高校生ライフを送ってみませんか？　ぜひ一度、多くの生徒会役員が手伝いをしている学校説明会に来てみてください。中央大学高校特有の家族的情味のある生徒や先生方が待っています！
（三年生　生徒会長　角田　侑里）

2024年度入試要項

試験日　1/22（推薦）　2/11（一般）
試験科目　基礎学力〈国・数・英・理・社〉＋面接（推薦）
国・数・英＋面接（一般）

2024年度	募集定員	受験者数	合格者数	競争率
推薦	25/25	82/101	27/31	3.0/3.3
一般	70	678	210	3.2

※人数はすべて男子/女子

過去問の効果的な使い方

① **はじめに**　入学試験対策に的を絞った学習をする場合に効果的に活用したいのが「過去問」です。なぜならば，志望校別の出題傾向や出題構成，出題数などを知ることによって学習計画が立てやすくなるからです。入学試験に合格するという目的を達成するためには，各教科ともに「何を」「いつまでに」やるかを決めて計画的に学習することが必要です。目標を定めて効率よく学習を進めるために過去問を大いに活用してください。また，塾に通われていたり，家庭教師のもとで学習されていたりする場合は，それぞれのカリキュラムによって，どの段階で，どのように過去問を活用するのかが異なるので，その先生方の指示にしたがって「過去問」を活用してください。

② **目的**　過去問学習の目的は，言うまでもなく，志望校に合格することです。どのような分野の問題が出題されているか，どのレベルか，出題の数は多めか，といった概要をまず把握し，それを基に学習計画を立ててください。また，近年の出題傾向を把握することによって，入学試験に対する自分なりの感触をつかむこともできます。

過去問に取り組むことで，実際の試験をイメージすることもできます。制限時間内にどの程度までできるか，今の段階でどのくらいの得点を得られるかということも確かめられます。それによって必要な学習量も見えてきますし，過去問に取り組む体験は試験当日の緊張を和らげることにも役立つでしょう。

③ **開始時期**　過去問への取り組みは，全分野の学習に目安のつく時期，つまり，9月以降に始めるのが一般的です。しかし，全体的な傾向をつかみたい場合や，学習進度が早くて，夏前におおよその学習を終えている場合には，7月，8月頃から始めてもかまいません。もちろん，受験間際に模擬テストのつもりでやってみるのもよいでしょう。ただ，どの時期に行うにせよ，取り組むときには，集中的に徹底して取り組むようにしましょう。

④ **活用法**　各年度の入試問題を全問マスターしようと思う必要はありません。できる限り多くの問題にあたって自信をつけることは必要ですが，重要なのは，志望校に合格するためには，どの問題が解けなければいけないのかを知ることです。問題を制限時間内にやってみる。解答で答え合わせをしてみる。間違えたりできなかったりしたところについては，解説をじっくり読んでみる。そうすることによって，本校の入試問題に取り組むことが今の自分にとって適当かどうかが，はっきりします。出題傾向を研究し，合否のポイントとなる重要な部分を見極めて，入学試験に必要な力を効率よく身につけてください。

数学

各都道府県の公立高校の入学試験問題は，中学数学のすべての分野から幅広く出題されます。内容的にも，基本的・典型的なものから思考力・応用力を必要とするものまでバランスよく構成されています。私立・国立高校では，中学数学のすべての分野から出題されることには変わりはありませんが，出題形式，難易度などに差があり，また，年度によっての出題分野の偏りもあります。公立高校を含め，ほとんどの学校で，前半は広い範囲からの基本的な小問群，後半はあるテーマに沿っての数問の小問を集めた大問という形での出題となっています。

まずは，単年度の問題を制限時間内にやってみてください。その後で，解答の答え合わせ，解説での研究に時間をかけて取り組んでください。前半の小問群，後半の大問の一部を合わせて50%以上の正解が得られそうなら多年度のものにも順次挑戦してみるとよいでしょう。

英語

英語の志望校対策としては，まず志望校の出題形式をしっかり把握しておくことが重要です。英語の問題は，大きく分けて，リスニング，発音・アクセント，文法，読解，英作文の5種類に分けられます。リスニング問題の有無(出題されるならば，どのような形式で出題されるか)，発音・アクセント問題の形式，文法問題の形式(語句補充，語句整序，正誤問題など)，英作文の有無(出題されるならば，和文英訳か，条件作文か，自由作文か）など，細かく具体的につかみましょう。読解問題では，物語文，エッセイ，論理的な文章，会話文などのジャンルのほかに，文章の長さも知っておきましょう。また，読解問題でも，文法を問う問題が多いか，内容を問う問題が多く出題されるか，といった傾向をおさえておくことも重要です。志望校で出題される問題の形式に慣れておけば，本番ですんなり問題に対応することができますし，読解問題で出題される文章の内容や量をつかんでおけば，読解問題対策の勉強として，どのような読解問題を多くこなせばよいかの指針になります。

最後に，英語の入試問題では，なんと言っても読解問題でどれだけ得点できるかが最大のポイントとなります。初めて見る長い文章をすらすらと読み解くのはたいへんなことですが，そのような力を身につけるには，リスニングも含めて，総合的に英語に慣れていくことが必要です。「急がば回れ」ということわざの通り，志望校対策を進める一方で，英語という言語の基本的な学習を地道に続けることも忘れないでください。

国語

国語は，出題文の種類，解答形式をまず確認しましょう。論理的な文章と文学的な文章のどちらが中心となっているか，あるいは，どちらも同じ比重で出題されているか，韻文(和歌・短歌・俳句・詩・漢詩)は出題されているか，独立問題として古文の出題はあるか，といった，文章の種類を確認し，学習の方向性を決めましょう。また，解答形式は，記号選択のみか，記述解答はどの程度あるか，記述は書き抜き程度か，要約や説明はあるか，といった点を確認し，記述力重視の傾向にある場合は，文章力に磨きをかけることを意識するとよいでしょう。さらに，知識問題はどの程度出題されているか，語句(ことわざ・慣用句など)，文法，文学史など，特に出題頻度の高い分野はないか，といったことを確認しましょう。出題頻度の高い分野については，集中的に学習することが必要です。読解問題の出題傾向については，脱語補充問題が多い，書き抜きで解答する言い換えの問題が多い，自分の言葉で説明する問題が多い，選択肢がよく練られている，といった傾向を把握したうえで，これらを意識して取り組むと解答力を高めることができます。「漢字」「語句・文法」「文学史」「現代文の読解問題」「古文」「韻文」と，出題ジャンルを分類して取り組むとよいでしょう。毎年出題されているジャンルがあるとわかった場合は，必ず正解できる力をつけられるよう意識して取り組み，得点力を高めましょう。

出題傾向の分析と 合格への対策

●出題傾向と内容

本年度の出題数は，一般は大問が6題，小問数は15題であった。どの問題も標準レベルかそれ以上の問題で構成されていて，全体的に難易度は高めである。推薦は独立小問4題，小問2，3題からなる大問3題であった。

本年度の出題内容は，一般が1は二次方程式，平方根，文字と式，2が推理する問題，3が図形と関数・グラフの融合問題，4が確率，5が平面図形の計量，6が空間図形の計量であった。

時間配分にも十分気をつけ，計算ミスをしないようにして，解けるものから確実に解いていき，1題でも多くの問題に取り組もう。

学習のポイント

過去の問題にじっくり取り組んで，グラフや図形の問題を解くためには，どのような力が必要なのかを早めに確認しておこう。

●2025年度の予想と対策

来年度も出題のレベル，量ともに本年度と大きく変わることはないだろう。中学数学全般から質の高い問題が出題されるので，基本事項をしっかり身につけて，すべての分野にわたって幅広く学習する必要がある。

小問の計算問題だけでなく，大問の中の計算も簡単ではないので，日頃から標準レベル以上の問題で計算練習を積み重ねるとよい。

数学的思考力を問う発展的な問題がよく出題されるので，公式の当てはめだけを考えるような学習法では不十分である。似たようなタイプの問題をより発展的な問題集から探してきて，挑戦してみよう。

▼年度別出題内容分類表 ……

※2024年度は一般をA，推薦をBとする。

出題内容			2020年	2021年	2022年	2023年	2024年
数と式		数の性質	○				AB
		数・式の計算	○		○		AB
		因数分解					
		平方根	○	○	○	○	A
方程式・不等式		一次方程式					
		二次方程式	○	○	○	○	AB
		不等式					
		方程式・不等式の応用					
関数		一次関数	○	○		○	AB
		二乗に比例する関数	○	○	○	○	AB
		比例関数					
		関数とグラフ	○	○	○	○	AB
		グラフの作成					
図形	平面図形	角度	○		○		A
		合同・相似	○	○			AB
		三平方の定理	○	○	○	○	AB
		円の性質		○	○		B
	空間図形	合同・相似				○	A
		三平方の定理	○		○	○	A
		切断			○		A
	計量	長さ	○	○	○		A
		面積		○		○	AB
		体積		○			A
		証明		○			
		作図			○	○	AB
		動点	○				
統計		場合の数					
		確率	○	○	○		AB
		統計・標本調査	○				B
融合問題		図形と関数・グラフ		○	○	○	AB
		図形と確率					
		関数・グラフと確率		○			
		その他					
その他			○	○	○	○	AB

中央大学高等学校

出題傾向の分析と合格への対策

●出題傾向と内容

一般では長文読解問題が2題出題されている。1題目は物語文で，話の内容に興味を持って読み進められるが，量が多いので速読力と文脈把握力が要求されている。2題目は量は少なめである。設問はどちらも広範囲な分野から出題されているので，バランスのとれた英語力が必要である。推薦では長文読解は1題で，文法問題が多く出題されている。

文法問題はさまざまな内容がかたよりなく出題されている。また，記述形式が多いので，英単語を正確に書けなければならない。

聞き取り問題も分量が多いため，本当の実力を身につけておく必要がある。

総合的な英語力をもって臨むべきである。

学習のポイント

より速く，より正確に長文を読みこなせるようにしておこう。文法内容はまんべくなく身につけるようにしておこう。

●2025年度の予想と対策

長文対策としては，1000語前後の長文を数多く読んでおくことが大切である。ごく標準的なレベルの長文で構わないので，ある程度の速さで無理なく読み通せるようにしておかなければならない。その際，各段落ごとの要点をつかみながら読むようにして，全体の流れをきちんとつかめるようにしておこう。

文法に関しては，基本的な内容をしっかりとおさえながら，やや発展的な熟語や構文まで身につけておきたい。

聞き取り問題は豊富な練習量が求められているので，さまざまな機会を利用して取り組むようにしよう。

▼年度別出題内容分類表 ……

※2024年度は一般をA，推薦をBとする。

	出題内容	2020年	2021年	2022年	2023年	2024年
話し方・聞き方	単語の発音	○	○	○	○	AB
	アクセント					
	くぎり・強勢・抑揚					
	聞き取り・書き取り		○	○	○	AB
語い	単語・熟語・慣用句	○	○	○	○	AB
	同意語・反意語					
	同音異義語					
読解	英文和訳(記述・選択)	○	○	○	○	AB
	内容吟味	○	○	○	○	AB
	要旨把握					
	語句解釈					
	語句補充・選択	○	○	○	○	AB
	段落・文整序					
	指示語			○	○	
	会話文					
文法・作文	和文英訳					
	語句補充・選択	○	○	○	○	AB
	語句整序	○	○	○	○	AB
	正誤問題					
	言い換え・書き換え	○	○	○	○	AB
	英問英答					
	自由・条件英作文					B
文法事項	間接疑問文	○	○			AB
	進行形					A
	助動詞	○	○	○	○	B
	付加疑問文					
	感嘆文					
	不定詞	○	○	○	○	AB
	分詞・動名詞	○	○	○	○	AB
	比較	○	○		○	AB
	受動態	○	○	○	○	AB
	現在完了	○			○	AB
	前置詞	○	○	○	○	AB
	接続詞	○		○	○	
	関係代名詞	○		○	○	AB

中央大学高等学校

出題傾向の分析と合格への対策

●出題傾向と内容

問題は小問集合形式で，小問数が本年は22題であり，全問題数は30題ほどである。理科の4分野すべてから幅広く出題されていて，全体的には標準レベルの問題であるが，物理分野の問題にやや難しい内容が含まれる一方，地学，生物分野の出題は基本的な内容の問題が大半であった。

試験時間は数学と合わせて60分である。問題数からすると時間の余裕はない。できる問題から確実に解答するようにしたい。

計算問題，化学反応式，グラフ作成，正誤問題など，出題形式は多様である。

✔学習のポイント

偏りのない出題であり，教科書の要点をしっかりと理解し，必要な事項は確実に覚えよう。

●2025年度の予想と対策

教科書を中心とした学習をまず行うこと。基本や原理をきちんと理解しないと解けない問題が多いので，標準的な入試レベルの問題集を用いて，問題演習を十分におこないたい。

小問集合形式の問題であることに加え，正誤問題の出題も多く，幅広い知識が求められる。苦手分野をつくらないようにしたい。

内容的には地学・生物分野の問題で比較的短時間で解答できるので，ここで正解を重ねたい。試験時間が数学と合わせて60分なので，難易度の高い問題に時間を費やさないように，時間配分には十分注意すること。

▼年度別出題内容分類表 ……

	出題内容	2024年
第一分野	物質とその変化	
	気体の発生とその性質	
	光と音の性質	○
	熱と温度	
	力・圧力	○
	化学変化と質量	
	原子と分子	
	電流と電圧	
	電力と熱	
	溶液とその性質	
	電気分解とイオン	○
	酸とアルカリ・中和	○
	仕事	
	磁界とその変化	○
	運動とエネルギー	
	その他	
第二分野	植物の種類とその生活	○
	動物の種類とその生活	
	植物の体のしくみ	○
	動物の体のしくみ	
	ヒトの体のしくみ	○
	生殖と遺伝	○
	生物の類縁関係と進化	
	生物どうしのつながり	
	地球と太陽系	○
	天気の変化	○
	地層と岩石	○
	大地の動き・地震	○
	その他	○

中央大学高等学校

出題傾向の分析と合格への対策

●出題傾向と内容

大問4題で地理，歴史，公民の単独のものと，時事的な事柄に関連したものが出されている。出題内容は基本的なものもあるが，東京都や近隣の県の公立高校の入試問題のレベルよりも高い知識が必要な設問も多い。

地理，歴史，公民のいずれも結構広い範囲から出題されている。地理では世界地理で時差，緯度経度，地形，日本では日本の国土，気候などに関する問題が出されている。歴史では日本史を中心に7世紀から21世紀までのいろいろなことが問われており，各時代に関する内容はやや細かい事柄も出ている。公民では政治では三権や平和問題，経済では需要供給曲線や，国際経済などについて，こちらもやはり細かい事柄も問われている。また時事的なものとして生成AIに関する文章を読み，2行程度の短文記述を書くものが2題出されている。

✔学習のポイント

中学の教科書に出てくるレベルの用語は意味や背景も理解しておこう。歴史の流れを政治や経済，文化などのテーマごとに理解しておこう。公民の用語や数字を理解し正確に覚えておこう。

●2025年度の予想と対策

来年度も例年通りの出題が予想される。出題数・内容の傾向もとくに大きくは変わらないと思われる。地理分野では，地図と統計資料を用いて各地域の地形，気候，産業，特色をつかんでおこう，歴史分野では，歴史の流れだけでなく，どのようなことが行われたのかをしっかりと理解しておこう。また日本と外国との関係もおさえておく必要がある。公民分野では語句や数字の正確な理解だけでなく，新聞やテレビのニュース番組などで話題となっている出来事をチェックし，時事問題にも対応できるようにしておこう。設問の中で正誤問題は知識だけでなく，問題文の正確な理解がものを言うところもあるので，国語の勉強も兼ねて，文章の正確な読解を意識しよう。

▼年度別出題内容分類表 ……

出題内容			2024年
地理的分野	（日本）	地形図	○
		地形・気候・人口	○
		諸地域の特色	○
		産業	
		交通・貿易	
	（世界）	人々の生活と環境	○
		地形・気候・人口	○
		諸地域の特色	○
		産業	
		交通・貿易	
	地理総合		
歴史的分野	（日本史）	各時代の特色	○
		政治・外交史	○
		社会・経済史	○
		文化史	○
		日本史総合	
	（世界史）	政治・社会・経済史	
		文化史	
		世界史総合	
	日本史と世界史の関連		
	歴史総合		
公民的分野	家族と社会生活		
	経済生活		○
	日本経済		○
	憲法（日本）		
	政治のしくみ		○
	国際経済		○
	国際政治		○
	その他		○
	公民総合		
各分野総合問題			

中央大学高等学校

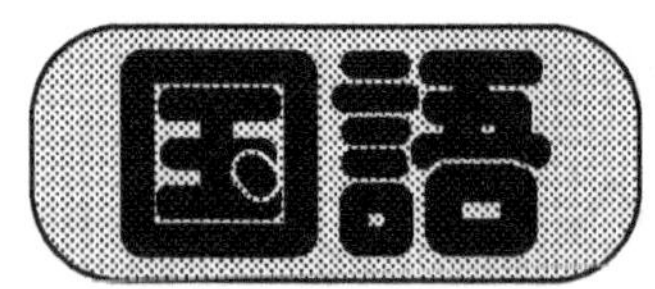

出題傾向の分析と 合格への対策

●出題傾向と内容

本年度も一般は，現代文の読解問題が2題，古文，漢文，漢字の独立問題，文法や文学史などの知識問題という大問6題の構成となっている。推薦は，現代文，古文，漢文，知識問題の大問4題となっている。

現代文は論説文・小説とも脱語補充など，本文の的確な読み取り，心情の丁寧な読み取りが必要である。選択問題が多いが難易度は高く，短い記述問題もある。古文は基本的事項から内容に関するものまで幅広く出題され，漢文は書き下し文と返り点の他，内容に関する出題であった。知識問題は現代文にも組み込まれる形で多岐にわたる。あらゆる分野からの出題で総合的な国語力が問われ，ボリュームもあるので時間配分に充分気をつけたい。

✔学習のポイント

現代文，古文，漢文と，多角的に読みこなせる力をつけておこう。

●2025年度の予想と対策

現代文の長さ・難易度ともに標準的だが，過去には論述問題が3～4題出題されていたので，対策はしっかり立てておきたい。論述問題のたくさん載っている問題集などで勉強しておこう。小説では，特に，ある程度の想像力も必要なので，文章の深い読みを心がけよう。

文学史や熟語，過去にはことわざなども出題されたので，基本事項はおさえておくこと。

文法は過去にも多く出題されている。品詞の識別がきちんとできるように学習しておこう。

古文は内容を確実に読み取る力が必要である。漢文も返り点や漢詩の形式などをまとめる必要がある。

▼年度別出題内容分類表 ……

※2024年度は一般をA，推薦をBとする。

出題内容			2020年	2021年	2022年	2023年	2024年
内容の分類	読解	主題・表題		○			
		大意・要旨		○	○	○	AB
		情景・心情	○	○	○	○	A
		内容吟味	○	○	○	○	AB
		文脈把握	○	○	○	○	AB
		段落・文章構成		○			
		指示語の問題	○	○		○	
		接続語の問題	○	○	○	○	AB
		脱文・脱語補充	○	○	○	○	AB
	漢字・語句	漢字の読み書き	○	○	○	○	AB
		筆順・画数・部首					
		語句の意味				○	AB
		同義語・対義語				○	
		熟語	○	○			AB
		ことわざ・慣用句	○		○	○	A
	表現	短文作成					
		作文(自由・課題)					
		その他					
	文法	文と文節	○				
		品詞・用法	○	○	○	○	A
		仮名遣い	○	○	○	○	AB
		敬語・その他	○	○			B
	古文の口語訳						A
	表現技法						
	文学史		○	○	○	○	AB
問題文の種類	散文	論説文・説明文	○	○	○	○	AB
		記録文・報告文					
		小説・物語・伝記	○	○	○	○	A
		随筆・紀行・日記					
	韻文	詩					
		和歌(短歌)					
		俳句・川柳					
	古文		○	○	○	○	AB
	漢文・漢詩		○	○	○	○	AB

中央大学高等学校

2024年度 合否の鍵はこの問題だ!!

（一般）

数学 [2]，[3] 問2・問3，[4] 問1，[5] 問3，[6] 問2

[2] 不定方程式といわれる問題である。本校の特徴の出題であるから，過去の出題例を研究して，解き方をマスターしておきたい。

[3] 問2 中点の座標の公式は覚えておきたい。
問3 2次方程式の解と係数の関係を利用する。類題を解いておかないとややむずかしい。

[4] 問1 まず出た目の大小関係から中央値と平均値が一致するという条件を処理する。

[5] 問3 線分比の扱い方で差がでてくる。

[6] 問2 三角柱から三角錐を取り除くところがポイントである。

◎時間配分を考えて，できるところから解くようにしていこう。過去の出題例をよく研究しておきたい。

英語 [1]

[1]の長文問題は，大変長い英文が使われたものなので，解くのに相当時間がかかると思われる。また，その内容も豊富なものなので，途中で読み誤ると最後までつじつまが合わなくなるので，注意するべきである。相当程度の長文読解力が求められていると思わねばならない。長文を読むことが苦手な人は出来るだけの努力をしてから臨むべきである。用いられている語彙や文法は特に高度なものではない。中学で学習したことで十分に対応できる。しかし，苦手な分野が残っていないか確認し，もしあったならしっかりと復習をしておくことが求められる。

設問を見ると，文法問題も含みながら，長文の内容を多角的に確認しようとするためのものが並んでいる。設問数も多い方なので，時間配分をしっかりとしてほしい。

このような問題を解くには，基礎となる語彙や文法の能力を最大限に高めておくことが必要である。また，同程度の量の英文を多く読み，長文を読むことに慣れておくことが重要である。

この問題以外は比較的解きやすいものが多いので，あまり点数差はつきにくいと思わねばならない。よって，この長文問題の出来が大きな意味をもつことを理解しておこう。

国語 二 問四

★ なぜこの問題が合否を分けたのか

文脈を的確にとらえる力が試される設問である。「これほど」が指すのは何かを考えて，丁寧に解答しよう！

★ こう答えると「合格できない」！

直前に「これがハンバーグの話であることまで想像できたという読者もいるかもしれない」とあり，この部分を「これほど」と受けていると判断しないようにしよう。35字以内で抜き出すという条件にあてはまる部分がない。直前の「私たち」が指すのはどの部分かを考えてみよう！

★ これで「合格」！

直前に「私たち」とあり，前の「日本語を母語とする人」を言い換えていることをおさえよう。「日本語を母語とする人なら，これらのオノマトペは，感覚的に意味がわかり，このダイアローグの光景が鮮明にイメージできる」を「オノマトペを熟知している」とする文脈なので，「オノマトペを熟知している」にあてはまる部分として「感覚的に意味がわかり，このダイアローグの光景が鮮明にイメージできる(33字)」を抜き出し，「感覚的に意(5字)」としよう！

2024年度

★★★★★★★★★★★★★★★★★★★★★★

入　試　問　題

2024年度

中央大学高等学校入試問題（一般）

【数　学】（50分）　＜満点：100点＞
【注意】 定規　分度器・電卓は使えません。

1　次の問に答えなさい。

問１．２次方程式 $x^2+6x-8=0$ を解きなさい。

問２．$\dfrac{3+2\sqrt{3}}{\sqrt{15}}-\dfrac{\sqrt{30}-8\sqrt{10}}{5\sqrt{2}}$ をできるだけ簡単にしなさい。

問３．n を自然数，$r>1$ とする。指数が１から n まで１つずつ増える n 個の r の累乗数の和

$$S=r+r^2+r^3+\cdots+r^n$$

について，$S-rS$ を考えることによって，「…」を使わない分数式で S を表しなさい。

2

ある国の年齢別人口割合を調べていたところ，10年ごと（2000年，2010年，2020年）での３種類（年少，生産年齢，老年）の人口割合が整数で％表示されており，各年で３種類の人口割合の和が100％になっているデータを見つけました。さらに，次の①～④の条件が成り立つとき，以下の問に答えなさい。

①生産年齢人口割合は各年で他の人口割合に比べて大きいが，10年ごとに４％以上減少している。
②老年人口割合はすべて素数で表示されており，10年ごとに６％ずつ増加している。
③2000年では，生産年齢人口の割合が老年人口の割合のちょうど４倍となっている。
④2010年，2020年とも生産年齢人口割合が年少人口割合の４倍以上，かつ５倍以下となっている。

問１．2000年での年少，生産年齢，老年の人口割合を，（年少，生産年齢，老年）の形で答えなさい。例えば，年少が35％，生産年齢が52％，老年が13％のとき，（35，52，13）と解答欄に記入しなさい。

問２．2020年での年少，生産年齢，老年の人口割合を，問１と同じ形ですべて答えなさい。

3

次のページの図のように，直線 $l: y=x-1$ が放物線 $C_1: y=-2x^2$ と異なる２点A，Bで交わっており，さらに，直線 l と放物線 $C_2: y=ax^2$（$a>0$）が異なる２点P，Qで交わるか，その２点が重なり，１点Pのみで交点をもつ場合を考えます。このとき，以下の問に答えなさい。

問１．辺ABの長さを求めなさい。

問２．辺ABと辺BPの長さが等しくなるときの，a の値を求めなさい。

問３．辺ABと辺PQの長さが等しくなるときの，a の値を求めなさい。

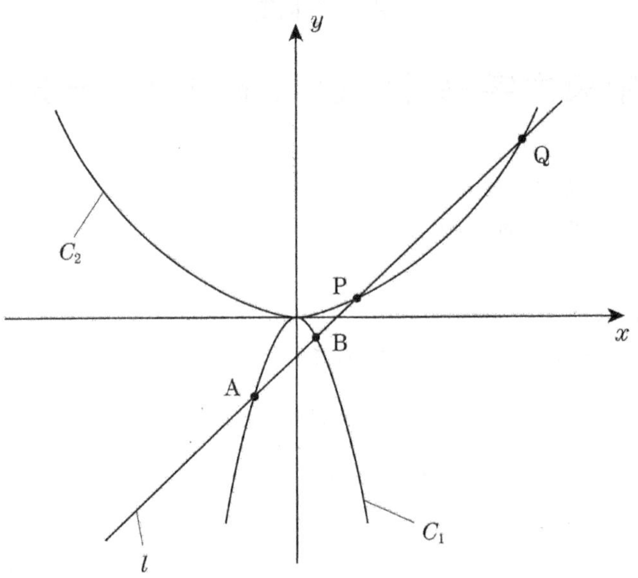

4

さいころを３回振り，１回目，２回目，３回目に出た目の数をそれぞれ a，b，c とします。このとき，以下の問に答えなさい。

問１．a，b，c の中央値と平均値が一致する確率を求めなさい。

問２．a，b，c の平均値が３より大きく，4より小さくなる確率を求めなさい。

5

右図のように，中心Ｂ，半径$\sqrt{3}$の円に対して，対角線の交点がＡである正方形と，半径が１の２つの円（中心がＣとＤ）が接していて，点Ｅ，Ｆ，Ｇがそれぞれの接点になっています。さらに，AB＝BC＝CDが成り立ち，線分BHが∠ABDの二等分線になっているとき，以下の問に答えなさい。

問１．∠AHBの大きさを求めなさい。

問２．辺BHの長さを求めなさい。

問３．△HDIの面積を求めなさい。

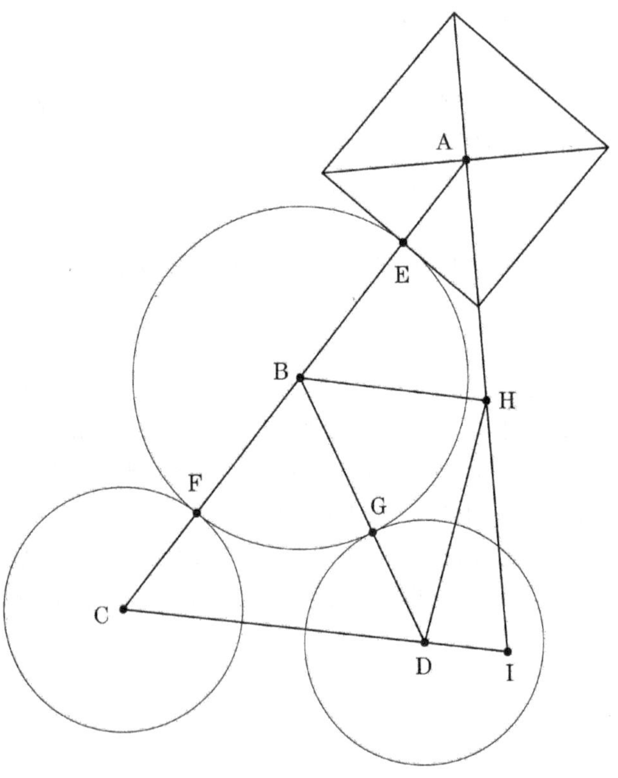

6

下の図１のように，１辺の長さ４の正三角形ABCの重心をG，各辺の中点をD，E，Fとし，△ABCを△DEFの各辺で折り，△AEF，△BDF，△CDEがそれぞれ△DEFに垂直になるようにします。さらに，図２のように，折った後の△ABCおよび，△ABF，△BCD，△CAEを加えて，８個の三角形で囲まれた立体を V とするとき，以下の問に答えなさい。

問１．図２において，辺ＢＥの長さを求めなさい。

問２．立体 V の体積を求めなさい。

問３．図２において，線分BEの中点を通り，△DEFと平行な平面で V を切ったときの真上から見た断面図を，解答欄の△DEF（各辺を４等分した目盛り付き）の中に斜線で示し，断面積 S を求めなさい。

図１

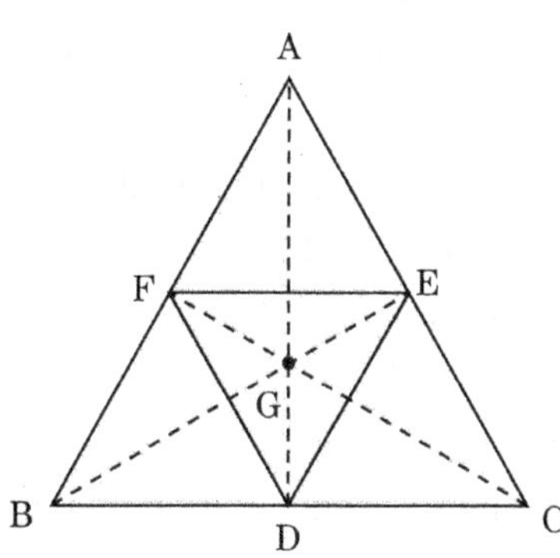

図２

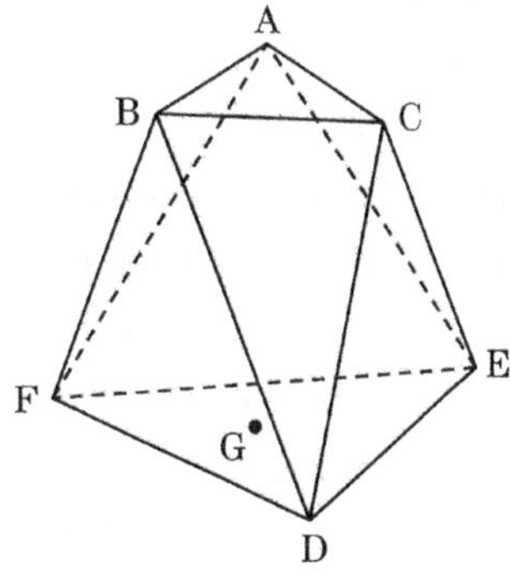

【英　語】（60分）　＜満点：100点＞　※リスニングテストの音声は弊社HPにアクセスの上，音声データをダウンロードしてご利用ください。

【注意】 筆記問題（1～6）は50分で，そのあとすぐに
リスニング問題（7約10分）が放送されます。

1 次の英文を読んで，問に答えなさい。［＊をつけたものには註があります］

Steph was looking at #SundayBreakfast pictures on *Instagram. She saw photos of fresh bread and coffee with hearts in the milk.

Steph put some flowers (which she stole from her neighbor's garden earlier in the morning) next to her own breakfast and took some photos. Her eggs and coffee became cold because she was spending too much time, but the plate looked good.

Steph changed the colors on her picture to make it more beautiful when she noticed a *filter called *TrueBeauty*. She downloaded it. Her picture looked perfect with that filter. She posted the photo for her 27,000 *followers. She hoped they would feel *jealous of her life. Then (1)she threw the food into the trash can. She didn't want to eat it because it was cold.

On the other side of the city, Matt was also looking at Instagram. His *feed was full of #FitBody gym *selfies and #Beachlife holiday photos.

Matt put cooking oil on his skin so that it would look shiny. He wanted to show his muscles on social media. But his photos didn't look good. Then he noticed an advertisement for *TrueBeauty*.

Pictures as beautiful as you are. See the real you with TrueBeauty.

*Available in your *app store for $0. Because true beauty is free.*

That's what he needed! He downloaded the app and took a selfie. His body looked amazing. He posted the photo for his 7,000 followers. Then he got in the shower to wash off all the cooking oil. This was bad for the environment, but he didn't care about that. (2)It was someone else's problem.

Later, when Steph and Matt checked their profiles, they both were surprised. They had many (　3　) comments from their followers.

'susieQ I never want you to cook my breakfast!'

'gymguy21 Ewww, that body doesn't look nice!'

•••••

Both social media influencers looked again at their *TrueBeauty* pictures. The pictures looked totally different now!

In Steph's picture the breakfast looked bad. The flowers were dead, and the coffee didn't look delicious. In Matt's picture, his body looked dirty and his muscles were small.

They both tried to *delete the photos, but they couldn't. The (　3　) comments kept coming. Just then, they both received a message from *TrueBeauty*:

Dear User,
Thank you for making TrueBeauty such an amazing success! Fifty million downloads in the 24 hours! Wow, it's more than I ever hoped for.
Here's a question for you. Are you as beautiful on the inside as you are on the outside? This filter will change your photos to show your true character.
(4)*If you want your pictures to be beautiful again, you must become as beautiful in real life as you are on your social media.*
Have a truly beautiful day, beautiful people!
Love,
TrueBeauty
P.S. You can't remove the filter or delete the pictures you posted using it!

Steph and Matt were not the only victims. Over 50 million influencers received the same message. The next day, Instagram was very quiet. Nobody wanted to post *ugly pictures.

Steph stopped trying to take pictures, too. She couldn't remove the *TrueBeauty* filter. [5] Now, nobody could follow her. She felt depressed. She didn't want to do anything in her life if she couldn't post photos of it.

She went outside, and walked by Mrs. Robinson's garden. The flowers looked beautiful. She felt bad for stealing them for her breakfast picture. She noticed a big purple rose. She stopped and smelled it. 【6－ア】

"Hello," said Mrs. Robinson. Steph was surprised to see her. 【6－イ】

"I was just giving water to the plants. At this time of year, there's always so much to do." 【6－ウ】

"Do you want some help?" Steph asked.

"Oh, thank you, dear! That would be lovely!" Mrs. Robinson looked happy. Steph actually felt happy for the first time since the *TrueBeauty* problem began. 【6－エ】

Steph helped for over two hours. She enjoyed herself a lot. Mrs. Robinson was a very interesting lady and she had some amazing stories.

"Let's take a picture of us together!" said Mrs. Robinson when Steph was leaving.

(7)Steph almost said no, because a photo would be useless if she couldn't put it on Instagram. But she wanted to make Mrs. Robinson happy. They took a picture together in front of the roses. Both were smiling and looking a little bit tired.

Later that evening, she looked at the picture on her phone. She didn't need any filters because the roses looked beautiful already. And nothing could make the smiles on her and Mrs. Robinson's faces better.

"That's a really beautiful picture," she said. "It's a shame that *TrueBeauty* will make it ugly if I post it."

But then ⑻ she had a thought. She went back and read *TrueBeauty's* message again.

＊ ＊ ＊ ＊ ＊

She posted her picture. When the picture went online, it looked exactly the same! The app didn't make it ugly! She made her account public again. Then she added some text to the photo:

'Me and my neighbor in her garden **#TrueBeauty #BeautyIsOnTheInside**'

One of Steph's followers, Matt, saw her photo. He didn't go to the gym for two days. He was sad and depressed. He didn't want to go if he couldn't show his body to people on social media.

But Steph's new picture was still beautiful ... Why?

He had an idea. He picked up empty oil bottles, all the paper, plastic and glass in his house. He put them into different trash bags. Then he knocked on his neighbor's door. He took all of their trash too.

After Matt finished, he took a photo of himself, not just to show his muscles, but because he was proud of his hard work and helping other people. When he posted it, the *TrueBeauty* filter didn't damage his picture.

⑼ Now he understood, that was the meaning of true beauty.

註）Instagram：インスタグラム（世界中で人気の SNS。主に写真や動画を投稿する）
filter：フィルター（撮影した写真の明るさや色を変更・追加する機能）
follower (s)：フォロワー（特定のユーザーの投稿を見られる設定にしている人）
※上記の設定で投稿を見ることを follow をフォローする」と言う
jealous：うらやましい　feed：フィード（フォローしている人の投稿が一覧になった画面）
selfie (s)：自撮り写真（自分を被写体にした写真）
app：アプリ（application の略語。スマートフォン等の専用ソフトウェア）　delete：を削除する
ugly：見苦しい，醜い（みにくい）

問１　下線⑴の理由として最も適切なものを１つ選び，記号で答えなさい。
ア．写真を撮影していた時間で卵とコーヒーが冷めたから。
イ．花を添えても朝食の写真がきれいに映らなかったから。
ウ．*TrueBeauty* で朝食の写真の見た目が悪くなったから。
エ．投稿した写真を誰もうらやましく思わなかったから。

問２　下線⑵の気持ちが表れている行動として最も適切なものを１つ選び，記号で答えなさい。
ア．Posting the photos of his body for his followers.
イ．Downloading *TrueBeauty* and taking a selfie.
ウ．Washing off all the cooking oil in the shower.
エ．Noticing an advertisement for *TrueBeauty*.

問３　２箇所の（３）に共通して入る語として最も適切なものを１つ選び，記号で答えなさい。
ア．positive　イ．negative　ウ．true　エ．fake

問４　下線⑷を日本語に直しなさい。なお，social media は「ソーシャルメディア」と書くこと。

問５　[5] には「見苦しい写真を隠すために，彼女は自分のアカウントを非公開にすることしかできなかった」という意味を表す英文が入る。下記を並べかえて英文を完成させたとき，A，Bに来るものを記号で答えなさい。

The only thing ＿＿ ＿＿ ＿A＿ ＿＿ ＿＿ ＿＿ ＿B＿ private.

ア．she　　イ．her account　　ウ．the ugly pictures　　エ．could do to

オ．hide　　カ．make　　キ．was to

問６　次の２文は本文中の【６－ア】～【６－エ】のいずれかに入る。最も適切なものを１つ選び，記号で答えなさい。

Steph didn't know it was such hard work to make a garden look nice. Actually, she never spoke to Mrs. Robinson before.

ア．【６－ア】　イ．【６－イ】　ウ．【６－ウ】　エ．【６－エ】

問７　It says on line ⑺, "Steph almost said no," but why did she decide to take a picture with Mrs. Robinson in the end? Please answer in about 10 words in English.

問８　下線⑻で Steph が考えた内容として最も適切なものを１つ選び，記号で答えなさい。

ア．他のフィルターなら Mrs. Robinson との写真が美しくなるかもしれない。

イ．どんなフィルターでも Mrs. Robinson との写真は良くならないだろう。

ウ．*TrueBeauty* が Mrs. Robinson との写真を実際よりもきれいにするはずだ。

エ．*TrueBeauty* が Mrs. Robinson との写真を醜（みにく）くすることはないだろう。

問９　下線⑼で Matt が理解した内容を30字程度の日本語で説明しなさい。

ただし，「見た目」という言葉を用いること。（句読点を含む）

問10　本文の内容に合うものを２つ選び，記号で答えなさい。

ア．Steph は Mrs. Robinson の庭から盗んだ花を朝食に添えて写真を撮った。

イ．Matt は Steph よりも多くのフォロワーを持つインフルエンサーである。

ウ．*TrueBeauty* を使った投稿が削除できないことは開発者も知らなかった。

エ．*TrueBeauty* を使った投稿で Steph と Matt のフォロワーだけが激減した。

オ．Mrs. Robinson と話をしても Steph の沈んだ気分が晴れることはなかった。

カ．*TrueBeauty* の騒動以後 Matt は２日間ジムに行かず，落ち込んでいた。

[2] 次の英文を読んで，問に答えなさい。[＊をつけたものには註があります]

How do different animals use their muscles?

You probably know many of the things that the muscles in your bodies can do. But do you know how muscles in an animal's body are different from yours?

Lions are hunters. They need to hunt to survive. The strong muscles in their legs allow them to run at speeds of 45km/h. They can also jump a distance of 10m. The strong muscles in their front legs and chests help them catch their food.

Snakes also use their muscles for hunting and moving, but ⑴ <u>their muscles work very differently</u> from lions. Snakes don't have any arms or legs, so they need to move differently from other animals. They have more muscles than most animals.

They move their muscles, and this makes a wave effect across their body. The waves push against the ground. This is how snakes move forward.

Snakes' muscles also allow them to eat large things. For example, a snake can eat an egg that is (2) than its body. Can you imagine eating a whole watermelon *in a single gulp? The snake's strong muscles push the egg along when it eats. The strong muscles break the egg and allow it to eat what's inside.

Scientists believe an elephant's *trunk has more than one hundred thousand muscles! This is because ⑶<u>elephants use their trunk just like people use their hands and fingers.</u> Even though a trunk is large, it can do many difficult tasks. For example, it can pick up a small leaf from the ground. It is also very strong. It can even pick up a small tree or a baby elephant.

These animals have many muscles that are special for them. However, [4] It might be fun to jump 10m in the air, but as a human, we don't need to jump so high.

註）in a single gulp：一口で　trunk：nose

問１　下線⑴に関して，snakes がどのように筋肉を使って移動するのかを25字以内の日本語で説明しなさい。（句読点を含む）

問２　（２）に入る語として最も適切なものを１つ選び，記号で答えなさい。

ア．smaller　イ．stronger　ウ．weaker　エ．wider

問３　下線⑶の具体例を本文より<u>英語で</u>１つ抜き出しなさい。ただし，10～12語で答えること。（ピリオド等は語数に含まない）

問４　[4] には「私たちの体の筋肉は思った通りに動く」という意味を表す英文が入る。下記を並べかえて英文を完成させたとき，A，Bに来るものを記号で答えなさい。

____ ____ __A__ ____ __B__ ____ them to.

ア．the muscles in　イ．we　ウ．work　エ．our bodies

オ．exactly the way　カ．need

問５　本文の内容に合うものを１つ選び，記号で答えなさい。

ア．ライオンは45km/hで走り，10mの跳躍が可能である。

イ．ヘビは卵に巻き付いて殻を割り，中身を取り出して食べる。

ウ．ゾウの鼻には100万以上の筋肉があると考えられている。

エ．動物の筋肉と人間の筋肉にはそれほど大きな違いはない。

3　答えとして最も適切なものを選び，記号で答えなさい。

1．Let's cancel the picnic if it (　　) this afternoon.

ア．rains　イ．rained　ウ．will rain　エ．has rain

2．I don't think this book is worth (　　).

ア．reading　イ．to read　ウ．read　エ．not to read

3．We will go on a honeymoon (　　) the beginning of July.

ア．during　イ．on　ウ．for　エ．at

4．Do you know anyone in your school (　　) parents are teachers?
　ア．who　　イ．which　　ウ．whose　　エ．that
5．Can you give me something (　　)?　I can't find my notebook.
　ア．to write at　　イ．to write with　　ウ．to write on　　エ．to write for
6．"Hello, this is Tim (　　)　Is Bob there?"
　ア．talking　　イ．speaking　　ウ．calling　　エ．telling
7．Where would you go when you cut your finger very badly?
　ア．post office　　イ．school　　ウ．police station　　エ．hospital
8．Which underlined part has a different sound?
　ア．p<u>ea</u>ce　　イ．br<u>ea</u>k　　ウ．r<u>ea</u>son　　エ．cr<u>ea</u>ture

4　各組の英文がほぼ同じ意味を表すように（　）に適切な語を入れたとき，（*）に入る語を答えなさい。

1．You must send this letter when you go to school.
　Don't (　*　) to send this letter (　　) your way to school.
2．The boy with a lot of videogames is Mary's brother.
　The boy (　　)(　*　) a lot of videogames is Mary's brother.
3．How many mountains does this prefecture have?
　How many mountains (　　)(　*　) in this prefecture?
4．Shohei is the greatest baseball player in the world.
　(　*　)(　　) baseball player in the world is so great as Shohei.
5．Melos had to reach the city in time.
　Melos had to reach the city before (　　) was too (　*　).

5　次の英文はある英単語を説明したものです。その単語を書きなさい。

1．This is a part of your clothes.　It is usually a small round piece of metal or plastic.　Shirts and jackets have these, but T-shirts and sweaters don't The word begins with "B."
2．This is a book in which you write down the things that happened to you each day.
　You might also write about what you did and your feelings.　The word begins with "D."

6　日本語の意味になるように並べかえたとき，A～Fに入るものを記号で答えなさい。ただし，文頭に来る語も小文字にしてあります。

1．トミーは私が訪れる予定の国に行ったことがない。
　Tommy _____ _____ __A__ _____ _____ __B__ _____.
　ア．been to　　イ．going to　　ウ．has　　エ．visit　　オ．never　　カ．I'm
　キ．the country

2．そこで売っている製品のほとんどは中古品だ。

____ ____ ____ __C__ ____ ____ __D__ ____.

ア．ones　イ．the products　ウ．are　エ．sold　オ．used　カ．most
キ．there　ク．of

3．この動画を見ると英語を勉強する面白さが分かるでしょう。

This video ____ ____ ____ __E__ ____ __F__ ____ ____ study English.

ア．interesting　イ．you　ウ．is　エ．tell　オ．will　カ．it
キ．how　ク．to

7 リスニング問題

ただいまからリスニング試験を行います。問題は Part A から Part C まであります。全部で15問です。英語は一度だけ読まれます。

Part A : Listen to the question and then choose the best answer.

1．A．In Paris.　B．A few years ago.　C．Yes, I did.　D．Since 2019.

2．A．I'll have hot milk.　B．Yes, it's cold.
C．Put on your jacket.　D．I don't think so.

3．A．Yeah, you should come.　B．I went again.
C．When is it?　D．Sorry, I couldn't make it.

4．A．Actually I'm single.
B．My family is the third one.
C．My brother is younger than me.
D．There are three people in your family.

5．A．Sorry I'm late.　B．My train will be late.
C．The traffic was heavy.　D．Because I ran quickly.

Part B : Listen to the conversation and the question, and then choose the best answer.

6．A．The customer forgot to make a reservation.
B．The customer got the date wrong.
C．The hotel worker spelled his name wrong.
D．The hotel worker doesn't understand the reservation system.

7．A．They met a long time ago.
B．Paul remembered Sally very well.
C．Kindergarten was a good memory for them.
D．Sally took a long time to remember Paul.

8．A．Both speakers.　B．Both speakers and their friends.
C．One speaker alone.　D．One speaker and his friends.

9．A．Sunny and cold.　B．Rainy and warm.
C．Sunny and warm.　D．Rainy and cold.

10. A．Friday, July 17th.　　B．Saturday, July 18th.
　　C．Sunday, July 19th.　　D．It is in October.

Part C : Listen to the dictation. Write the missing words on the script.

"Japan is introducing robot English teachers into some schools to help students (11)__________ their English. The robots will be able to help students with their conversation and pronunciation skills. This is cheaper than hiring native English teachers, and some students say that they feel more (12)__________ practicing conversation with a robot than a real person. However, some people think that robots cannot be a good substitute for real language teachers. Natural (13)__________ is difficult for a robot to copy, and speaking to a robot may not prepare students well for talking to humans in real life. Also, part of a native English teacher's (14)__________ is to expose students to other cultures and ways of thinking. A robot cannot do this. Experts say that robots may become a (15)__________ tool in the classroom, but only when used with real teachers."

彼は[1]立派な人であり、ずっと地域の福祉に貢献し続け[2]ている。

ア　動詞の連用形　イ　動詞の連体形
ウ　動詞の仮定形　エ　形容詞の連用形
オ　形容詞の連体形　カ　形容詞の仮定形
キ　形容動詞の連用形　ク　形容動詞の連体形
ケ　形容動詞の仮定形　コ　助動詞の連用形
サ　助動詞の連体形　シ　助動詞の仮定形
ス　助詞　セ　名詞
ソ　副詞　タ　連体詞

問三　次の⑴・⑵がそれぞれの意味を表す慣用句になるように、（　）に入る語を後から一つずつ選び、記号で答えなさい。

⑴水を（　　）　＊意味…邪魔をすること
⑵腹を（　　）　＊意味…覚悟を決めること

ア　打つ　イ　汚す　ウ　割る
エ　塞ぐ　オ　括（くく）る　カ　差す

四 **次の古文を読んで、後の設問に答えなさい。（本文の表記を一部改めた）**

地獄の鬼ども寄り合ひして、「さて、近年困窮1ゆへに、風の神 A たのみ、はやらせても、医者 B いふものがあってよくするゆへ、死ぬ者 C 少ない。何でも、2*しゃばの医者どもをなくす手段はあるまいか」との相談。中に年かさなる鬼、「いやいや、それは悪い相談。*あいらが有ればこそ、3間に間に来るではないか」。

（『鳥の町』）

＊しゃば…人間世界のこと。
＊あいら…あいつら。

問一 ——線部1「ゆへ」を現代仮名遣いに改めなさい。

問二 A ～ C にあてはまる語として最も適切なものをそれぞれ次から選び、記号で答えなさい。（同じ記号は一度しか使えない）

ア「が」　イ「を」　ウ「で」　エ「と」

問三 ——線部2「しゃばの医者どもをなくす手段はあるまいか」とあるがなぜこのように相談したのか、理由を簡潔に説明しなさい。

問四 ——線部3「間に間に来るではないか」の主語は誰か、本文中から抜き出して答えなさい。

五 **次のⅠ・Ⅱの漢文を読んで、それぞれ後の設問に答えなさい。**

Ⅰ 主ハ不レ可(ずべ)カラ二以(も)ッテレ怒(いかり)ヲ*而興(おこ)一レス*師ヲ、将ハ不レ可カラ二以ッテレ慍(いきどおり)ヲ而致(いた)一レス戦ヲ。

（『孫子』）

＊而…置き字（読まない字）。
＊師…軍隊。

問一 上の漢文の——部を書き下し文（漢字・仮名交じり文）に改めなさい。

問二 上の漢文の内容に最も近い四字熟語を次から選び、記号で答えなさい。

ア 孤軍奮闘　イ 戦々恐々　ウ 冷静沈着　エ 闘志満々

Ⅱ 有リ不(ず)シテ占ハ而避(これ)クル之ヲ者六。

（『呉子』）

〔書き下し文〕占はずして之を避くる者六有り。
〔現代語訳〕占わなくても避けなければならないものが六個ある。

問一 右の漢文に、書き下し文を参考にして返り点を付けなさい。（読み仮名・送り仮名は不要）

六 **次の各設問に答えなさい。**

問一 次の説明に該当する作家を後から一つ選び、記号で答えなさい。

東京都新宿区に生まれる。本名は金之助。大学卒業後、愛媛の松山で中学教師となる。その後イギリスに留学し、帰国後に帝国大学の講師となるがその職を辞し、朝日新聞社に入社する。『明暗』を執筆中に胃潰瘍(かいよう)が悪化し、未完のまま世を去った。

ア 太宰(だざい)治(おさむ)　イ 芥川龍之介(あくたがわりゅうのすけ)　ウ 森(もり)鷗外(おうがい)　エ 夏目漱石(なつめそうせき)
オ 川端康成(かわばたやすなり)

問二 次の文の——線部1・2の語の説明として最も適切なものをそれぞれ後から選び、記号で答えなさい。

ういうことか。十字以上二十字以内（句読点を含む）で答えなさい。

問四 Ⅰ Ⅱ にあてはまる語として最も適切なものをそれぞれ次から選び、記号で答えなさい。

Ⅰ ア 有頂天　イ 正直者　ウ 落伍者（らくご）　エ 楽天家

オ 現実家

Ⅱ ア 貪欲さ　イ 繊細さ　ウ 単純さ　エ 誠実さ

オ 愚鈍さ

問五 ――線部3「榊はどれほど頑張って歪もうとしても常識の軛を逃れられない。」とはどういうことか、説明として最も適切なものを次から選び、記号で答えなさい。

ア 榊が白石のように芸術家ぶってみても真面目さがにじみ出てしまい様にならないということ。

イ 榊が奇をてらった脚本を書こうとすればするほど内容は面白くなくなってしまうということ。

ウ 榊が面白い発想を得ようとしても結局誰でも思いつく範疇（はんちゅう）のことしか考えつかないということ。

エ 榊にとっては白石の行動や考え方は憧れの対象なのでどうしても批判ができないということ。

オ 榊にとって白石の生き方は不自然なものなので真似しようにもどうしていいか分からないということ。

問六 ――線部4「それは榊にしても同じである。」の説明として最も適切なものを次から選び、記号で答えなさい。

ア 榊にも白石ほどの才能があれば、もっと自分のわがままを通せるのだということ。

イ 榊は白石の才能を認めていたので、ある程度の身勝手さは見逃していたということ。

ウ 榊は白石の才能にだけ注目していたので、その人間性に対して腹を立てなかったということ。

エ 榊は白石の複雑な性格のおかげで、その才能が生み出されることに気づいていたということ。

オ 榊は白石の才能を発揮させるために、進んで彼に好きなようにさせていたということ。

問七 ――線部5「過剰に装飾された説明」とあるが、なぜ「榊」はこのような説明をしたのか、三十字以内（句読点を含む）で説明しなさい。

問八 本文中の登場人物の人間関係の説明として最も適切なものを次から選び、記号で答えなさい。

ア 榊は白石の才能を認めた上で白石のことをサポートするようになったが、白石は榊のことをライバル視していた。

イ 榊は白石の才能に嫉妬していたため心からは彼に気を許せなかったが、大場輝子は白石と素直に付き合っていた。

ウ 白石の才能は誰から見ても明らかだったが、榊がその才能に影響していることには誰も気づいていなかった。

エ 白石は、白石の才能を認める榊を友人として認め、同じく白石の才能に気づいた大場輝子を恋人として選んだ。

オ 榊は白石の才能を重んじることで白石と友人関係を築けたが、大場輝子はそれをしないことで白石に気に入られた。

出産に立ち会ったせいで！　到底血の通った人間とは思われない言いように、白石の偏った性質を知り尽くしているつもりだった榊でさえ目眩がした。

「自分の妻と娘が大事じゃないのか！」

「失礼なことを言うなよ。大事じゃなかったら、この忙しいのに出産に立ち会ったりするわけないじゃないか。この俺が丸一日も仕事をほったらかしたんだぞ、一体他の誰のためにこんな無益な時間の使い方をする。あり得るとしたら、後はお前の危篤に立ち会うくらいだ」

　明らかにおかしな言い分だが、白石の中では理が通っているのである。そして白石は、自分の理が通っていると信じる限り決して折れることはない。

「娘の名前くらい考えてやればどうなんだ！　一生に一度のことだぞ！」

「なるほどなるほど。一生に一度というイベントの稀少性を鑑みろということだな。それなら話は分かる。じゃあ『カオル』でどうだ」

　言いつつ白石は手元のメモにカタカナで名前を書きつけた。

「一秒も考えてないだろう、それはお前が今書いてるヒロインの名前じゃないか」

「今から腰を据えて考えるなんて面倒くさいじゃないか。それにその名前はそこそこ気に入ってる」

　そこそこ！　そこそこと言ったかこの男は。もうどこから何を突っ込んでいいかも分からない。

「それが不満だったら、輝子が好きに決めていいよ。届を出すのはお前が付き合ってやってくれ」

　白石からそれ以上の『譲歩』を引き出すのは不可能だった。榊は走り書きのメモを持って輝子の元へ向かった。

「今書いているヒロインの名前だそうです。ちょうど自分に娘が生まれたときにこのヒロインを書いているのは運命的だ、と」

　あの人らしいわ――と笑った輝子は、榊の5過剰に装飾された説明をどこまで信じてくれたのか。もしかすると、全部お見通しかもしれない。白石は輝子のことを「癒し担当」などと言って笑っているが、輝子がただおっとりしているだけでなく、非常に聡明な女性であることを榊はよく知っている。

　届は輝子と榊で出しに行った。――そして、その後も一事が万事その調子だった。

（有川浩『ヒア・カムズ・ザ・サン』）

問一　A ～ C にあてはまる語として最も適切なものをそれぞれ次から選び、記号で答えなさい。（同じ記号は一度しか使えない）

ア　面倒くさそうに　イ　慎重に　ウ　まんまと
エ　悔しそうに　オ　軽々と

問二　――線部1「有象無象」について次の各問に答えなさい。

(1)読み方をひらがなで答えなさい。

(2)意味として最も適切なものを次から選び、記号で答えなさい。

ア　たくさん集まった価値のないもの
イ　あるのか無いのか分からないようなもの
ウ　外見と実情が一致しないもの
エ　血気盛んな若い者たち
オ　現実には存在しない想像上の存在

問三　――線部2「戦線を離脱した」とあるが、この場合は具体的にど

彼女は白石の前に初めて現れた、彼の才能に何ら頓着しない女性だった。大らかで善良で穏やかな輝子は、白石のあるがままを受け入れた。開けっぴろげで快活で奔放なところも、傲慢で卑屈で疑り深いところも。

それまで白石の奇矯な性格は概ね彼の才能を担保にして許されていた。4それは榊にしても同じである。白石晴男という個性にはその才能が包括されており、切り離して考えることは不可能だった。

ことに、猜疑心を燃料にして延々と加速する苛烈さは、彼の才能を前提にしないとなかなか許せるものではない。

しかし、輝子は白石のそうした危うい偏りさえも、無邪気さの発露として軽やかに受け止めてしまうのだ。そして白石は、才能という担保がなくても自分の奇矯な個性が許される安らぎに夢中になった。

白石が心を許す相手は二人になった。友人としては榊で、恋人としては輝子だ。

しかし輝子が恋人だった期間はごくわずかで、出会ってまもなく妻になった。結婚してすぐ子供にも恵まれる。生まれた娘はカオルと名付けられた。

だが、名付けのいきさつはとても成長した娘に聞かせられるものではなかった。

「榊さん、あのぅ……」

困り果てた様子で輝子から電話がかかってきたのは、娘が生まれて十日ほどだったか。

「晴男さんに連絡はつきますか？」

「どうしました」

「娘の名前をどうするか相談したいんですけど、家に帰ってこないので……仕事場に電話してもずっと繋がらないし」

もうすぐ出生届の期限だという。

白石は結婚してすぐ郊外に家を買ったが、仕事中は都内に借りた仕事場に籠もっていることが常だった。そして白石が仕事中でないことはめったにない。輝子は「そういう人だから」と鷹揚だったが、まさか子供が生まれてもそんな有り様とは。

「分かりました、すぐ連絡を取ってみます」

榊が仕事場に駆けつけると、白石はまったくの平常営業で脚本の執筆中だった。

「何だよ、恐い顔して」

「何だよじゃないよ」

榊は白石を睨みつけた。

「輝子さんと子供をどうするんだ。出生届の期限が来るっていうのに、名前も決めてないそうじゃないか」

「ああー、それがあったか」

白石は［ C ］顔をしかめた。

「いいよいいよもう、適当にやるように伝えてくれ」

「適当ってお前、そんな言い草があるか」

「だって仕事が忙しいんだ。届なんか一人で出せるだろ」

「新生児連れでか、無茶言うな」

「実家だって近いんだから手伝ってもらえるさ」

「そういう問題じゃないだろう」

「出産に立ち会ったせいで締切りが混んで大変なんだよ」

が、その石は彼の個性にかすり傷一つさえつけることはできなかった――ということになっている。表向きは。

表現者というものは、どれほど豊かな才能を持っていても、その才能を［B］相殺できるほど強固な劣等感を同時に抱えている――ということを榊が知ったのは、白石という友人がいたためだ。

白石が自分に敵対する者を驚くほどの苛烈さで焼き尽くすのは、彼の豊かな才能と比肩して一歩も退かない劣等感がそうさせるのだ。敵意に刺激されると彼の劣等感は俄に肥大して彼を損なう。彼は敵を屈服させるためというより彼を滅ぼそうとする彼自身の劣等感をねじ伏せるために敵を焼き尽くさねばならなかった。

榊が彼のそうした内面に気づいたのは、早々に彼の圧倒的な才能に敗北を認め[2]戦線を離脱したからだろう。榊も表現者を志してそのキャンパスに集った一人だったが、白石晴男という個性を知ったうえで自分のちっぽけな才能を信じられるほどの［I］にはなれなかった。

表現者とはこういう生き物なのか、と榊は白石に会って初めて知った。その傲慢さと［II］、圧倒的な自意識とその自意識を破壊するほどの劣等感、それらが白石の中で矛盾せずに同居している。

直截に言えば、精神的に偏りがある。しかし、その偏った状態で白石という個性のバランスは完全に取れているのだ。

表現者という生き物は生まれながらにして歪んでいるのだ、と思った。そして、[3]榊はどれほど頑張って歪もうとしても常識の軛を逃れられない。

白石と同じ脚本コースを専攻していたが、途中でマネジメントコースに転向した。そして白石と競わない立場から白石を興味深く観察し、――その身の程を知った態度が白石のお気に召したらしい。榊はいつのまにか白石の無二の親友という立場を獲得していた。

圧倒的な才能を持ちながら、その才能さえ疑うほど疑り深いのが表現者という人種だ。そして白石もその例に漏れず非常に疑り深かった。開けっぴろげで快活なくせに、根本のところで他人を信じない。決して他人に自分の弱みをさらさない。

その白石が、榊にはすべてさらけ出した。そして榊は、白石によって表現者の道を諦めたその代わりに、表現者に全身全霊を預けられるという快楽を与えられた。

これはどの圧倒的な才能が身も世もなく自分を頼り、甘え、預けてくる。そして、――彼から生み出される表現にまで榊の影響が滲むのだ。

圧倒的な才能に自分が影響する、それは一体どれはどの喜びか。しかし影響しようと思った瞬間、おそらく白石は榊を拒絶する。この才能を操作できると思った瞬間、この才能に影響する快楽は失われる。

榊はそれを本能的に察していた。そして、それを察せられることこそが榊の凡人としての才能だったのだろう。

学校を出て道が分かれても、白石と榊の親密な付き合いは続いた。榊は依然として白石の才能に影響し続けた。

そうしてある日、白石の前に運命の女性が現れる。

大場輝子は、表現とはまったく関わりのない世界で生きていた。

看護婦をしている彼女は点滴の針の刺し方は知っていても、映像や脚本についての知識は皆無で、白石が脚本家として得ている評価にも無頓着だった。

【国　語】（五〇分）〈満点：一〇〇点〉

【注意】解答に字数制限がある場合は、句読点等も字数に含まれます。

一 **次の各文の――線部について、(1)～(5)の片仮名をそれぞれの文意に合うように漢字に改めなさい。また、(6)～(10)の漢字は読みを平仮名で記しなさい。**

(1) 裁判所で法律をシッコウする。
(2) 事件のソウサが難航する。
(3) ジョウザイの薬を処方される。
(4) ソウダイな歴史小説を読み終えた。
(5) 試合に負けた選手達か膝からクズれ落ちる。
(6) 今回の件については事情を酌量すべきだ。
(7) 地球温暖化は喫緊の国際的問題だ。
(8) 知人の逝去に哀悼の意を表す。
(9) 結婚式で上司から祝辞を賜る。
(10) 惜しくも全国優勝の連覇は阻まれた。

二 ※問題に使用された作品の著作権者が二次使用の許可を出していないため、問題を掲載しておりません。

（出典：今井むつみ・秋田喜美『言語の本質』）

三 **次の文章を読んで、後の設問に答えなさい。**

校舎を見上げて啞然(あぜん)とした。

二階から大柄な男が逆さに吊(つる)されていたのだ。

「何やってんだ！」

榊宗一(さかきそういち)が下から叫ぶと、吊された男は地面に向かって上目を遣った。

「よう。三十分逆さ吊りに耐えたら一万円出すっていうから挑戦中なんだ」

「バカ！　怪我(けが)でもしたらどうするんだ！」

「ちゃんと腰にも命綱を結わえてあるから平気だって。おーい、あと何分だ？」

問いかけに教室の中から「あと五分」と返事があった。

「五分待ってろよ、榊。賭(か)け金で飯奢(おご)ってやるよ」

そして五分後に男は［Ａ］賭け金を手に入れたが、頭に血が昇ったせいか降ろされた途端に鼻血を出して引っくり返り、飯どころではなくなった。

一事が万事、白石晴男(ひらいしはるお)はそんな調子だった。火の玉みたいな鉄火屋で負けず嫌い、軽い冗談でも挑まれると後には引かない。行きがかりだけで冗談みたいな無茶をやるので、冗談が通じるんだか通じないんだか分類には周りがみんな首を傾(かし)げていた。

そのキャンパスには明日の芸術家を志す1有象無象が至るところにたむろしていた。そんな中で白石は際立(きわだ)った才能の持ち主だった。

在学中に応募したシナリオの賞で入選して審査員の脚本家に見出(みいだ)され、学生の身分でありながら早くもラジオやテレビでドラマのシナリオを物するようになった。

学内で目立つ存在だが、奇矯な性格で変人扱いされており、敵も多かった。だが、白石は敵対する者を迎え撃って焼き尽くしてしまうような苛烈(かれつ)な男でもあった。彼にやっかみの石を投げる者は少なかった

2024年度

中央大学高等学校入試問題（推薦）

【数　学】（理科と合わせて60分）　＜満点：35点＞

問１．$\left(\frac{5}{2}\right)^2-\frac{3^2+4^2}{6}-\frac{4}{3}$を計算し，記号で答えなさい。

ア．$\frac{3}{4}$　イ．$\frac{5}{4}$　ウ．$\frac{73}{12}$　エ．ア～ウにはない

問２．２次方程式 $x^2-3x-3=0$ を解き，記号で答えなさい。

ア．$x=\frac{-3\pm\sqrt{21}}{2}$　イ　$x=3\pm\sqrt{21}$　ウ．$x=3\pm2\sqrt{2}$

エ．ア～ウにはない

問３．大小２つのサイコロを同時に投げて，出た目をそれぞれ a，b とする。このとき，出た目の積 ab が４で割り切れる確率を記号で答えなさい。

ア．$\frac{1}{6}$　イ．$\frac{11}{36}$　ウ．$\frac{5}{12}$　エ．ア～ウにはない

問４．生徒が40人いるクラスで，１問１点である10点満点の小テストを行った。無作為に９人を選び，その９人の小テストの点数を並べると，

2，3，9，4，4，3，4，a，b（a，b は $a \geqq b$ を満たす自然数）

となり，さらに箱ひげ図を作成したら以下のようになった。

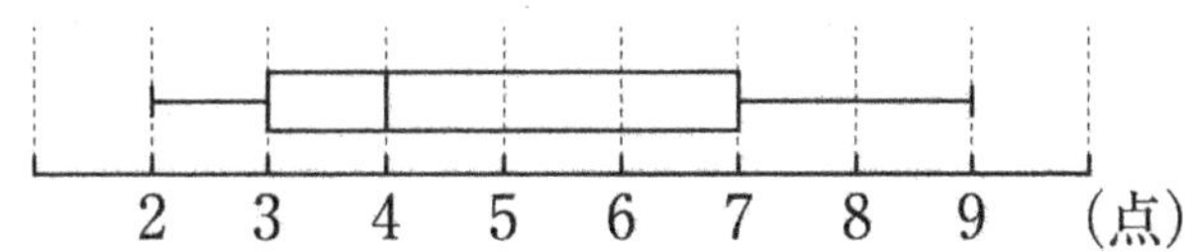

このとき，a，b の取りうる値の組合せを（a，b）の形ですべて求めなさい。

問５．以下のように，偶数が上から n 段目に（$2n-1$）個並んでいる。

１段目　2

２段目　4　6　8

３段目　10　12　14　16　18

・
・
・

このとき，次の問に答えなさい。

⑴　上から10段目の最後（一番右）の数字を求めなさい。

⑵　300は上から何段目，左から何番目にあるか，求めなさい。ただし，上から n 段目，左から m 番目であれば，$(n,\ m)$ の形で答えなさい。

問６．図の四角形ABCDは，∠ACBと∠CADが直角で，AC＝BC＝１，CD＝２を満たしています。また，△ABCと△ACDの外接円をそれぞれO_1，O_2とします。円周率をπとして，以下の問に答えなさい。

⑴　円O_2の面積は円O_1の面積の何倍であるか，求めなさい。

⑵　円O_1と円O_2の共通（重なる）部分Dの面積を求めなさい。ただし，解答欄の図にDを斜線で示し，面積を求める途中式を残すこと。

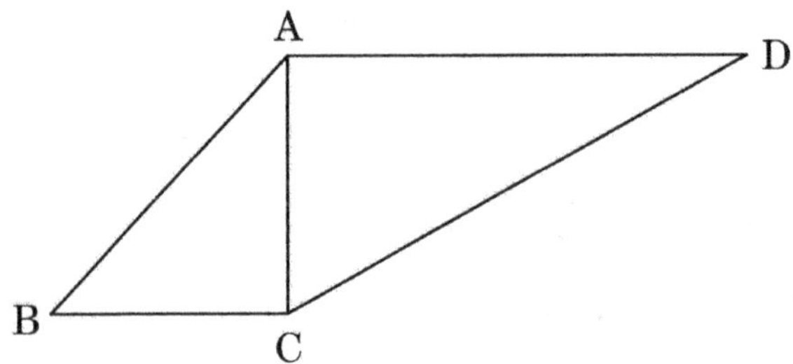

問７．下図で，３本の平行な直線l，m，nが放物線C：$y = ax^2$（$a > 0$）と交わっており，交点D，E，Fのx座標はそれぞれ2，3，4となっています。また，点BとF，点CとEはそれぞれy軸対称になっており，点Pは（6，0），点Gは$\left(0,\ \frac{8}{3}\right)$となっています。このとき，以下の問に答えなさい。

⑴　定数aの値を求めなさい。

⑵　直線mの方程式を求めなさい。

⑶　面積比△AQF：△CPRを求めなさい。

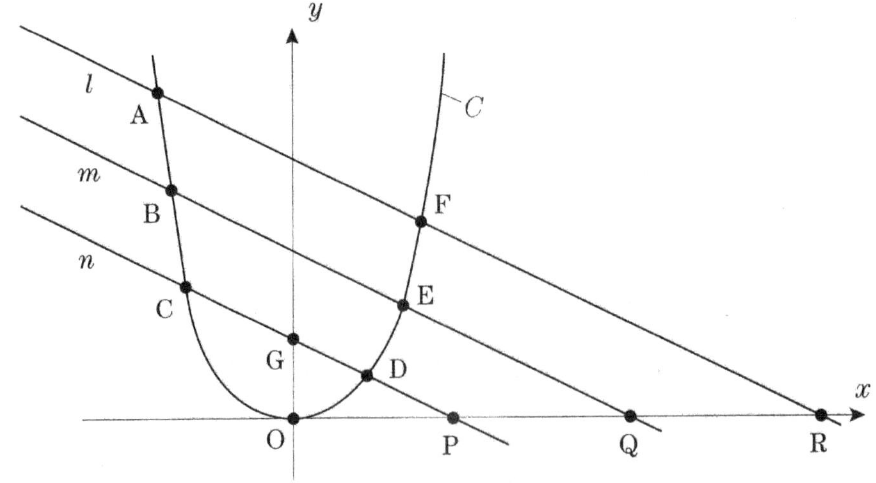

【英　語】（40分）　＜満点：45点＞

1　最も強く読む部分が，下の単語と同じ語を（　）内から選び，記号で答えなさい。

1．de-ve-lop
（ア．pho-to-graph　イ．con-cen-trate　ウ．suc-cess-ful　エ．hand-ker-chief ）

2．bal-ance
（ア．chal-lenge　イ．re-main　ウ．in-clude　エ．pro-vide ）

2　各組の英文の（　）に共通して入る単語を答えなさい。

1．She said she has a new videogame, but it was a (　　　). She has a very old one.
Don't (　　　) on the floor. I haven't finished cleaning the room.

2．We changed our clothes and went home soon after our soccer game was (　　　).
They crossed the bridge (　　　) the river.

3　各組の文がほぼ同じ意味になるように，（　）に適当な語を入れたとき，（＊）に入る語を答えなさい。

1．I borrowed a DVD from my friend and am watching it.
I'm watching a DVD (＊) I (　　　) from my friend.

2．Mika likes horror movies.
Mika (　　　)(＊) of horror movies.

3．You can go home now.
I'll (＊) you (　　　) home now.

4．It is not necessary to take a big backpack with you for the picnic.
You (＊)(　　　) to take a big backpack with you for the picnic.

5．There are about 500 students in my school, while there are about 800 in my brother's school.
My brother's school has about 300 (＊) students (　　　) mine.

4　日本語の意味になるように並べかえたとき，A～Dに来るものを記号で答えなさい。
ただし，文頭に来る語も小文字にしてあります。

1．私の母は，弁護士として働いていることを誇りに思っている。
_____ _____ _____ __A__ __B__ _____ _____.
ア．a lawyer　イ．proud　ウ．as　エ．is
オ．of　カ．my mother　キ．working

2．私たちは，プロサッカー選手になるという彼の決心に驚いた。
We _____ _____ _____ __C__ __D__ _____ _____.
ア．to　イ．a professional soccer player　ウ．at　エ．become
オ．were　カ．his decision　キ．surprised

5 （　）に入る最も適当なものを選び，記号で答えなさい。

1．I'm looking forward (　　　) getting your text message and pictures.
ア．to　　イ．for　　ウ．into　　エ．of

2．Have you seen the latest Disney movie (　　　)?
ア．ever　　イ．already　　ウ．yet　　エ．just

3．This is one of the most expensive (　　　) we have in this store.
ア．the watch　　イ．watch　　ウ．the watches　　エ．watches

4．A：Please feel (　　　) to look around.
B：Thanks.
ア．like　　イ．free　　ウ．easy　　エ．it

6 次の課題に対して15語以上の英語で自由に述べなさい。

Do you agree that high school students should join a club at school? Write your opinion and give one reason.

7 次の英文を読んで，問いに答えなさい。[＊をつけたものには註があります]

"But I don't want to go to the party!" Sophia said.

"My darling, your cousin invited you to her party. You must go. Follow the road all the way there. Don't go off the road and don't lose your invitation card," her mother said, and put the golden envelope into Sophia's hand.

Sophia kissed her mother goodbye and got on her bicycle. Her cat Peaches began to follow her into the woods.

"No, Peaches. You can't come with me," she said.

"*Meow!" Peaches said.

"Well, OK, maybe the party will be fun with you."

She picked the cat up, put her in the basket, and rode into the forest.

Sophia liked the forest. Soon she saw the road leading to the party, but she really didn't want to go.

Suddenly she noticed (1)something. In front of her, there were now two roads. One to her cousin's house and another strange one into the darker part of the forest.

"So strange! Peaches, look! There is another road! [　　2　　]"

They rode down the new road. The trees began to look scarier. The sky also changed from light blue to purple. Sophia suddenly felt colder. Snow began to fall from the purple sky.

"Wow, snow in June!"

There was a giant tree at the end of the road. It was larger than a house and had a bright red door. The door opened all by itself. Her cat began to meow loudly and jumped out of the basket.

"Peaches, come back!" Sophia shouted. But the cat was already inside the house.

Sophia looked inside. There was *a tunnel with a ladder. She walked closer. She could hear cheerful music coming from deep inside the tunnel. She could smell something delicious.

"Well, I can't go to my cousin's house without Peaches. I must go and find her."

She was very scared but decided to climb (3) the ladder, and followed the music. When she reached the bottom, there were animals dancing and playing instruments around a big fire. There were chairs and tables with lots of delicious food. The animals were having a secret party. There were bears, deer, foxes, rabbits and even birds. Sophia was surprised to see that they all wore clothes and were walking on two legs.

Suddenly the music stopped. The animals all looked at her.

"Why is a human here?" asked a rabbit who was dressed in pants and holding a violin.

"I... I'm Sophia and I was just looking for my cat."

"Oh, you mean Mrs. Peaches. She is over there talking with a deer," explained a bear who wore a suit.

(4) Sophia was surprised to see her cat speaking to a deer while she was walking on two legs.

"I must be dreaming," Sophia said.

"Excuse me, but this is a private party. Do you and your guest have an invitation card?" asked a grey fox wearing a hat and glasses.

Sophia was cold and hungry and she did not want to leave without her cat.

"I... I..." Then, she pulled out her cousin's invitation card and gave it to the fox.

"Let me see. Can anyone here (5) human?" asked the old fox.

The animals shook their heads. Sophia got a good idea.

"Oh yes! You see, it says here 'you are invited to the party' and... um... 'you may bring one guest with you.' My guest is Peaches!" she said.

"Well... OK then. Let's continue the party!" said the fox.

"Also, please find some clothes for Mrs. Peaches to wear," said the fox.

Sophia put her hat on Peaches's head and tied a ribbon from her hair around the cat's neck. The two sat side by side at a table.

"That was a good idea, Sophia," said Peaches.

Sophia did not think she would ever hear her cat speak.

They ate lots of delicious food.

Sophia danced all night with the animals. She learned a new dance from the rabbit. Suddenly she realized it must be late.

"Oh no. I forgot the time. I really must be going. Thank you all for your kindness. I had a wonderful time!"

Each animal gave her a hug.

"There is still something I don't understand," said Sophia to the grey fox. "Why didn't I notice this place before?"

"Perhaps (6)you weren't looking for it," said the grey fox with a wink.

"Nice to meet you, Sophia. I hope you come again to our next party. Someday you must come back and teach us human," said one of the rabbits.

"Yes! I promise I will."

Sophia and Peaches climbed out of the tunnel and went through the door back into the forest.

"Did you have fun, Peaches?" Sophia asked. But Peaches was walking on four legs again like a normal cat. She meowed and *licked her paw. Sophia put Peaches in the basket of her bicycle and began to follow the road back home.

The forest looked normal again, and it was still morning. She could now see her house at the end of the forest.

"What a strange day," she thought.

（註） meow：ニャー（鳴き声），ニャーと鳴く　a tunnel with a ladder：はしご付きのトンネル
licked (< lick) her paw：前足をなめた

問１　下線(1)の表す内容を10～20字の日本語で説明しなさい。（句読点を含む）

問２　[2] には「この道がどこに通じているのか確かめなくちゃ」という意味を表す英文が入る。下記を並べかえて英文を完成させたとき，A，Bに来るものを記号で答えなさい。

I ＿＿ ＿＿ ＿A＿ ＿＿ ＿B＿ ＿＿ ＿＿ ＿＿．

ア．it　イ．where　ウ．will　エ．to see
オ．take　カ．follow it　キ．me　ク．must

問３　空所（３）に入る語として最も適当なものを１つ選び，記号で答えなさい。

ア．down　イ．from　ウ．in　エ．up

問４　下線(4)を日本語に直しなさい。Sophia はアルファベットで書くこと。

問５　空所（５）に入る語句として最も適当なものを１つ選び，記号で答えなさい。

ア．speak　イ．invite　ウ．listen to　エ．read

問６　下線(6)の表す意味として最も適当なものを１つ選び，記号で答えなさい。

ア．You didn't ask anyone if there was a road.
イ．You didn't play any instruments at the party.
ウ．You didn't think there was a different road.
エ．You didn't keep your cat in your bicycle basket.

問７　本文の内容として正しいものを１つ選び，記号で答えなさい。

ア．Sophia はいとこのパーティーに行く途中で道に迷った。
イ．Sophia はネコを追いかけて森の中の大木の家に入った。
ウ．Sophia は動物たちのパーティーの招待状を持っていた。
エ．Sophia はパーティーのことは人に教えないと約束した。

［リスニング］

8 英文を聞き，それに続く文として最も適当なものを選び，記号で答えなさい。英文は一度だけ読まれます。

1．A．Sure.　Go ahead.　　B．Don't shut that.
　C．No. It's already closed.　　D．Opening it is easy.

2．A．I can see it.　　B．He is holding it.
　C．Who?　The one in the jeans?　　D．It's difficult without glasses on.

3．A．You heard me.　　B．I still am.
　C．Yesterday was great.　　D．Yeah, they were thick.

4．A．How many nights are you staying?
　B．How many people are in your party?
　C．How long will you be there?
　D．How much will the activity cost?

5．A．OK.　I'll buy it next weekend.
　B．I can lend you my book instead.
　C．Was the book really good?
　D．I promise to give it to you by then.

9 英文に続き，質問文が読まれます。その答えとして最も適当なものを選び，記号で答えなさい。英文と質問文は一度だけ読まれます。

1．A．Mochi　B．Anko　C．Kurumi　D．Goma

2．A．She will do some exercising while watching television.
　B．She will do her homework while watching television.
　C．She will watch television while helping her mother.
　D．She will help her mother make dinner while exercising.

10 英文を聞き，何についての説明かを英単語で答えなさい。問題は全部で２問あります。英文は一度だけ読まれます。

<リスニングスクリプト>

8

1）May I open it?

2）Look!　There he is!

3）I hear that you were sick yesterday.

4）A：Hello. Gold Coast Marine Sports Center.
　B：I would like to make a reservation for tomorrow night.

5）A：I'm sorry.　I forgot to bring the book you lent me.
　B：That's OK.　But I'll need it next weekend.

9

1) There are four dogs in John's house. Mochi has been there before John was born and is the oldest. Anko is Mochi's child, and she recently gave birth to Kurumi, and she is still a puppy. They also own Goma, and he was left in a box in front of their house a year ago.
Question: Which dog is the youngest?

2) The first thing Kim does after she comes home from school is homework. After she finishes that, she has some time to watch television. When she doesn't have club activities, she exercises while watching TV. Her mother comes home around six, and together, they make dinner. Today, however, she didn't have club activities because of rain, and she went to the library to do her homework with her friends.
Question: What will Kim most likely do first when she goes home today?

10

1) This is a kind of animal. It is similar to humans. It is usually black, and it is the largest animal in our type. The word begins with "g."

2) This is usually a large mountain with a hole on the top. When it becomes active, hot liquid, rocks, and gasses come out from it, and causes great damage. In Japan, there are many mountains of this kind, and the largest is Mt. Fuji. The word begins with "v."

【理　科】（数学と合わせて60分）　＜満点：35点＞

問１　花子さんは鏡の見え方を調べるために，次の実験を行った。以下の問いに答えなさい。

図のＡ点で，花子さんが垂直な壁に取り付けられた鏡に映った自分の姿を見たところ，自分の上半身が映っていた。花子さんは，身長が164cm，目の高さが床から152cmである。

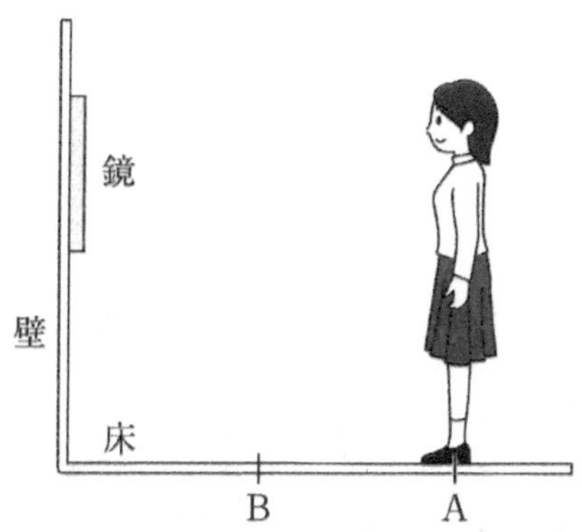

⑴　図のＡ点で，花子さんが鏡に映った自分の頭の先端を見るためには，鏡の上端を少なくとも床から何cmの高さにすればよいか。

⑵　花子さんが図のＡ点からＢ点に移動したとき，鏡に映る自分の姿の変化として，正しいものをア～ウの中から１つ選び，記号で答えなさい。

ア　自分の見える部分が増えた。
イ　自分の見える部分が減った。
ウ　自分の見える部分は変わらない。

次に，花子さんは妹と並んで立って真正面の鏡を見て，鏡の高さを動かした。妹は身長が158cm，目の高さが床から142cmである。

⑶　花子さんから見ても妹から見ても，鏡に映った２人の全身を見るためには，鏡の上下の長さは少なくとも何cm必要か。

問２　10Ω，Ｒ[Ω]の抵抗器を用いて，図１，２の回路を作った。図１，２の回路に同じ値の電圧をかけたときｂ点を流れる電流の大きさはａ点を流れる電流の大きさの４倍だった。Ｒ[Ω]の値は何Ωか。

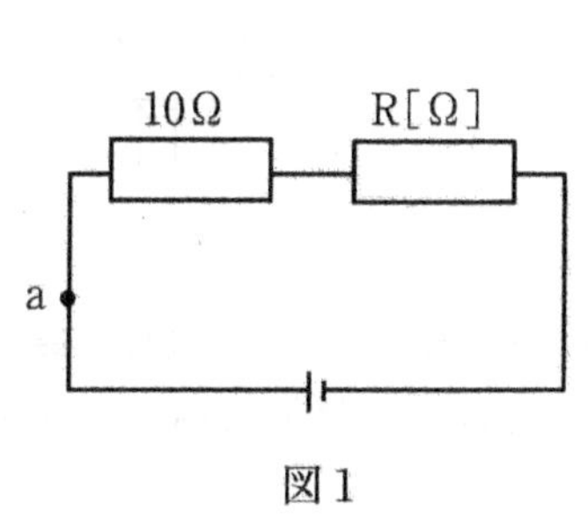

図１

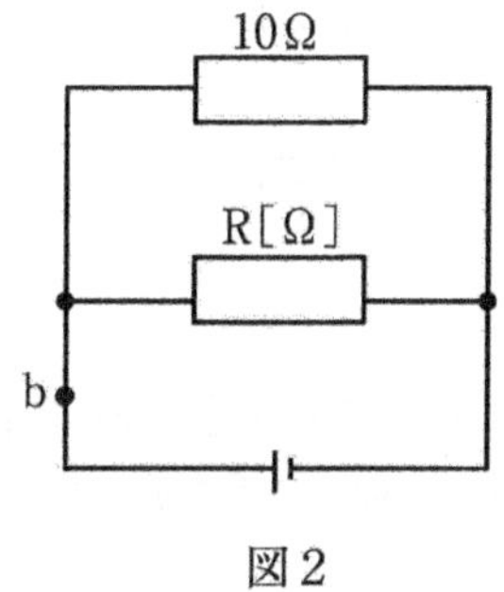

図２

問３　図１は自転車の発電機の模式図である。この発電機内にある磁石を(a)～(d)のように回転させたとき，図(b)，(d)の点①，②に流れる電流の向きをア～エの中から１つ選び，記号で答えなさい。

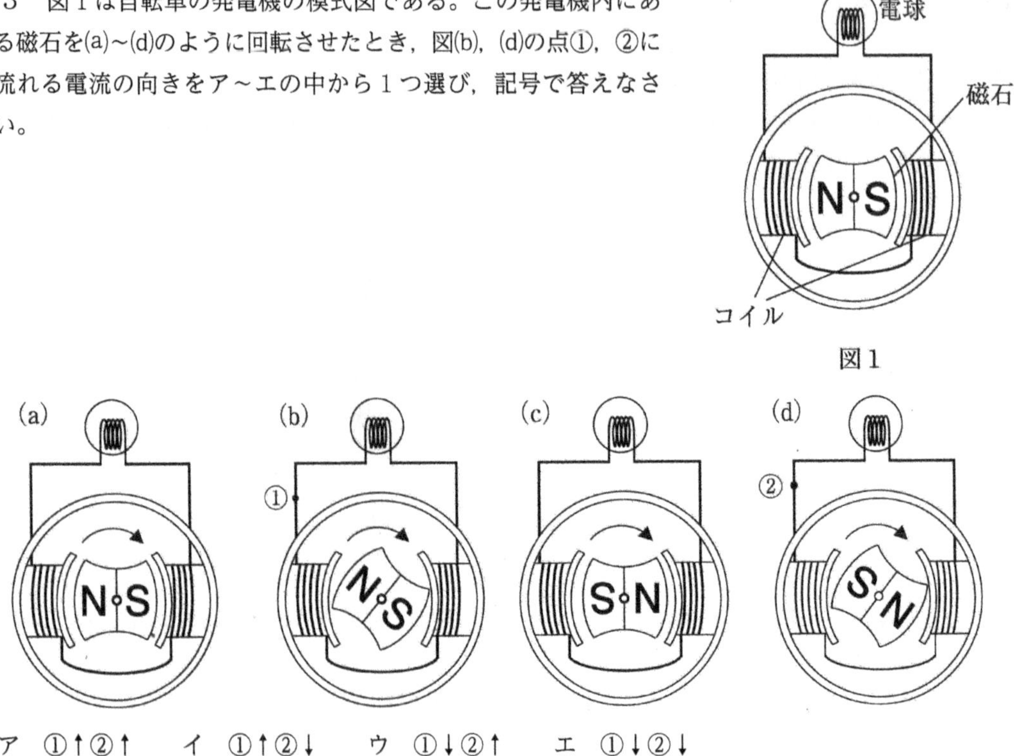

ア　①↑②↑　　イ　①↑②↓　　ウ　①↓②↑　　エ　①↓②↓

問４　水中の物体が受ける水圧の大きさを表す図として最も適当なものを，ア～カの中から１つ選び，記号で答えなさい。

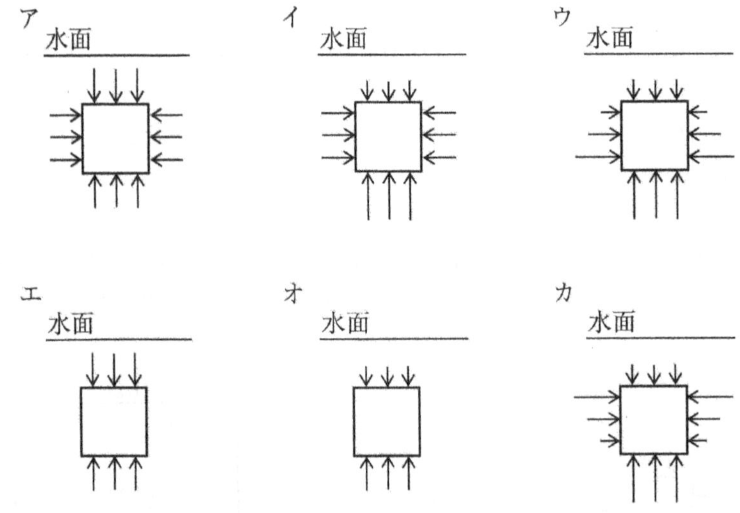

問５　伸縮しない長さL[m]のひもに物体を取り付けた振り子について，物体を最上点Aまで持ち上げて静止させ，静かに手を放した。物体が最下点Oを通過した瞬間の運動エネルギーはK[J]であった。

最下点Oからの高さh [m]と，物体の運動エネルギー[J]の関係をグラフで表しなさい。

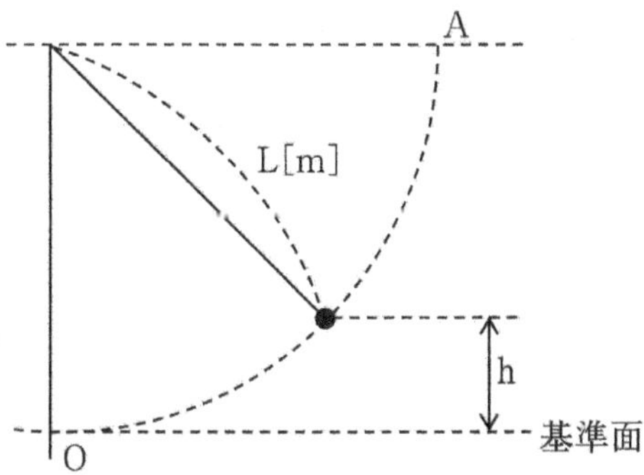

ただし，A点の基準面からの高さをL [m]とする。
また，位置エネルギーは次式で表すことができる。

位置エネルギー[J]＝物体にはたらく重力の大きさ[N]×基準面からの高さ[m]

問6　電子てんびんを用い，金属Xの質量をはかったところ，200 gであった。図1のように水を50㎤入れた器具Aに，金属Xを入れて体積をはかったところ図2のようになった。以下の問いに答えなさい。

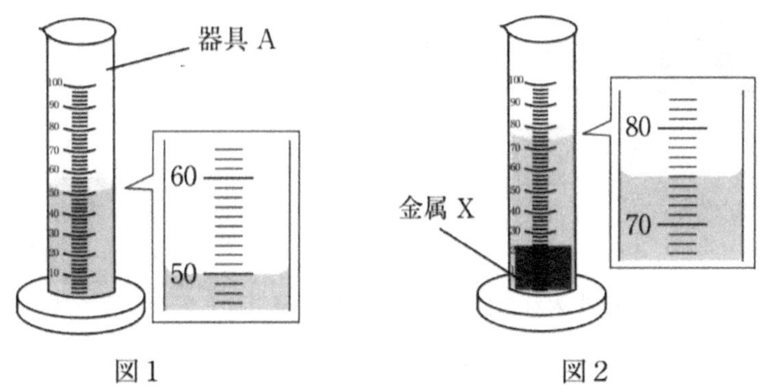

図1　　図2

⑴　器具Aの名称を答えなさい。
⑵　金属Xの密度は何kg / m^3か。

問7　次の実験について，以下の問いに答えなさい。　（図1～図3は次のページにあります。）

実験1　図1のように，電気分解装置にうすい水酸化ナトリウム水溶液を満たし，電気分解をしたところ，電極A，Bで気体が発生した。

実験2　電極A，Bで発生した気体を塩化コバルト紙を入れたポリエチレン袋に集めて，図2のように点火用電極を取り付けた。点火をしたところ，塩化コバルト紙は青色から赤色（桃色）に変化した。

実験3　図3のように，電気分解装置にうすい塩酸を満たし，電気分解をしたところ，電極C，Dで気体が発生した。

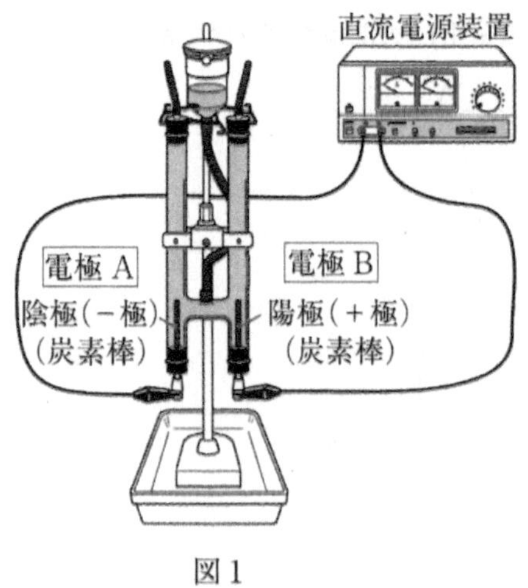

図1

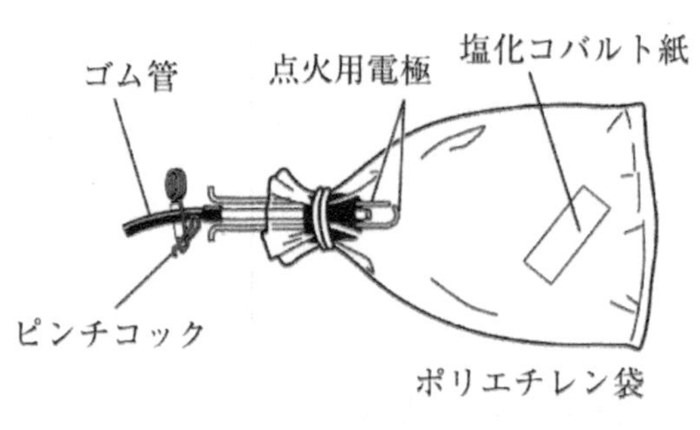

図2

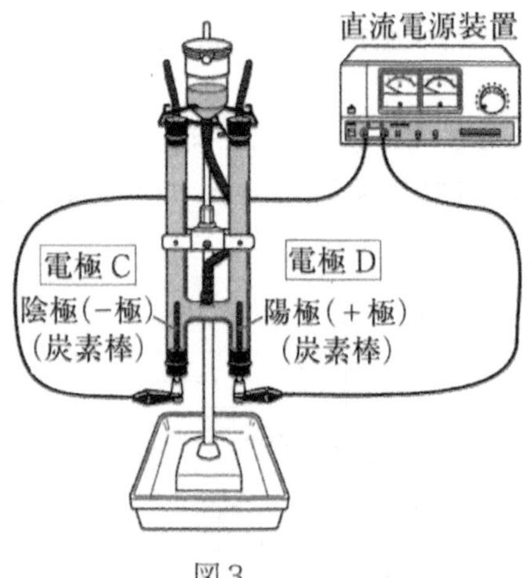

図3

(1) 実験２で塩化コバルト紙を入れた目的として，最も適当なものを，ア～オの中から１つ選び，記号で答えなさい。

ア 水素と酸素が生じたことを確認するため。　イ 酸素がなくなったことを確認するため。

ウ 塩素が発生したことを確認するため。　エ 水が生じたことを確認するため。

オ 多量の熱が発生したことを確認するため。

(2) 電極Ａ～電極Ｄに関する記述で正しいものをア～カの中から**すべて**選び，記号で答えなさい。

ア 電極Ａと電極Ｃから発生する気体は同じである。

イ 電極Ｂと電極Ｄから発生する気体は同じである。

ウ 電極Ｂから発生した気体を容器に集め，火のついた線香を入れると，線香が炎を出して激しく燃える。

エ 電極Ｃから発生した気体を容器に集め，火のついた線香を入れると，線香が炎を出して激しく燃える。

オ 電極Ｄから発生する気体は，溶液中の陽イオンが電極Ｄに引き寄せられることで生じる。

カ 電極Ｄから発生する気体は，溶液中の陰イオンが電極Ｄに引き寄せられることで生じる。

問８　水溶液，イオンの性質を調べるために実験１，２を行った。以下の問いに答えなさい。

実験１　図のように食塩水で湿らせたろ紙の上に，食塩水で湿らせた青色リトマス紙と赤色リトマス紙を置き，両端をクリップで止めた。青色リトマス紙，赤色リトマス紙の中央にそれぞれうすい硫酸とうすい水酸化バリウム水溶液を１滴落としたところ，2つのリトマス紙はともに変色した。(a)その後，両端のクリップを電源装置につないで電流を流したところ，変色した部分が広がった。

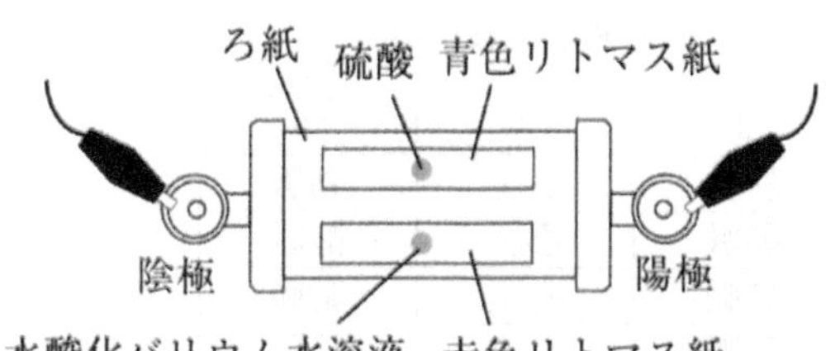

(1)　水酸化バリウムの電離のようすを化学式を使って表しなさい。

(2)　下線部(a)について，それぞれのリトマス紙の陰極，陽極のどちら側に変色した部分か広がったか。正しい組み合わせをア～エの中から１つ選び，記号で答えなさい。

	青色リトマス紙	赤色リトマス紙
ア	陰極側	陰極側
イ	陰極側	陽極側
ウ	陽極側	陰極側
エ	陽極側	陽極側

(3)　青色リトマス紙が変色した要因となったイオンを化学式で答えなさい。

実験２　試験管Ａ～Ｅに下表に示す体積の同じ濃度の水酸化バリウム水溶液を加えた。次に，下表に示す体積の同じ濃度の硫酸を加えてよくかき混ぜたところ，試験管Ｂ～Ｅでは白色沈殿が生じた。

	試験管A	試験管B	試験管C	試験管D	試験管E
水酸化バリウム水溶液［cm^3］	10	10	10	10	20
硫酸［cm^3］	0	2	4	6	6
白色沈殿の質量［g］	0	0.2	0.4	0.4	X

(4)　試験管Ｅの白色沈殿の質量Ｘを求めなさい。

問９　次の①～③に示す植物の特徴について，２つ以上にあてはまる植物を，下のア～クの中から**すべて**選び，記号で答えなさい。

①　胞子を形成して子孫を増やす植物

②　胚珠がない，または胚珠が子房に包まれていない植物

③　維管束がない植物

ア　イヌワラビ　　イ　イチョウ　　ウ　トウモロコシ　　エ　ゼニゴケ

オ　スギナ　　カ　アブラナ　　キ　マツ　　ク　アサガオ

問10　ヒトの心臓のはたらきと血液循環のしくみについて，次の空欄（①）～（④）にあてはまる語の組み合わせとして，最も適当なものをア～エの中から１つ選び，記号で答えなさい。

（　①　）が広がり，（　②　）から血液が流れ込む。

↓

（　①　）が収縮し，（　③　）に血液が流れ込む。

↓

（　③　）が収縮し，（　④　）に血液が流れ出る。

	①	②	③	④
ア	心室	静脈	心房	動脈
イ	心室	動脈	心房	静脈
ウ	心房	静脈	心室	動脈
エ	心房	動脈	心室	静脈

問11　ある植物にはふ入りの葉をもつものがある（図１）。このふ入りの葉を暗所に一晩置いた後，図２のように葉の一部をアルミはくで覆い，数時間日光を当てた。この葉を温めたエタノールに浸して脱色し，葉を取り出して水洗いした後，ヨウ素液につけて葉の色の変化を観察した。

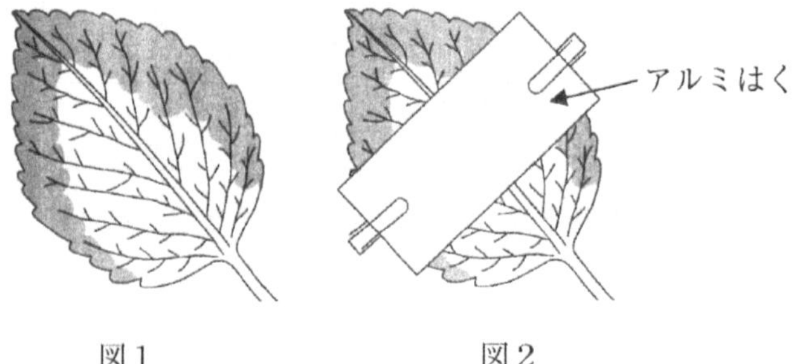

図１　　　図２

右図は，図１にアルミはくで覆った位置を四角で表したものである。「光合成は葉の緑色の部分で行われている」ことは，右図のア～エのうちどの部分の結果を比較することでわかるか。ア～エの中から２つ選び，記号で答えなさい。

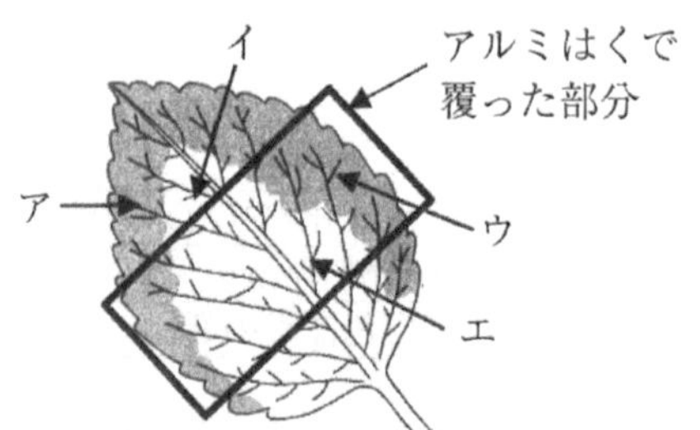

問12　被子植物の果実と種子は，花のどの部分が変化してできたものか。図中のア～オの中からそれぞれ１つずつ選び，記号で答えなさい。

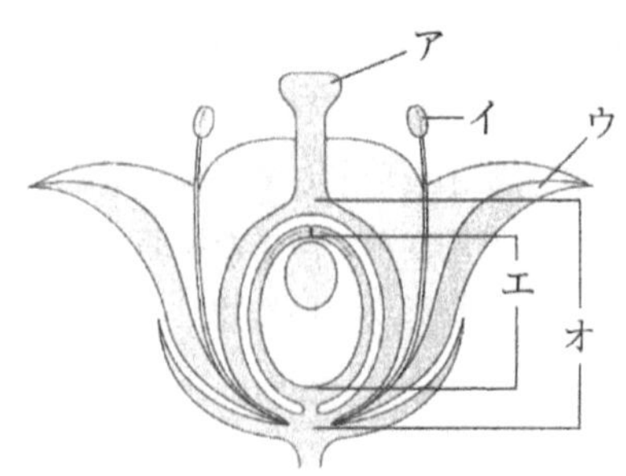

問13　エンドウの種子の形状には，丸としわの形質がある。丸としわのエンドウを親として交配したところ，①生じた次代である種子はすべて丸であった。この種子を育てて自家受精させたところ，②生じた次代の種子には丸としわの両方があった。この後，すべての種子について自家受精を繰り返す実験を行った。

下線部①の種子を１世代目として，２代後（３世代目）の種子に占める，しわの種子の割合はどのようになるか。最も簡単な分数で表しなさい。

問14　下図は，岩手県綾里で観測された，大気中の二酸化炭素濃度の変化を表したものである。二酸化炭素をはじめとした，ある種の気体の濃度上昇によって起こる，地球規模の気温上昇を何というか。

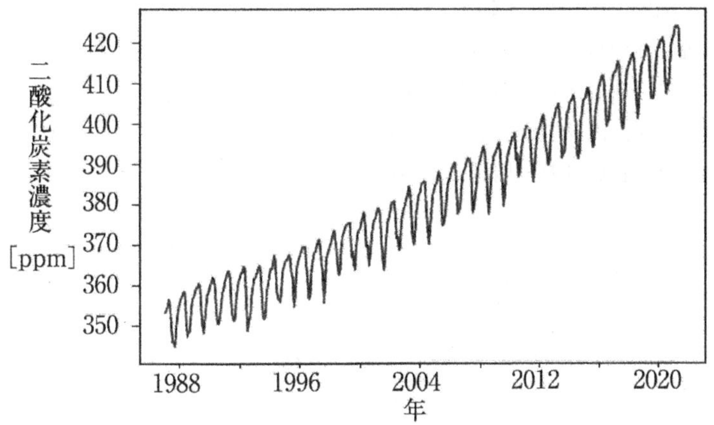

問15　次のア～エの記述のうち**誤っているもの**を１つ選び，記号で答えなさい。

ア　雲ができるのは，空気が上昇して温度が下がると空気中の水蒸気の一部が小さな水滴や氷の粒になるためである。

イ　寒冷前線付近では，寒気が暖気を押し上げるように進み，積乱雲が発生しやすい。

ウ　温暖前線付近では，暖気が寒気の上にはい上がるように進むので，前線面の傾きがゆるやかで，広い範囲にわたって雲ができる。

エ　高気圧の中心付近では，まわりからふきこんだ大気が上昇気流になるため，雲が発生しやすい。

問16　次の⑴，⑵の記述の正誤について，正しい組み合わせをア～エの中から１つ選び，記号で答えなさい。

⑴　乾湿計において，乾球温度計と湿球温度計の示す温度が等しいとき，湿度は100％である。

⑵　北東から南西に吹く風を南西の風という。

ア　⑴　正　⑵　正

イ　⑴　正　⑵　誤

ウ　⑴　誤　⑵　正

エ　⑴　誤　⑵　誤

問17　次の文の空欄にあてはまる語の組み合わせとして，最も適当なものをア～エの中から１つ選び，記号で答えなさい。

台風は熱帯地方で発生した低気圧が発達したものである。日本付近では，低気圧の地表付近を吹く風は，時計の針の動きと（　1　）向きに回るように，低気圧の中心へ吹き込んでいる。夏から秋にかけて発生した台風は小笠原気団のふちに沿って（　2　）に向かう傾向が強い。

ア　(1)　同じ　(2)　北東
イ　(1)　反対　(2)　北東
ウ　(1)　同じ　(2)　北西
エ　(1)　反対　(2)　北西

問18　次のア～エの記述のうち**誤っているもの**を１つ選び，記号で答えなさい。

ア　初期微動継続時間から，震源からのおおよその距離を求めることができる。
イ　マグニチュードは地震そのものの規模を表す。
ウ　海溝型地震の方が，内陸型地震より震源が浅い。
エ　震源からの距離が長いほど，地震によるゆれは小さくなる。

問19　昭和新山は，傾斜が急で盛り上がった形をしている。昭和新山の特徴として，正しい組み合わせをア～クの中から１つ選び，記号で答えなさい。

	マグマの粘りけ	噴火の様子	溶岩の色
ア	強い	激しい爆発を伴う	白っぽい
イ	強い	激しい爆発を伴う	黒っぽい
ウ	強い	爆発的にはならない	白っぽい
エ	強い	爆発的にはならない	黒っぽい
オ	弱い	激しい爆発を伴う	白っぽい
カ	弱い	激しい爆発を伴う	黒っぽい
キ	弱い	爆発的にはならない	白っぽい
ク	弱い	爆発的にはならない	黒っぽい

問20　北緯35°の地点における夏至の太陽の南中高度は何度か。

ただし，地軸は地球の公転面に対して垂直な方向から23.4°傾いているものとする。

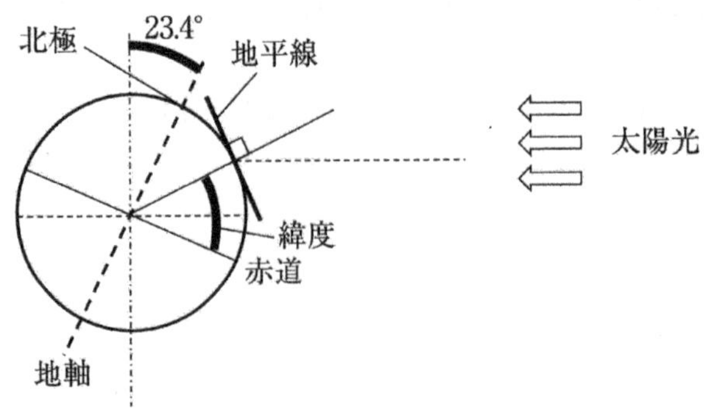

問21　地球，月の運動について，地球の自転の向き，地球の公転の向き，月の公転の向きの組み合わせをア～クの中から１つ選び，記号で答えなさい。

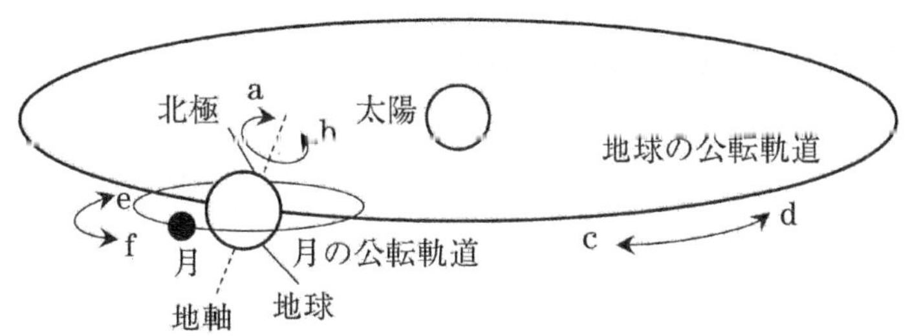

	地球の自転の向き	地球の公転の向き	月の公転の向き
ア	a	c	e
イ	a	c	f
ウ	a	d	e
エ	a	d	f
オ	b	c	e
カ	b	c	f
キ	b	d	e
ク	b	d	f

問22　次のア～オの記述のうち，**誤っているもの**をすべて選び，記号で答えなさい。

ア　太陽系において，恒星に分類されるのは太陽のみである。

イ　太陽から最も離れた惑星は冥王星である。

ウ　地球の衛星は月だけである。

エ　地球と木星の密度を比べると，地球の方が密度が小さい。

オ　太陽系の中で主に岩石からできている惑星は４つある。

【社　会】（国語と合わせて60分）　＜満点：35点＞

1　次の各問に答えなさい。

問１　以下の地図を利用して，問Ａ～Ｃに答えなさい。

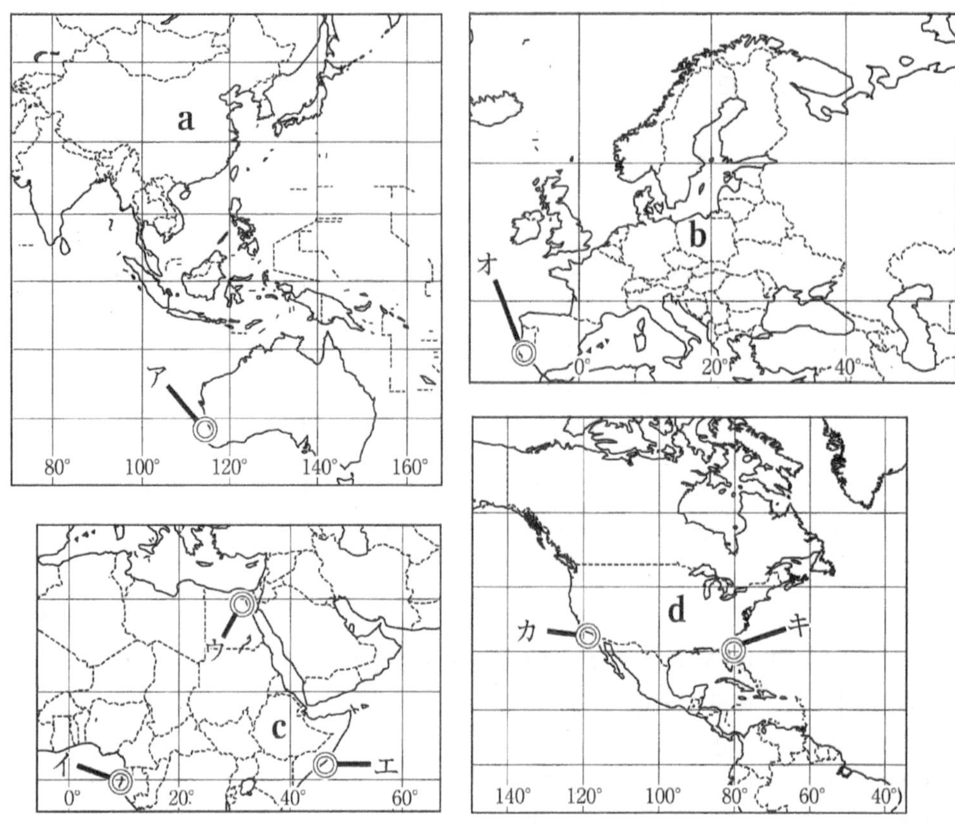

問Ａ　文章中の私は東京都にいる。友人がいる国を地図中のａ～ｄの中から一つ選び，記号で答えなさい。　⑴　（２点）

「私は友人と，日本標準時間11月11日午後５時，現地標準時間11月11日午前９時に電話をする約束をした。」

問Ｂ　大西洋に面している都市を地図中の◎ア～キの中から三つ選び，記号で答えなさい。　⑵　（完答２点）

問Ｃ　地図中のａ～ｄの国に関する文章として正しいものを以下のア～エの中から一つ選び，記号で答えなさい。　⑶

ア．ａの国の首都は，南緯39度，東経116度付近にある。

イ．ｂの国の首都は，北緯52度，西経20度付近にある。

ウ．ｃの国の首都は，南緯９度，東経38度付近にある。

エ．ｄの国の首都は，北緯38度，西経77度付近にある。

問２　以下の地図に関する問Ａ・Ｂに答えなさい。

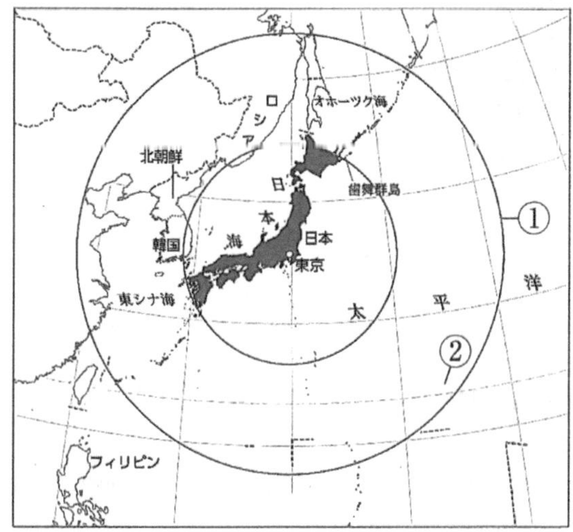

問Ａ　地図中の円①の半径としてふさわしいものを以下のア～オの中から一つ選び，記号で答えなさい。　⑷

ア．500km　　イ．1,000km　　ウ．2,000km　　エ．4,000km　　オ．6,000km

問Ｂ　地図中②の島は，日本の国土の最東端に位置する。この島の名称を漢字で答えなさい。　⑸

問３　以下の「記事」および「計数方法」，過去・現在の地図表現（次のページ）は，国土交通省国土地理院の報道発表をもとに作成したものである。これらに関する文章として正しいものを次のページのア～エの中から一つ選び，記号で答えなさい。　⑹

「記事」

2023年２月28日，国土交通省の特別機関である国土地理院が日本の島の数を一定条件のもと数えた結果，14,125島となったことを発表した。これは，1987年に国土交通省の外局である海上保安庁が公表した6,852島と大きく異なっているが，これは測量技術の進歩による地図表現の詳細化が大きく影響していると考えられる。また，日本の国土面積は，電子国土基本図に基づき全ての陸地を計測していることから，2023年の公表した島の数が面積に影響することはなく，日本の領土・領海に影響を与えることはないとしている。

「計数方法」

１．法令等（離島振興法，有人国境離島法等）に基づく島を重複なく計数する。

２．１．のほか，国土地理院の電子国土基本図※を用いて，周囲長0.1km以上の海岸線で囲われた陸地を対象に計数する。※２万５千分の１地形図の基となる地図データ

３．２．においては，自然に形成されたと判断できる陸地を計数の対象とする。なお，湖沼等内水面にある陸地は，計数の対象外とする。

国土地理院「我が国の島の数の計数方法」（2023年報道資料より）

過去の地図表現（1983年）

現在の地図表現（2023年）

※両図中の①～⑦の数字は「周囲長0.1km以上の海岸線で囲われた陸地」の数を示す。
国土地理院　「地図表現の詳細化による計数への影響」（2023年報道資料より）

ア．過去と現在の地図表現を比較すると表現がより細密になり，江の島周辺で「計数方法」の２に該当する島の数が増えていることがわかる。

イ．2023年，国土地理院が発表した島の数は，1987年に国土地理院が発表した際の島の数のおよそ２倍に増えている。

ウ．測量技術の進歩にともなう地図表現の詳細化によって，島と認定される陸地の数が増えたことによって，国土面積も拡大した。

エ．島の数が増えた理由として，地図表現の詳細化にともなう，湖沼内の陸地が島として認定されたことがあげられる。

問４　以下の図に関する問Ａ・Ｂに答えなさい。

問Ａ　以下の表は，地図中「あ」と「い」を結ぶ，直線付近に位置する千葉市・新潟市・宇都宮市の各月と年間の降水量をあらわしている。新潟市の降水量を示すものを以下の表中①～③の中から一つ選び，数字で答えなさい。　(7)

	1月	3月	6月	7月	9月	10月	12月	年間降水量
①	120.5	87.5	172.5	223.5	123.0	117.5	400.0	2002.0
②	15.5	95.0	88.0	168.5	201.0	101.5	48.0	1427.5
③	5.0	79.5	83.0	259.5	293.5	106.0	31.0	1303.5

単位：㎜　　気象庁各種データ・資料2022年より作成

問B　地図中「あ」と「い」を結ぶ直線の断面として正しいものを以下のア～エの中から一つ選び，記号で答えなさい。 ⑻

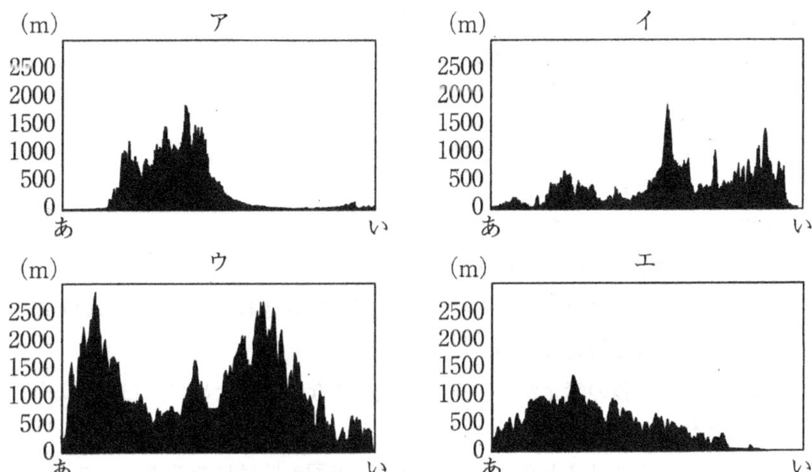

2　次の年表に関する各問に答えなさい。

年・西暦	日本・世界の出来事
６０７年	小野妹子が隋に派遣される
	a
８９４年	菅原道真が遣唐使派遣の延期を意見した①
	b
１３３４年	建武の新政がはじまる
	c
１６１２年	キリスト教の禁教令を幕領に出した②
	d
１９５０年	金閣が放火で全焼した③
	e
２００８年	リーマンショックが起きる④

問１　a の期間に起きた出来事の説明として**誤っているもの**を以下のア～エの中から一つ選び，記号で答えなさい。 ⑼

ア．聖武天皇が仏教の力で国家の災厄を鎮めようとした。

イ．後三条天皇が荘園の整理を行った。

ウ．桓武天皇が坂上田村麻呂を征夷大将軍に任じた。

エ．文武天皇が大宝律令を制定した。

問２　下線部①に関して，この人物に関連した文章として**誤っているもの**を以下のア～エの中から一つ選び，記号で答えなさい。 ⑽

ア．藤原氏のはかりごとにより九州の大宰府に左遷された。

イ．学問にすぐれ，異例の出世をして右大臣に就任した。

ウ．和歌の作者としても著名であり『古今和歌集』を編集した。

エ．死後に天変地異が起こり，祟りを恐れて北野天満宮にまつられた。

問３　［c］の期間に起きた出来事として**誤っているもの**を以下のア～エの中から一つ選び，記号で答えなさい。［⑾］

ア．朝廷が南北に分かれて対立することとなった。

イ．分国法により，武士や農民を支配しようとした。

ウ．京都の大半が焼け野原となった応仁の乱が起きた。

エ．島原・天草一揆が起き，幕府は大軍を送って鎮圧した。

問４　下線部②に関して述べた文章ｘ・ｙについて正誤の組み合わせとして正しいものを以下のア～エの中から一つ選び，記号で答えなさい。［⑿］

ｘ．幕領におけるキリスト教の禁止がなかなか徹底できなかったために，日本人の帰国・海外渡航の全面禁止に合わせて全国にも禁教令を拡大した。

ｙ．神への信仰を重んじるキリスト教の考え方が幕府支配の妨げになること，スペイン・ポルトガルの侵略も懸念されたことが背景にあった。

ア．ｘ－正　ｙ－正　　イ．ｘ－正　ｙ－誤

ウ．ｘ－誤　ｙ－正　　エ．ｘ－誤　ｙ－誤

問５　下線部③に関して，京都への修学旅行に向けて探究活動をしていた生徒と先生との会話文を読んで，空欄［X］・［Y］に入る語の組み合わせとして正しいものを以下のア～エの中から一つ選び，記号で答えなさい。［⒀］

先　生：サヤカさんの班の研修先は決まりましたか。

サヤカ：金閣寺と銀閣寺に行く方向でまとめています。

先　生：なるほど。その二つのお寺なんだけど，正式名称は何というか知っていますか。

サヤカ：はい。金閣寺は鹿苑寺で，銀閣寺は慈照寺です。

先　生：その通り。ではカズヤ君に質問です。どちらのお寺も足利将軍と関係が深いけど［X］貿易を始めた３代将軍が建てたのはどちらかな。

カズヤ：金閣です。

先　生：そして，その金閣は放火にあっていて，その事件から三島由紀夫がまさに「金閣寺」という小説を書いているね。

カズヤ：はい。興味があって読んでみました。三島という人にも興味をもったので調べてみるとノーベル文学賞を受賞した［Y］を師と仰いでいたことを知りました。

サヤカ：そうなんだ。だったら，今度班の中で，その話をしてくれる？

先　生：そうした形で話題が広がれば京都への旅行も深みが出てくるね。

ア．X－日明　Y－川端　康成　　イ．X－日宋　Y－大江健三郎

ウ．X－日明　Y－大江健三郎　　エ．X－日宋　Y－川端　康成

問６　下線部④に関して，リーマンショックにより世界各国の株式市場では株価の急落が見られた。現在の日本の株式市場に関する文章として正しいものを以下のア～エの中から一つ選び，記号で答えなさい。［⒁］

ア．日本銀行だけは日本国内の株式を無制限に直接買いとることができる。

イ．外国法人等の株式保有比率は国内個人投資家の株式保有比率を上回っている。

ウ．個人でも外国の株式を買うことは，日本銀行を通じてのみ可能である。

エ．アベノミクスで最高値を付けた日経平均株価はその後の長引く不況のため，いまだ更新されていない。

問７　年表中ａ～ｄの期間にあてはまるものを以下のア～エの中から一つずつ選び，記号で答えなさい。 ⒂（完答２点）

ア．尾形光琳が「燕子花図屏風」を描いた。

イ．狩野永徳が城などにきらびやかな絵を描いた。

ウ．厳島神社の社殿が大きく整備された。

エ．興福寺の阿修羅像が制作された。

問８　ｅの時期に起きた出来事 あ～え を古いものから順に正しく並べているものを以下のア～クの中から一つ選び，記号で答えなさい。 ⒃（２点）

あ．沖縄が日本に復帰する。　　い．阪神・淡路大震災が起こる。

う．国会周辺で安保闘争が起こる。　　え．日本が国際連合に加盟する。

ア．あ－い－う－え　　イ．あ－う－え－い　　ウ．あ－う－い－え

エ．あ－え－い－う　　オ．え－あ－い－う　　カ．え－い－あ－う

キ．え－う－あ－い　　ク．え－う－い－あ

3　次の各問に答えなさい。

問１　以下の説明文①・②を読み，問Ａ・Ｂに答えなさい。

説明文①

消費者余剰とは，消費者が支払っても良いと考えている価格（支払意思額）と，実際に払っている価格との差のことである。実際に支払っている価格が同じだとすると，支払意思額が大きいほど消費者余剰も大きいことになる。

説明文②

GDPは国内で一定期間内に新たに生産されたモノやサービスの付加価値の合計額であり，原則として，価値額は市場取引ベースで計上される。よって，市場で取引されないモノ・サービスについては，GDPに含まれない。

問Ａ　説明文①で説明されている「消費者余剰」を表す部分を右の図中ア～エの中から一つ選び，記号で答えなさい。⒄（２点）

ある商品の需要供給曲線

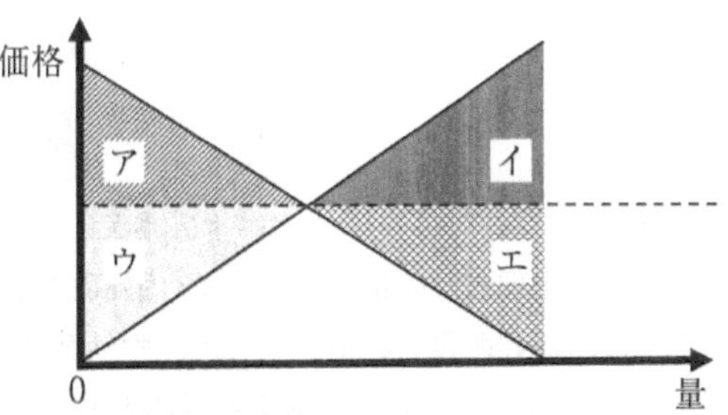

問B　説明文①及び②の文章から導き出される文章として正しいものを以下のア～エの中から一つ選び，記号で答えなさい。 ⒅

ア．Ａ国の企業がＢ国の現地工場で生産・販売した商品は，Ａ国のＧＤＰに含まれる。

イ．ある国に住む家族が，自身の家庭内において行う育児や介護に関わる行為は，その国のＧＤＰに含まれる。

ウ．消費者余剰は消費者の主観的な満足度によるところが多く，ＧＤＰの数値に十分反映することが出来ない。

エ．消費者余剰は生産者の主観的な満足度によるところが多く，ＧＤＰなど従来の枠組みでは十分にとらえきれない。

問２　現代の核兵器をめぐる状況に関して述べた文章として正しいものを以下のア～エの中から一つ選び，記号で答えなさい。 ⒆

ア．NPT体制とは核保有を認められた国々による核技術の向上や発展を禁止するために作られた取り組みである。

イ．米国の圧倒的な核抑止力によって世界の核保有国は減少し，核戦争が起こる可能性も大幅に低下した。

ウ．NATO加盟国内では，アメリカの核兵器を同盟国で共有して運用する「核共有」という仕組みがとられている。

エ．核兵器禁止条約には，日本をはじめ核兵器使用の禁止を訴える国々が参加している。

問３　以下の説明文に該当する省庁の名称を答えなさい。 ⒇

2021年９月，政府は行政機関を新設した。これは，国や地方公共団体の情報システムを整理・統合し，国民の利便性の向上を目指すために設置された。

問４　国の権力を立法権・行政権・司法権の三つに分ける仕組みを三権分立という。以下の図は日本の権力分立の仕組みを示している。図中の①の矢印の内容として正しいものを以下のア～エの中から一つ選び，記号で答えなさい。 ㉑

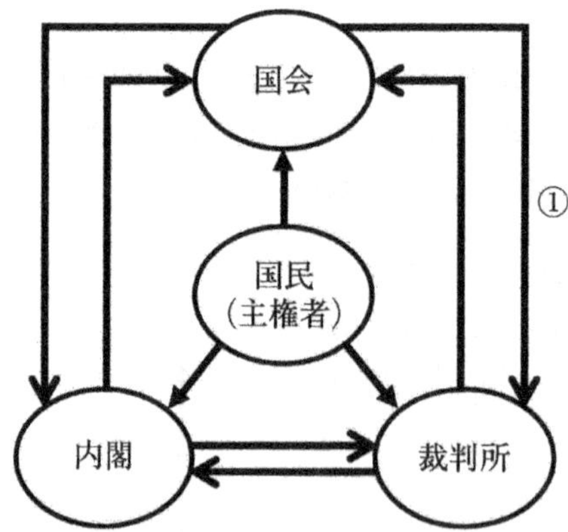

ア．内閣総理大臣の指名　　イ．最高裁判所裁判官の国民審査

ウ．最高裁判所長官の指名　　エ．弾劾裁判

問５　日本の少子高齢化に関する説明として**誤っているもの**を次のページのア～エの中から一つ選

び，記号で答えなさい。 ㉒

ア．65歳以上の人口が占める割合を高齢化率という。2007年に高齢化率が21.5％に到達し，超高齢社会にさしかかったとされている。

イ．一人の女性が産む子どもの平均人数を表した数値を，合計特殊出生率という。2022年の合計特殊出生率は2.1であり，減少傾向がつづいている。

ウ．高齢化が進むと，年金や医療保険における支出が増加する。労働者の人口が減少する中で，持続可能な社会保障制度の構築が求められている。

エ．少子化が進む背景には，未婚化・晩婚化による出生数の減少がある。そのため少子化対策として，子育てしやすい環境づくりが課題となっている。

問６　以下の文は国際経済に関するものである。空欄に入る語句の組み合わせとして正しいものを以下のア～カの中から一つ選び，記号で答えなさい。 ㉓（２点）

> 外国為替市場において，１ドル＝100円から１ドル＝150円に変わった場合，円の値打ちが［　a　］ことになる。いわゆる［　b　］の現象といえる。
> ところで，日本にとって［　c　］は外国商品の需要が増大することになる。また，外国が日本の製品を購入しにくくなるので，貿易収支の［　d　］を招く。

ア．a－上がった　b－円安　c－円高　d－黒字
イ．a－下がった　b－円高　c－円安　d－赤字
ウ．a－上がった　b－円高　c－円安　d－黒字
エ．a－下がった　b－円安　c－円高　d－黒字
オ．a－上がった　b－円高　c－円安　d－赤字
カ．a－下がった　b－円安　c－円高　d－赤字

問７　以下の文ａ～ｄで述べられている語句の組み合わせとして正しいものを一つ選び，記号で答えなさい。 ㉔

ａ．国や地方公共団体は，国民や住民の生活を暮らしやすくするために，医療や福祉などの社会保障や道路・橋・公園などを造る公共事業などの様々な形でお金を使っている。
①国債発行　②金融政策　③財政政策

ｂ．発展途上国や戦災・災害をうけた子どもたちの援助を行う国連機関で，1984年から黒柳徹子さんが親善大使を務めている。
①UNICEF　②UNESCO　③UNHCR

ｃ．高齢者や障がいのある人なども含めたすべての人が区別されずに普通に生活できる社会をめざす考え。
①ワークライフバランス　②ノーマライゼーション　③ユニバーサルデザイン

ｄ．欧米先進国から，日本には特殊な雇用・就労関係があると指摘されてきた。
①学歴・縁故　③同業者組合　③年功序列賃金

ア．ａ－①　ｂ－②　ｃ－③　ｄ－②
イ．ａ－②　ｂ－③　ｃ－①　ｄ－①
ウ．ａ－③　ｂ－①　ｃ－②　ｄ－③
エ．ａ－①　ｂ－③　ｃ－①　ｄ－①

オ．ａ－②　　ｂ－②　　ｃ－②　　ｄ－③
カ．ａ－③　　ｂ－①　　ｃ－③　　ｄ－②

4　次の文章を読んで以下の問に答えなさい。

近年，生成AIの利用に関して，大きな論議が巻き起こっている。世界において，ある学者は画期的な技術だと言い，別の学者は人類に危機をもたらす技術だと話し，政治家や企業の人たちの間でも評価が分かれている。そのような状況の中で日本の教育をあずかる文部科学省も学校においてどう向き合えばよいのか対応に追われている。

しかしながら，現在インターネットなしでの生活は考えられないように，近い将来にはどうやら生成AIなしでは考えられない生活になると思われる。そうであるとすれば，私たちはどのような点を注意すればよいだろうか。以下の【事例】を読んで問に答えなさい。

【事例】
社会の夏休みの宿題として，「住んでいる町の人口推移と農地の減少を示すデータを活用して，町の振興策を考えなさい」というテーマが出された。担当の先生からは，「生成AIを上手く活用しながら取り組みなさい。」との指示が出ていた。それゆえ，まず最初に生成AIに質問したところ，自分では考えもつかない回答が出てきたので，それを写して提出した。

問１　生成AIの活用に関して，宿題への対応として適切でないと考える点を上記の【事例】の中から指摘しなさい。　㉕（２点）

問２　先生の指示にあった生成AIを「上手く活用しなさい」というのは，どのように捉えるのが適切か。具体的な活用の事例を述べなさい。
※解答欄に収まるよう過不足なく記述すること。　㉖（３点）

問二　「（　　）が鳴る」が「自分の技量を発揮したくてたまらないこと」という意味の慣用句になるように、（　）にあてはまる体の一部を平仮名で答えなさい。

問三　次の――線部の語を敬語に直しなさい。

私はこれから校長先生の家に行く予定だ。

けようをなさる」といへば、若い者も腹を立ち、「この商人はおかしな事をいふ。吉原者は値切らぬものか」と、はや言ひ合いになるゆへ、おいらんも気の毒がって、二階へ行く。茶碗屋は荷をかついで出る拍子（ひょうし）に、蹴つまづいて、今の茶碗も、みぢんにこわれるを見て、若い者うれしがり、二階へかけ上がり、「もし、おいらん。今あの茶碗屋めが、負ければいい事を、力みまわって、あそこでころんで、あの茶漬茶碗をば、ぶちこわしました」といへば、「2ほんにかへ。買わねへでよかったのふ」。

（『詞葉の花』）

＊吉原…地名。
＊昼見世…「見世」は「店」と同じ。正午過ぎから午後四時頃までの営業。
＊おいらん…「吉原の昼見世」の女性従業員。
＊さっせへ…しなさい。
＊女郎…「おいらん」の別名で、「おいらん」と同じ人。
＊若い者…「喜助どん」と同じ人。
＊めまぜ…目くばせ。

問一　――線部1「あげませう」を現代仮名遣いに改めなさい。

問二　A ～ C にあてはまる語として最も適切なものをそれぞれ次から選び、記号で答えなさい。（同じ記号は一度しか使えない）

ア　「が」
イ　「に」
ウ　「を」
エ　「と」

問三　茶碗を最終的にはいくらにまで値切ったか漢数字で答えなさい。

三　次のⅠ・Ⅱの漢文を読んで、それぞれ後の設問に答えなさい。

Ⅰ　善（よ）ク待ツレ問ヲ者、如（ごと）シレ撞（つ）クガレ鐘ヲ、
叩（たた）クレ之（これ）ヲ以（もつ）テセバ二小ナル者ヲ一則（すなは）チ小（さ）サク鳴リ、
叩クレ之ヲ以テセバ二大ナル者ヲ一則チ大キク鳴ル。

（『礼記』）

問一　右の漢文の――線部を書き下し文（漢字・仮名交じり文）に改めなさい。

問二　右の漢文の内容に最も近い四字熟語を次から選び、記号で答えなさい。

ア　因果応報　イ　自家撞着（どうちゃく）　ウ　大山鳴動　エ　叩頭（こうとう）三拝

Ⅱ　莫（な）シ大ナルハ＊乎与（と）人為スヨリ善ヲ。

（『孟子』）

＊乎…置き字（読まない字）。

［書き下し文］人と善を為すより大なるは莫し。

問一　右の漢文に、書き下し文を参考にして返り点を付けなさい。（読み仮名・送り仮名は不要）

四　次の各設問に答えなさい。

問一　森鷗外（もりおうがい）の作品を次から一つ選び、記号で答えなさい。

ア　舞姫　イ　たけくらべ　ウ　河童（かっぱ）　エ　蟹（かに）工船　オ　雪国

限らない知識。

ウ　子どもたちの経験とつながりが弱いため、日常と結びつけて教えないといけない知識。

エ　生きていく上で役に立つことはない、世界を再構成してコンパクトに縮約した知識。

問三　――線部2「代表的（代理的）提示」とは何か、本文中の語句を用いて三十字以内（句読点を含む）で答えなさい。

問四　――線部3「社会が発展して複雑になり、子どもたちが親とは異なる生き方をするようになっていくと、『提示』だけでは不十分になっていきます。」とあるが、その理由を四十五字以内（句読点を含む）で答えなさい。

問五　――線部4「第一次的な生活世界」と同じ意味を表す言葉をこれより前の本文中から五字（句読点を含む）で抜き出して、答えなさい。

問六　Ⅰ　～　Ⅲ　にあてはまる語として最も適切なものをそれぞれ次から選び、記号で答えなさい。（同じ記号は一度しか使えない）

ア　ただし　イ　あるいは　ウ　しかし　エ　たとえば　オ　だから

問七　A　・　B　にあてはまる語として最も適切なものをそれぞれ次から選び、記号で答えなさい。（同じ記号は一度しか使えない）

ア　専門　イ　先進　ウ　基礎　エ　有用　オ　経験

問八　――線部5「源泉」の意味に最も近いものを次から選び、記号で答えなさい。

ア　機会　イ　原因　ウ　意味　エ　結果　オ　隠喩

問九　――線部6「ヒッタイトが鉄器を使用し始めた」とあるが、このような昔のことを学ぶのはなぜか。「～ため。」に続く形で本文中から二十字以内（句読点を含む）で抜き出し、始めの三字を答えなさい。

問十　本文の内容に合致するものを次の中から一つ選び、記号で答えなさい。

ア　モレンハウアーが示した「提示」という概念は、学校が存在する社会では意味を持たない。

イ　学校では言葉や記号を使って知識を与えるため、子どもがおもしろみを感じることは不可能である。

ウ　「世界の縮図」としての知を学校で学ぶのは、国際社会で活躍するのに役立てるためである。

エ　子どもが学校の勉強をつまらないと感じるのは、「学校知」が抱える不可避な性質である。

二　次の古文を読んで、後の設問に答えなさい。（本文の表記を一部改めた）

＊吉原の＊昼見世に、＊おいらんが、「コレ、喜助どん。アノ茶碗屋どんが来たなら、茶漬茶碗を買ってくだせへよ」「アイ。今買って1あげませう」といふうち、茶碗屋　A　来る。「コレ、この茶碗はいくらだ」「二百五十でござります」「とほうもねへ。百五十に＊さっせへ」「とんだ事　B　いひなさる。どふして」「ソンナラ、六十やろう」「ハテ、そのやうにちっとづつ、付け上げずとも、もっとお買いなさい」といふを、＊女郎が聞いて、小声で、「コレ、喜助どん。もっと高くてもいいわな」といふ＊若い者は、＊めまぜでうなづきながら、「そんなら、七十二文やろう」「ハテさて、おめへも吉原　C　いる程もない、けちな付

した。

　要するに、「世界の縮図」としての知を学校で学ぶことによって、子どもたちは生まれ育った狭い世界から抜け出して、より広い世界に出ていきます。人生のさまざまな生き方の可能性を、学校は与えてくれるわけです。それは職業的に役立つ側面もあるし、それだけではなく、市民として、あるいは個人として生きていく生活全般に関わる、［Ａ］的なものを提供してくれるのです。（中略）

　学校知はより広い世界への通路だというお話をしました。しかしながら、このような学校知の性格は、子どもにとってのなじみにくさの5源泉でもあります。「経験によっては子どもが到達し難い部分」（モレンハウアー）が学校で教えられているとすると、しかも言葉や記号を通して教えられるとすると、子どもたちの日常の経験とは②疎遠なものが教えられていることになるからです。

　中学校では、「水酸化バリウムと硫酸を混ぜる実験」とかが出てきますが、水酸化バリウムも硫酸も、普段まったく見たこともない物質です。中学生だった私は「なんだこれ？」と思いました。硫酸バリウムなんか身近な所にはありません。ないけれども、化学の法則を知るためにそんなものを勉強します。「6ヒッタイトが鉄器を使用し始めた」とか習っても、「そんな昔のこと、どうでもいいじゃないか」と思う子どもがいてもおかしくはないですよね。毎日毎日、身近な経験とは無縁な新しい知識を、小学校に入ったときからほとんどの子どもは高校を卒業するまで十二年間も勉強させられるわけですから、子どもたちは大変です。

　「勉強がつまらない」というふうに映る子どもたちに対して、教育の世界では、いろいろ苦労や工夫を繰り返してきています。日常的な事例を素材にしてみたり、学んだことを日常経験とむすびつけて事項を理解させようとする工夫もあります。また、むしろ何かをまず経験させて、その中から学習すべき本質的な事項を探し出して学習に役立てていこうとする考え方もあります。「学校のそばの川で、自然観察をしてみよう」とか。

　職業教育のように、未来の職業上の「経験」を先取りして教えようとする教育もあります。「これを知っておくと、○○になったときに仕事で使うんだ」と。さらには、「受験が終わるまで、何も考えるな！」などと、進学や就職をエサにして、勉強に取り組ませるやり方もあります。受験の合格や資格の取得という、「目に見える［Ｂ］性」のみを③カカげるということです。ただし、どういうやり方を採用しても、さまざまな問題がつきまといます。

　いずれにせよ、多くの子どもたちに「勉強がつまらない」というふうに映るのは、学校の知の本質です。つまらないと思った人は多いと思いますが、学校はそういうものです。身近な日常経験とは切り離されたものを教わっているので仕方がありません。

（広田照幸『学校はなぜ退屈でなぜ大切なのか』）

問一　〰〰線部①～③の漢字は平仮名に、カタカナは漢字に改めなさい。

問二　――線部1「学校の知」の説明として最も適切なものを次から選び、記号で答えなさい。

ア　日常生活から区別された空間の中では学べない、言語的・記号的に組織された知識。

イ　生まれ育った環境から切り離された、必ずしも将来役に立つとは

（Repräsentatior）と呼んでいます。モレンハウアーの本の訳者である今井康雄さんの解説を引用しておきます。「そこでは子どもたちは、学校のような実生活から区別された空間のなかで、言語的・記号的に組織された知識を学ぶことになる。……子どもたちは、知の世界を通して現実世界とは何であるかを知り、こうして現実世界への参入が準備されることになる」（今井二〇〇九）。

生まれ育った身の回りの世界を超えて、広い世界で生きていくためには、子どもたちは、言葉や記号を通して、この世界がどういうものなのかを理解しないといけない。学校で教えられるのはそういう知なのです。［Ⅱ］、学校知は、いわば記号化された「世界の縮図」だといえるのです。（中略）

今、子どもたちが学校であたりまえのように学んでいる国語は、日常生活であまり使わない言葉も含めて、私たちが言葉を使いこなせるようになるためのものです。算数や数学は、世界を数量的に理解する、あるいは図形的に理解するときの道具です。地理は、今生きている世界をもっと広げて知ることになるし、歴史は、時間軸で過去にさかのぼって、私たちを知ることになります。

物理や化学は、物がどういうふうに運動したり、どういうふうに質が変わっていったりするのか、そこには原理と法則があって、それに沿って物が変わっていることを理解します。外国語は、世界の人たちとのコミュニケーションだし、音楽、美術、体育は、人間がつくり出した文化をコンパクトに縮約して、それぞれの領域の知識やスキルを身につけるものです。

つまり、学校で教えられているカリキュラムは、「この世界が何なのか」について縮約・再構成された知識や文化であり、［Ⅲ］、それをベースにした技能の習得のようなものです。ですから、日常の生活世界での経験では学べないものが、「カリキュラム化された知」として学校で学べます。そこでは、親や友だちからは学べないような種類の知を学ぶことができます。（中略）

ただし、学校知は、仕事に役に立つこともあれば、当然、役に立たないこともあります。なぜならば、「世界とは何か」を学ぶのであって、職業人の育成のためだけに学校があるわけではないからです。

たとえば、「この世界が何なのか」を学ぶ学校知は、さまざまな公的生活にも役立ちます。ニュースを理解し、自分なりに政治的な判断をして、選挙で投票したり募金や署名に応じたりする、といったことが可能になります。役所から届く通知を読んで理解したり、「行政からのお知らせ」に目を通して、わが家に必要なサービスを①シンセイしたりもできます。

また、学校知は、身の回りには存在しない文化に触れる機会にもなります。私が子どもの頃の我が家には、美術館や博物館にいく習慣がなく、音楽のレコードも（当時の言葉で言うと）ちょっとエッチな感じのする流行歌ぐらいしかありませんでした。周りの子どもでお稽古ごとというと、みんなそろばんと習字の塾に行っていて、「ピアノを習っている」とか「絵画教室に行っている」という子はまれでした。そういう環境の中で育った私は、学校の「美術」や「音楽」で教わったさまざまな芸術や音楽の知識が、その後の私の文化活動の基礎になりました。大学生になって、自分で美術館や博物館に行ったり、コンサートに行ったりするようになったとき、「美術」や「音楽」で学んだことが役に立ちま

【国　語】（社会と合わせて六〇分）〈満点：四〇点〉

一 **次の文章を読んで、後の設問に答えなさい。**

私がこれからお話ししたいのは、学校で教えられる知は、子どもの日常生活を超えた知だからこそ重要だということです。ただしそうであるがゆえに、その内容は子どもにとってなじみにくいものだ、ということも説明します。

ここでは、ドイツの教育哲学者のK・モレンハウアーが書いた『忘れられた連関』（今井康雄訳、みすず書房）の議論を紹介します。モレンハウアーは、議論の材料として、『世界図絵』（一六五八年）という世界初の子ども向けの絵入り教科書を作ったJ・A・コメニウスについての考察を通して、[1]学校の知の特異性を説明します。

モレンハウアーが考察に使うのが、「提示」・「[2]代表的（代理的）提示」という概念です。「提示」（Präsentation）とは、学校がなかった社会における人間形成のやり方です。第一次的な生活世界、すなわち普段の生活の中で、周囲の大人と一緒に生活することそれ自体の中で、子どもたちはさまざまなことを学んでいました。羊飼いの子であれ、農民の子であれ、大人と一緒に暮らし、家業を手伝ったり、雑談の輪に入ったりする中で、いろいろなことを覚えます。生活それ自体が学習の過程なのです。人間の長い歴史のほとんどは、これで何とかなってきました。「羊飼いの子は羊飼いになる」「農民の子は農民になる」というふうな伝統的な社会では、生活即学習という「提示」という形式で、人は一人前の大人になれていたわけです。

しかし、[3]社会が発展して複雑になり、子どもたちが親とは異なる生き方をするようになっていくと、「提示」だけでは不十分になっていきます。モレンハウアーの言葉を借りると、「社会的生活が複雑化するにつれて、子どもを待ちかまえている実生活の諸関係は、そのどれをとっても子どもにとって近寄り難いものとなる。将来必要となるものが子どもの[4]第一次的な生活世界に含まれる度合いはますます低くなるわけである」。

［Ⅰ］、契約をするとか、遠くの世界とコミュニケーションするとか、どこか外で作ったルールが持ち込まれるというようなことがどんどん起きてくる。耳慣れない単語で示された新奇なものを理解しないと、外の世界で仕事にありつくことができなくなる。そうなると、日常の身近な関係だけの中の学習では対応しきれません。「この結果、おとなが自らの生活を生きて見せる『提示』とは別に、社会的・歴史的文化のうち、経験によっては子どもが到達し難い部分を何らかの仕方で彼らに知らせてやるという課題が生じる」。モレンハウアーが指摘する、この「経験によっては子どもが到達し難い部分」というのがポイントです。つまり、身の回りにないものを学ばせる必要が生じてきたのだ、という話です。

そこで、学校の重要性が出てきます。学校は、この世界がどうなっているかということを、言葉や記号を使って子どもたちに学ばせる役割を果たすというのです。ここが重要なポイントです。

子どもたちは学校に通って、そこで、「カリキュラム化された知」を学びます。その「カリキュラム化された知」というのは、この世界を再構成して縮約（縮尺）したものです。モレンハウアーは、学校のカリキュラム化された知を通した学習の形式を、「代表的提示（代理的提示）」

一般

2024年度

解　答　と　解　説

《2024年度の配点は解答欄に掲載してあります。》

＜数学解答＞

[1] 問1 $x=-3\pm\sqrt{17}$　問2 $2\sqrt{5}$　問3 $S=\dfrac{r-r^{n+1}}{1-r}$

[2] 問1 (15, 68, 17)　問2 (12, 59, 29), (13, 58, 29), (14, 57, 29)

[3] 問1 $\dfrac{3\sqrt{2}}{2}$　問2 $a=\dfrac{1}{4}$　問3 $a=\dfrac{2}{9}$

[4] 問1 $\dfrac{7}{36}$　問2 $\dfrac{1}{4}$　[5] 問1 75°　問2 2　問3 $\dfrac{3}{2}$

[6] 問1 $\sqrt{6}$　問2 $\dfrac{9}{4}$　問3 $S=\dfrac{13\sqrt{3}}{16}$　断面図：解説参照

○配点○

[1] 問1 4点　問2・問3 各6点×2　[2] 問1 6点　問2 8点(完答)　[3] 問1 4点
問2 6点　問3 8点　[4] 問1 6点　問2 8点　[5] 問1 4点　問2 6点
問3 8点　[6] 問1・問2 各6点×2　問3 8点(完答)　計100点

＜数学解説＞

[1] (二次方程式，平方根，文字と式)

基本 問1 $x^2+6x-8=0$　解の公式を用いて，$x=\dfrac{-6\pm\sqrt{6^2-4\times1\times(-8)}}{2\times1}=\dfrac{-6\pm\sqrt{68}}{2}=-3\pm\sqrt{17}$

基本 問2 $\dfrac{3+2\sqrt{3}}{\sqrt{15}}-\dfrac{\sqrt{30}-8\sqrt{10}}{5\sqrt{2}}=\dfrac{\sqrt{15}}{5}+\dfrac{2\sqrt{5}}{5}-\dfrac{\sqrt{15}}{5}+\dfrac{8\sqrt{5}}{5}=2\sqrt{5}$

問3 $S=r+r^2+r^3+\cdots+r^n$ …①　$rS=r^2+r^3+r^4+\cdots+r^n+r^{n+1}$ …②　①－②より，$S-rS=r-r^{n+1}$　$S(1-r)=r-r^{n+1}$　$S=\dfrac{r-r^{n+1}}{1-r}$

[2] (推理)

問1 2000年の老年人口をa%，年少人口をb%とすると，条件③より，生産年齢人口は$4a$%と表され，3種類の割合の和が100%だから，$b+5a=100$…＊　ここでaは素数であり，条件①より，$b<4a$だから，＊を満たすaの値は，19，17，13となる。次に条件②より，$a=19$のとき，2010年の老年人口は25%となるが，これは不適。$a=13$のとき，2020年の老年人口は25%となり，これも不適。$a=17$のとき，2010年は23%，2020年は29%で条件を満たす。よって，$4a=68$，$b=100-17-68=15$より，(15, 68, 17)

問2 2020年の老年人口は29%で，年少人口をx%，生産年齢人口をy%とすると，$x+29+y=100$より，$x+y=71$…＊＊　条件④より，$4x\leqq y\leqq 5x$だから，＊＊より，$4x\leqq 71-x\leqq 5x$　これを解くと，$4x\leqq 71-x$より，$5x\leqq 71$　$x\leqq 14.2$　$71-x\leqq 5x$より，$71\leqq 6x$　$11\dfrac{5}{6}\leqq x$　よって，$11\dfrac{5}{6}\leqq x\leqq 14.2$　これを満たすxの値は，12，13，14　このとき，$y=59$，58，57　これは条件①を満たす。よって，(12, 59, 29)，(13, 58, 29)，(14, 57, 29)

3 (図形と関数・グラフの融合問題)

基本 問1 $y=-2x^2$と$y=x-1$からyを消去して，$-2x^2=x-1$　$2x^2+x-1=0$　$(x+1)(2x-1)=0$　$x=-1,\ \frac{1}{2}$　$y=-2x^2$に$x=-1,\ \frac{1}{2}$をそれぞれ代入して，$y=-2,\ -\frac{1}{2}$　よって，A$(-1,\ -2)$，B$\left(\frac{1}{2},\ -\frac{1}{2}\right)$　$\text{AB}^2=\left\{\frac{1}{2}-(-1)\right\}^2+\left\{-\frac{1}{2}-(-2)\right\}^2=\frac{9}{2}$　AB>0より，$\text{AB}=\sqrt{\frac{9}{2}}=\frac{3\sqrt{2}}{2}$

重要 問2 点Pのx座標をtとすると，AB＝BPより，点Bは線分APの中点だから，$\frac{-1+t}{2}=\frac{1}{2}$　$t=2$　点Pは直線ℓ上にあるから，$y=2-1=1$　よって，P$(2,\ 1)$　また，点Pは$y=ax^2$上にあるから，$1=a\times2^2$　$a=\frac{1}{4}$

重要 問3 点P，Qのx座標をそれぞれα，βとすると，AB＝PQだから，$\beta-\alpha=\frac{3}{2}$　また，α，βは，$ax^2=x-1$　すなわち，$ax^2-x+1=0$の解であり，$a(x-\alpha)(x-\beta)=0$だから，係数を比べて，$a(\alpha+\beta)=1$，$a\alpha\beta=1$　よって，$\alpha+\beta=\alpha\beta=\frac{1}{a}$　$(\beta-\alpha)^2=(\alpha+\beta)^2-4\alpha\beta$だから，$\left(\frac{3}{2}\right)^2=\left(\frac{1}{a}\right)^2-4\times\frac{1}{a}$　$9a^2+16a-4=0$　$(9a-2)(a+2)=0$　$a>0$より，$a=\frac{2}{9}$

重要 4 (確率)

問1 出た目の数を$x\leqq y\leqq z$とすると，中央値はy，平均値は$\frac{x+y+z}{3}$だから，$y=\frac{x+y+z}{3}$より，$x+z=2y$　これを満たすx，y，zの値の組は，$y=1$のとき，$(x,\ z)=$(1, 1)の1通り。$y=2$のとき，$(x,\ z)=$(1, 3)，(2, 2)の2通り。$y=3$のとき，$(x,\ z)=$(1, 5)，(2, 4)，(3, 3)の3通り。$y=4$のとき，$(x,\ z)=$(2, 6)，(3, 5)，(4, 4)の3通り。$y=5$のとき，$(x,\ z)=$(4, 6)，(5, 5)の2通り。$y=6$のとき，$(x,\ z)=$(6, 6)の1通り。a，b，cの値の組み合わせは，下線の場合がそれぞれ1通りずつ，その他が6通りずつあるから，求める確率は，$\frac{1\times6+6\times6}{6\times6\times6}=\frac{7}{36}$

問2 $3<\frac{a+b+c}{3}<4$より，$9<a+b+c<12$　これを満たすのは，$a+b+c=10$，11の2通り。3つの数の和が10となる数の組み合わせは，(6, 3, 1)，(6, 2, 2)，(5, 4, 1)，(5, 3, 2)，(4, 4, 2)，(4, 3, 3)の6通り。3つの数の和が11となる数の組み合わせは，(6, 4, 1)，(6, 3, 2)，(5, 5, 1)，(5, 4, 2)，(5, 3, 3)，(4, 4, 3)の6通り。a，b，cの値の組み合わせは，下線の場合がそれぞれ3通りずつ，その他が6通りずつあるから，求める確率は，$\frac{3\times6+6\times6}{6\times6\times6}=\frac{1}{4}$

5 (平面図形の計量)

基本 問1 BD＝BCより，BC＝CD＝DBだから，△BCDは正三角形となり，∠CBD＝60°　よって，$\angle\text{ABH}=\frac{1}{2}\angle\text{ABD}=\frac{1}{2}\times(180^\circ-60^\circ)=60^\circ$　直線AHと接点Eを通る正方形の辺との交点をJとすると，∠AJE＝45°　よって，△ABHの内角の関係より，∠AHB＝180°－60°－45°＝75°

重要 問2 $\text{AB}=\text{BC}=\sqrt{3}+1$　BH＝xとして，Hから線分ABにひいた垂線をHKとすると，∠HBK＝60°より，$\text{BK}=\frac{1}{2}\text{BH}=\frac{1}{2}x$，$\text{AK}=\text{HK}=\frac{\sqrt{3}}{2}x$　よって，AB＝AK＋BKより，$\frac{\sqrt{3}}{2}x+\frac{1}{2}x=\sqrt{3}+1$　$x=2$

重要 問3 ∠ABH＝∠BCDより，同位角が等しいから，BH//CI　また，AB＝BCだから，CI＝2BH＝4

よって，DI＝CI－CD＝$4-(\sqrt{3}+1)=3-\sqrt{3}$　1辺の長さがaの正三角形の面積は$\frac{\sqrt{3}}{4}a^2$で表せるから，△BCD＝$\frac{\sqrt{3}}{4}\times(\sqrt{3}+1)^2$　△BCD：△HDI＝CD：DI＝$(\sqrt{3}+1)$：$(3-\sqrt{3})$より，△HDI＝$\frac{3-\sqrt{3}}{\sqrt{3}+1}$△BCD＝$\frac{\sqrt{3}(\sqrt{3}-1)}{\sqrt{3}+1}\times\frac{\sqrt{3}}{4}\times(\sqrt{3}+1)^2=\frac{3}{4}\times(3-1)=\frac{3}{2}$

重要 6　(空間図形の計量)

問1　図1において，線分BEとDFとの交点をHとすると，BE＝$\frac{\sqrt{3}}{2}$AB＝$2\sqrt{3}$より，BH＝HE＝$\frac{1}{2}$BE＝$\sqrt{3}$　図2において，∠BHE＝90°だから，BE＝$\sqrt{(\sqrt{3})^2+(\sqrt{3})^2}=\sqrt{6}$

問2　立体Vは，底面が△DEF，高さがBHの三角柱から三角錐D－BCPと合同な三角錐3個分を取り除いてできる立体と考えられる。図2において，EF＝2，BC＝$\frac{1}{2}$EF＝1だから，立体Vの体積は，$\frac{\sqrt{3}}{4}\times2^2\times\sqrt{3}-\frac{1}{3}\times\frac{\sqrt{3}}{4}\times1^2\times\sqrt{3}\times3=3-\frac{3}{4}=\frac{9}{4}$

問3　断面図は右の図のようになる。断面積Sは，1辺の長さ2の正三角形と1辺の長さ$\frac{1}{2}$の正三角形3個分の面積の差に等しいから，$\frac{\sqrt{3}}{4}\times2^2-\frac{\sqrt{3}}{4}\times\left(\frac{1}{2}\right)^2\times3=\frac{13\sqrt{3}}{16}$

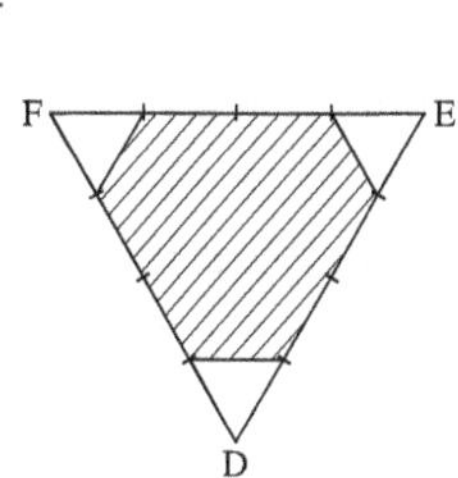

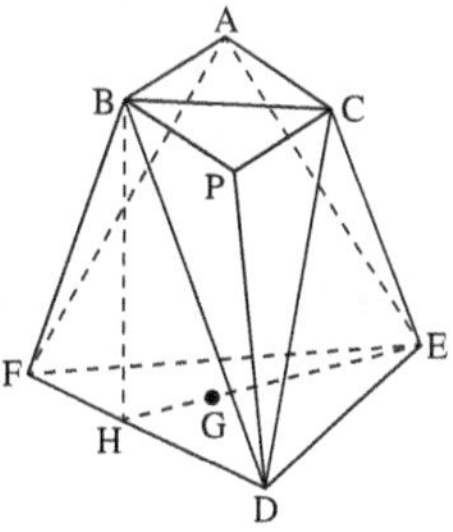

★ワンポイントアドバイス★

出題構成や難易度はほぼ例年どおりである。2は従来から出題されているタイプであるが，問題文をよく読めば解ける問題である。しっかりと考えて解こう。

＜英語解答＞

1　問1　ア　問2　ウ　問3　イ　問4　(例)　もしあなたが自分の写真をもう一度美しくしたいならば，ソーシャルメディアと同じくらい実生活でも美しくなければならない。
問5　A　オ　B　イ　問6　ウ　問7　Because she wanted to make Mrs. Robinson happy.　問8　エ　問9　(例)　見た目の美しさだけでなく，内面の美しさも大切だということ。　問10　ア，カ

2　問1　(例)　筋肉を波のように動かし，地面を押して移動する。　問2　エ
問3　it can pick up a small leaf from the ground [it can even pick up a small tree or a baby elephant]　問4　A　ウ　B　イ　問5　ア

3　1　ア　2　ア　3　エ　4　ウ　5　ウ　6　イ　7　エ　8　イ

4　1　forget　2　has[owns]　3　there　4　No　5　late

5　1　button[buttons]　2　diary[diaries]

6　1　A　ア　B　イ　2　C　エ　D　オ　3　E　キ　F　カ

7　1　B　2　D　3　C　4　A　5　C　6　B　7　A　8　D　9　A　10　B
11　improve　12　comfortable　13　communication　14　role　15　useful

○配点○
1 問4，問9 各6点×2 問5 3点(完答) 問7 4点 他 各2点×7 2 問1 6点
問2，問5 各2点×2 問3，問4 各3点×2(問4完答) 3 各1点×8 4 各2点×5
5 各2点×2 6 各3点×3(各完答) 7 1～10 各1点×10 11～15 各2点×5
計100点

＜英語解説＞

1 (長文読解問題・物語文：内容吟味，語句補充，英文和訳，語句整序)

(全訳) ステフはインスタグラムで #SundayBreakfast の写真を見ていました。彼女は，焼きたてのパンとミルクの中にハートが入ったコーヒーの写真を見ました。

ステフは自分の朝食の横に花(早朝に近所の庭から盗んだもの)を置き，写真を撮りました。時間を過ごしすぎたので卵とコーヒーは冷めてしまいましたが，お皿は美味しそうでした。

ステフは，TrueBeauty と呼ばれるフィルターに気づき，写真をより美しくするために写真の色を変更しました。彼女はそれをダウンロードしました。彼女の写真はそのフィルターで完璧に見えました。彼女は27,000人のフォロワーに向けて写真を投稿しました。彼女は彼らが自分の人生に嫉妬してくれることを望んでいました。それから(1)彼女は食べ物をゴミ箱に捨てました。それは冷たかったのでそれを食べたくありませんでした。

街の反対側ではマットもインスタグラムを見ていました。彼のフィードは #FitBody でのジムの自撮り写真と #Beachlife での休日の写真でいっぱいでした。

マットは肌がピカピカに見えるように食用油を肌に塗りました。彼は自分の筋肉をソーシャルメディアで見せたかったのです。しかし，彼の写真はあまり良くありませんでした。そこで彼は True Beauty の広告に気づきました。

あなたのままの美しい写真。TrueBeauty で本当のあなたを見つめましょう。
アプリストアから $0 で入手できます。TrueBeauty は無料だからです。

それは彼が必要だったものです！ 彼はアプリをダウンロードして自撮り写真を撮りました。彼の体は素晴らしく見えました。彼は7,000人のフォロワーに向けて写真を投稿しました。それから彼は食用油をすべて洗い流すためにシャワーに入りました。これは環境に悪いことでしたが，彼はそんなことは気にしませんでした。(2)それは他人の問題でした。

その後，ステフとマットがプロフィールを確認したところ，二人とも驚きました。フォロワーからは多くの(3)否定的なコメントが寄せられました。

susieQ 私はあなたに私の朝食を作ってほしくないです！
gymguy21 うわー，その体は良くないですね！

ソーシャルメディアのインフルエンサーである両者は，自分たちの TrueBeauty の写真をもう一度見直しました。写真が全く違って見えました！

ステフの写真では，朝食はまずそうに見えました。花は枯れていて，コーヒーも美味しそうではありませんでした。マットの写真では，彼の体は汚く，筋肉は小さく見えました。

二人とも写真を削除しようとしたが，削除できませんでした。(3)否定的なコメントが次々と寄せられました。ちょうどそのとき，二人は TrueBeauty からメッセージを受け取りました。

ユーザーの皆様，
True Beauty を素晴らしい成功に導いていただき，ありがとうございます。24 時間で5,000万ダウンロード！ うわー，それは私が期待していた以上のものです。

ここでみなさんに質問があります。あなたは外見と同じくらい内面も美しいですか？　このフィルターは，あなたの本当の性格を示すように写真を変更します。(4)写真を再び美しくしたいなら，ソーシャルメディア上での自分と同じように，実生活でも美しくならなければなりません。

本当に素晴らしい一日をお過ごしください，美しい皆さん！

愛をこめて，

True Beauty

追伸　フィルターを削除したり，フィルターを使用して投稿した写真を削除したりすることはできません。

被害者はステフとマットだけではありませんでした。5,000万人以上のインフルエンサーが同じメッセージを受け取りました。翌日，インスタグラムはとても静かでした。誰も醜い写真を投稿したくありませんでした。

ステフも写真を撮ろうとするのをやめました。彼女はTrueBeautyフィルターを削除できませんでした。5醜い写真を隠すために彼女にできる唯一のことは，アカウントを非公開にすることでした。今では誰も彼女をフォローしませんでした。彼女は落ち込みました。写真を投稿できないなら，彼女は人生で何もしたくありませんでした。

彼女は外に出て，ロビンソン夫人の庭のそばを歩きました。花は美しく見えました。彼女は朝食の写真のためにそれを盗んだのを残念に思いました。彼女は大きな紫色のバラに気づきました。彼女は立ち止まって匂いを嗅ぎました。

「こんにちは」ロビンソン夫人が言うと，ステフは彼女を見て驚きました。

「私はちょうど植物に水をあげていたんですよ。この時期にはやるべきことはいつもたくさんあるのよ。」【6-ウ】ステフは，庭を美しく見せることがこれほど大変な仕事だとは知りませんでした。実際，彼女はこれまでロビンソン夫人と話したこともありませんでした。

「助けがいりますか？」とステフが尋ねました。

「ああ，ありがとう，あなた！　それは素敵ですね！」ロビンソン夫人は幸せそうでした。ステフは，TrueBeautyの問題が始まって以来，初めて幸せを感じました。

ステフは2時間以上手伝いました。彼女はとても楽しかったです。ロビンソン夫人はとても興味深い女性で，素晴らしい話をしてくれました。

ステフが帰るとき，「一緒に写真を撮りましょう！」とロビンソン夫人が言いました。

ステフは，インスタグラムに投稿できなければ写真が役に立たないので，(7)ほとんどノーと言いかけました。しかし，彼女はロビンソン夫人を幸せにしたかったのです。彼女らはバラの前で一緒に写真を撮りました。二人とも笑顔で，少し疲れたように見えました。

その夜遅く，彼女は携帯電話でその写真を見ました。バラはすでに美しく見えたので，彼女はフィルターを必要としませんでした。そして，彼女とロビンソン夫人の笑顔をこれ以上に良くするものはありませんでした。

「本当に美しい写真だわ。投稿したらTrueBeautyによって醜くなってしまうのが残念ね」と彼女は言いました。

しかし，その後，(8)彼女は考えました。彼女は立ち戻ってTrueBeautyのメッセージをもう一度読みました。

＊　＊　＊　＊　＊

彼女は自分の写真を投稿しました。写真がネットに上がったとき，まったく同じに見えました。アプリのおかげで醜くなったわけではありませんでした！　彼女は自分のアカウントを再び公開しました。次に，彼女は写真にテキストを追加しました。

「私と隣人の彼女の庭 #TrueBeauty #BeautyIsOnTheInside」

ステフのフォロワーの一人，マットは彼女の写真を見ました。彼は二日間ジムに行きませんでした。彼は悲しくて落ち込んでいました。ソーシャルメディアで自分の体を人々に見せることができないなら，彼は行きたくありませんでした。

でもステフの新しい写真は相変わらず美しかったです…なぜでしょうか？

彼にはアイデアがありました。彼は空の石油ボトル，家にあるすべての紙，プラスチック，ガラスを拾い集めました。彼はそれらを別のゴミ袋に入れました。それから彼は隣人のドアをノックしました。彼は彼らのゴミもすべて持ち帰りました。

マットは終わった後，自分の写真を撮りました。それは自分の筋肉を見せるためだけではなく，自分の勤勉さと他の人を助けることを誇りに思っていたからです。彼がそれを投稿したとき，TrueBeauty フィルターは彼の写真にダメージを与えませんでした。

(9)今，彼は理解しました，それが本当の美しさの意味でした。

問1 「それは冷たかったのでそれを食べたくありませんでした」とあるので，アが答え。イとウは「彼女の写真はそのフィルターで完璧に見えました」とあるので，誤り。エは後に起こった出来事なので，誤り。

問2 「彼は食用油をすべて洗い流すためにシャワーに入りました。これは環境に悪いことでしたが，彼はそんなことは気にしませんでした」とあるので，ウが答え。ウ以外はその内容に関わりがないので，誤り。　ア 「彼の体の写真をフォロワーたちのために投稿すること。」　イ 「TrueBeauty をダウンロードして自撮り写真をとること。」　ウ 「シャワーですべての食用油を洗い流すこと。」　エ 「TrueBeauty の広告を見ること。」

問3 2人の写真はフォロワーたちの不評を買ったとあるので，イが答え。ア「肯定的な」，イ「否定的な」，ウ「本当の」，エ「ニセの」

問4 〈want A to ～〉で「Aに～してほしい」という意味を表す。また，〈as ～ as …〉で「…と同じくらい～」という意味になる。ここでは beautiful in real life と you are on your social media を比べている。

問5 並べ替えると (The only thing) she could do to hide the ugly pictures was to make her account (private.) となる。she の直前に目的格の関係代名詞が使われているが，省略されている。

問6 全訳参照。

問7 「下線部(7)に『ほとんどノーと言いかけました』とあるが，結局彼女がロビンソン夫人と一緒に写真をとることを決めたのはなぜか。英語10語程度で答えよ。」「彼女はロビンソン夫人を幸せにしたかったのです」とあるので，この部分の内容を使って書く。

問8 TrueBeauty からのメッセージには「写真を再び美しくしたいなら，ソーシャルメディア上での自分と同じように，実生活でも美しくならなければなりません」とあった。ステフはそれを思い出して投稿することにしたので，エが答え。エ以外はすべて文中に書かれていない内容なので，誤り。

問9 マットもまた TrueBeauty からのメッセージを理解し，自身のあり方を変えるつもりになった。

重要 問10 ア 「ステフは自分の朝食の横に花(早朝に近所の庭から盗んだもの)を置き，写真を撮りました」とあるので，答え。　イ ステフは「27,000人のフォロワー」，マットは「7,000人のフォロワー」とあるので，誤り。　ウ 開発者が「できない」と言っているので，誤り。　エ 「5,000

万人以上のインフルエンサーが同じメッセージを受け取りました」とあるので，誤り。　オ「初めて幸せを感じました」とあるので，誤り。　カ「彼は二日間ジムに行きませんでした。彼は悲しくて落ち込んでいました」とあるので，答え。

2 **(長文読解問題・説明文：内容吟味，語句補充，語句整序)**

(全訳)　さまざまな動物は筋肉をどのように使っているのでしょうか？

あなたはおそらく，体の筋肉ができることの多くを知っているでしょう。しかし，動物の体の筋肉が人間の筋肉とどのように異なるかご存知ですか？

ライオンは狩猟者です。彼らは生き残るために狩りをする必要があります。足の筋肉が強いため，時速45kmで走ることができます。10メートルの距離をジャンプすることもできます。前脚と胸の強い筋肉は，食べ物を捕まえるのに役立ちます。

ヘビも狩りや移動に筋肉を使いますが，(1)その筋肉の働きはライオンとは大きく異なります。ヘビには腕も足もありません。そのため，他の動物とは異なる動きをする必要があります。彼らはほとんどの動物よりも多くの筋肉を持っています。彼らは筋肉を動かし，それによって体全体に波の効果が生じます。波が地面を押します。そうやってヘビは前に進んでいくのです。

ヘビの筋肉は大きなものを食べることも可能にします。たとえば，ヘビは体よりも(2)幅広い卵を食べることができます。スイカを丸ごと一口で食べることを想像できますか？　ヘビの強い筋肉は，食べるときに卵を押し進めます。強い筋肉が卵を割って，中身を食べられるようにします。

科学者たちは，ゾウの鼻には10万以上の筋肉があると信じています。これは，(3)人間が手や指を使うのと同じように，ゾウも鼻を使うためです。鼻は大きくても，多くの困難な作業を行うことができます。たとえば，地面に落ちている小さな葉っぱを拾うこともできます。また，非常に強いです。小さな木や象の赤ちゃんを持ち上げることもできます。

これらの動物には，彼らに特有の筋肉がたくさんあります。しかし，4私たちの体の筋肉は，私たちが必要としているとおりに正確に機能します。10メートルの高さをジャンプするのは楽しいかもしれませんが，人間としてはそれほど高くジャンプする必要はありません。

問1 「彼らは筋肉を動かし，それによって体全体に波の効果が生じます。波が地面を押します」とあるので，この内容をまとめる。

問2　ヘビは「大きなものを食べること」ができることを表しているので，体より「大きい」という意味になるものを選ぶ。

問3 「たとえば，地面に落ちている小さな葉っぱを拾うこともできます。また，非常に強いです。小さな木や象の赤ちゃんを持ち上げることもできます」とあるので，この部分の内容を使って書く。(解答例)「それは地上の小さな葉を拾える」，「それは小さな木や象の赤ちゃんを持ち上げることもできる」

問4　並べ替えると(However,) the muscles in our bodies work exactly the way we need (them to.)となる。the muscles in our bodiesが主語。weの直前に目的格の関係代名詞が使われているが，ここでは省略されている。

問5　ア「時速45kmで走ることができます。10メートルの距離をジャンプすることもできます」とあるので，答え。　イ　文中に書かれていない内容なので，誤り。　ウ「10万以上の筋肉」とあるので，誤り。　エ　大きく違うことが書かれているので，誤り。

3 **(語句補充問題：仮定法，動名詞，前置詞，関係代名詞，不定詞，慣用表現，名詞，発音)**

1. 「今日の午後もし雨が降ったらピクニックはキャンセルしよう。」　これからどうなるかわからないことを仮定するときには動詞の現在形を用いる。
2. 「この本は読む価値があるとは思わない。」〈worth ～ing〉は「～する価値がある」という意味を表す。

3. 「私たちは7月の初めにハネムーンに行く予定だ。」〈at the beginning of ～〉で「～の初めに」という意味を表す。
4. 「あなたの学校で両親が先生である誰かを知っていますか。」 先行詞は anyone で，もともとは anyone's parents なので，関係代名詞は所有格を用いる。
5. 「何か書くものをもらえませんか？　ノートが見つかりません。」「ノート」とあるので，その上で書くものを求めている。よって，on を用いる。
6. 「もしもし，ティムです。ボブはそこにいますか。」 電話で自分を名乗るときは〈This is ～ speaking〉と言う。
7. 「指をひどく切ったとき，あなたはどこに行きますか。」 ケガをしたのでエ「病院」に行く。
8. 「どの下線部が違う音か。」 ア[píːs]，イ[bréik]，ウ[ríːzən]，エ[kríːtʃər]なので，イが答え。

4 (書き換え問題：命令文，関係代名詞，there，比較，形容詞)

1. 「あなたは学校に行くときこの手紙を出さねばならない。」→「学校に行くときこの手紙を出すことを忘れるな。」 forget と on が入る。動詞が remember や forget の場合，後に続く語が不定詞の場合にはこれから行うことを表し，動名詞の場合にはすでに行ったことを表す。〈on ～'s way to …〉は「～が…へ行く途中に」という意味を表す。
2. 「多くのテレビゲームを持っている男の子はメアリーの兄だ。」 who と has(owns) が入る。主格の関係代名詞が使われている。

基本 3. 「この県にはいくつの山がありますか。」 are と there が入る。〈there is (are) ～〉は「～がある」という意味を表す。
4. 「翔平は世界で一番偉大な野球選手だ。」→「他のどの野球選手も翔平ほど偉大ではない。」 No と other が入る。〈no other ～ is as … as －〉で「どの～も－ほど…ではない」という意味を表す。
5. 「メロスは時間内にその町に着かねばならなかった。」→「メロスは遅くならないうちにその町に着かねばならなかった。」 it と late が入る。時を表すときの主語は it を用いる。また〈too ～〉は「～すぎる」という意味を表す。

5 (語彙問題：名詞)

1. 「これは，あなたの服の一部です。普通は金属やプラスチックの，小さく丸いものです。シャツやジャケットにありますが，Tシャツやセーターにはありません。その言葉はBから始まります。」
2. 「これは，毎日あなたに起こったことを書き記す本です。あなたがしたことや気分を書くこともできます。その言葉はDから始まります。」

6 (語句整序問題：現在完了，未来形，分詞，間接疑問文，不定詞)

1. (Tommy) has never been to the country I'm going to visit(.) 〈have been to ～〉で「～へ行ったことがある」という意味になる。I'm の直前に目的格の関係代名詞が使われているが，ここでは省略されている。

重要 2. Most of the products sold there are used ones(.) 過去分詞は「～される」という意味で，直前の名詞を修飾する。
3. (This video) will tell you how interesting it is to (study English.) 間接疑問文なので，〈疑問詞＋主語＋動詞〉の語順になる。〈it is ～ to …〉で「…することは～である」という意味になる。

7 (リスニング問題)

PART A：Listen to the question and then choose the best answer.

1. When did you live in France?
2. Is it too hot in here?
3. Do you want to come to my concert?
4. How many people are in your family?
5. Why are you late?

Part A 「質問を聞き，最もよい答えを選びなさい。」

1. 「あなたはいつフランスに住んでいましたか。」 A. 「パリで」, B. 「数年前に」, C. 「はい，しました。」, D. 「2019年から。」
2. 「ここは暑すぎますか。」 A. 「温かい牛乳を飲みます。」, B. 「はい，寒いです。」, C. 「あなたの上着を着なさい。」, D. 「そうは思いません。」
3. 「あなたは私のコンサートに来たいですか。」 A. 「はい，あなたは来るべきです。」, B. 「私はまた行きました。」, C. 「それはいつですか。」, D. 「すみません，できませんでした。」
4. 「あなたの家族は何人ですか。」 A. 「実は私は独身です。」, B. 「私の家族は3つ目です。」, C. 「私の弟は私より若いです。」, D. 「あなたの家族には3人います。」
5. 「あなたはなぜ遅れたのですか。」 A. 「すみません，遅れました。」, B. 「私の列車は遅れるでしょう。」, C. 「交通が渋滞していました。」, D. 「私は速く走ったからです。」

PART B：Listen to the conversation and the question, and then choose the best answer.

6. A：Welcome to The Sunshine Hotel.
B：I have a reservation for a double room, one night.
A：What name please?
B：Smith.
A：Oh, I can't find your name in the reservation system. How do you spell that?
B：S-M-I-T-H
A：Oh, your reservation is for next week!
Q：What is the problem?

7. A：Hi Paul!
B：Sorry, do I know you?
A：It's me, Sally!
B：Sally…
A：Sally Jenkins, we went to Kindergarten together!
B：Oh wow, you have a good memory!
Q：Which sentence is correct?

8. A：What are you doing tomorrow?
B：I'm going to go bowling!
A：Great, I'll join you! What time is the reservation?
B：Well, 7:30… But actually, our team is already full!
A：Oh, I see...
Q：Who will go bowling?

9. A：Nice weather today isn't it?
B：Do you really think so? It's too cold.
A：That's true, but at least it's not raining.
B：Well, I think rainy and warm is better than this!

Q：How is the weather?

10. A：My birthday party is on Saturday, can you make it?

B：Sure! I didn't know your birthday was Saturday.

A：Well actually my birthday is one day before, on July 17th.

B：I see, mine isn't until October.

Q：When is the party?

Part B 「会話と質問を聞き，最もよい答えを選びなさい。」

6. A：サンシャインホテルにようこそ。

B：ダブルの部屋一泊の予約をしています。

A：お名前をお願いします。

B：スミスです。

A：予約システムにお名前がありません。どのような綴りですか。

B：S-M-I-T-H です。

A：ああ，あなたの予約は来週です！

質問：問題は何ですか。

A. 「客は予約をし忘れた。」

B. 「客は日を間違えた。」

C. 「ホテルのスタッフが名前を書き間違えた。」

D. 「ホテルのスタッフが予約システムを理解していない。」

7. A：やあ，ポール！

B：すみません。あなたを知ってましたか？

A：私，サリーだよ！

B：サリー…

A：サリー・ジェンキンスよ，一緒に幼稚園に行ったよ。

B：ああ，わあー，君は記憶力がいいね。

質問：どの文が正しいか。

A. 「彼らは昔会った。」

B. 「ポールはサリーをよく覚えていた。」

C. 「幼稚園は彼らのよい思い出だった。」

D. 「サリーはポールを思い出すのに長い時間かかった。」

8. A：あなたは明日何をしますか？

B：ボーリングに行くつもりです。

A：いいですね，私も参加します！　予約は何時ですか。

B：ええと，7:30です…でも実は，僕たちのチームは満員です！

A：ああ，わかりました…

質問：誰がボーリングに行くか。

A. 「両方の話者。」　B. 「両方の話者とその友達たち。」

C. 「一方の話者のみ。」　D. 「一方の話者とその友達たち。」

9. A：今日はいい天気ですね。

B：本当にそう思いますか。寒すぎます。

A：本当ですね，でも少なくとも雨は降っていません。

B：ええと，雨降りで暖かいほうがこれより良いです！

質問：天気はどのようか。

A. 「晴れて寒い。」　B. 「雨降りで暖かい。」

C. 「晴れて暖かい。」　D. 「雨降りで寒い。」

10. A：僕の誕生日パーティーは土曜ですが，来られますか？

B：もちろん！　あなたの誕生日が土曜日だとは知りませんでした。

A：実際は僕の誕生日は1日前の7月17日です。

B：なるほど，私の誕生日は10月までありません。

質問：パーティーはいつか。

A. 「7月17日の金曜日。」　B. 「7月18日の土曜日。」　C. 「7月19日の日曜日。」

D. 「10月。」

PART C：Listen to the dictation. Write the missing words on the script

Japan is introducing robot English teachers into some schools to help students (11)improve their English. The robots will be able to help students with their conversation and pronunciation skills. This is cheaper than hiring native English teachers, and some students say that they feel more (12)comfortable practicing conversation with a robot than a real person. However, some people think that robots cannot be a good substitute for real language teachers. Natural (13)communication is difficult for a robot to copy, and speaking to a robot may not prepare students well for talking to humans in real life. Also, part of a native English teacher's (14)role is to expose students to other cultures and ways of thinking. A robot cannot do this. Experts say that robots may become a (15)useful tool in the classroom, but only when used with real teachers.

Part C 「次の文章を聞きなさい。原稿の抜けている単語を書きなさい。」

日本は生徒の英語力向上を支援するためにロボット英語教師を一部の学校に導入しています。ロボットは生徒の会話や発音のスキルを支援できるようになります。これはネイティブの英語教師を雇うよりも安価であり，一部の生徒は，実際の人間よりもロボットを使って会話の練習をするほうが快適であると述べています。しかし，ロボットは実際の言語教師の代わりにはなり得ないと考える人もいます。自然なコミュニケーションをロボットが真似するのは難しく，ロボットに話しかけても，生徒は実生活で人間と話す準備が整わない可能性があります。また，ネイティブ英語教師の役割の一部は，生徒たちに他の文化や考え方に触れさせることです。ロボットにはこんなことはできません。専門家らは，ロボットは教室で便利なツールになる可能性があるが，それは実際の教師と共に使用される場合に限られると述べています。

★ワンポイントアドバイス★

6の1には〈have been to ～〉が使われている。似た表現として〈have gone to ～〉があり，「～へ行ってしまった(もうここにはいない)」という意味になる。また，〈have been in ～〉もあり，「～にずっといる」という意味になる。

<国語解答>

一 (1) 執行 (2) 捜査 (3) 錠剤 (4) 壮大 (5) 崩(れ)
(6) しゃくりょう (7) きっきん (8) あいとう (9) たまわ(る)
(10) はば(ま)

二 問一 Ⅰ イ Ⅱ ウ Ⅲ エ Ⅳ ア Ⅴ オ 問二 エ 問三 A オ B エ 問四 感覚的に意 問五 形容(詞) 問六 オノマトペは非母語話者にはわかりやすいとは限らないこと。 問七 一目(瞭然) 問八 表すもの(音形)と表されるもの(感覚イメージ)に類似性があると感じられること。 問九 エ

三 問一 A ウ B オ C ア 問二 (1) うぞうむぞう (2) ア 問三 脚本家になることを諦めたということ。[マネジメントコースに転向したこと。]
問四 Ⅰ エ Ⅱ イ 問五 ウ 問六 イ 問七 夫の白石がいい加減に名付けをしたら輝子が傷つくと思ったから。 問八 オ

四 問一 ゆえ 問二 A イ B エ C ア 問三 地獄が近年困窮しているから。[医者は風邪を治すので死者が減るから。] 問四 死ぬ者

五 Ⅰ 問一 主は怒を以って師を興すべからず, 問二 ウ
Ⅱ 問一 有二不レ占而與レ之者矣一。

六 問一 エ 問二 1 ク 2 ス 問三 (1) カ (2) オ

○配点○
一 各1点×10 二 問一 各1点×5 問四・問九 各4点×2 問六 6点 問八 8点 他 各2点×5 三 問一・問二(1) 各1点×4 問二(2)・問四 各2点×3 問三 6点 問七 8点 問八 4点 他 各3点×2 四 問一・問二 各1点×4 問三 3点 問四 2点 五 Ⅰ 問一 2点 問二 1点 Ⅱ 2点 六 各1点×5 計100点

<国語解説>

一 (漢字の読み書き)

(1) 「執」を使った熟語はほかに「執筆」「執務」など。音読みはほかに「シュウ」。熟語は「執着」「執念」など。訓読みは「と(る)」。 (2) 「捜」を使った熟語はほかに「捜索」など。訓読みは「さが(す)」。 (3) 「錠剤」は,丸く固めた薬。「錠」を使った熟語はほかに「錠前」「施錠」など。 (4) 「壮」を使った熟語はほかに「壮観」「壮絶」など。 (5) 「崩」の訓読みは「くず(す)」「くず(れる)」。音読みは「ホウ」。熟語は「崩壊」「崩落」など。 (6) 事情をくみとって手加減すること。「酌」を使った熟語はほかに「斟酌」「媒酌」など。訓読みは「く(む)」。 (7) 差し迫っていて極めて重要なこと。「喫」を使った熟語はほかに「喫煙」「満喫」など。 (8) 人の死を悲しみいたむこと。「哀」を使った熟語はほかに「哀愁」「悲哀」など。訓読みは「あわ(れ)」「あわ(れむ)」。 (9) 「賜」の音読みは「シ」。熟語は「賜杯」「恩賜」など。 (10) 「阻」の音読みは「ソ」。熟語は「阻害」「阻止」など。

二 (論説文—脱語補充,接続語,語句の意味,文脈把握,内容吟味,品詞,四字熟語,要旨)

問一 Ⅰ 直前に「当たり前に使っている」とあり,直後で「……やや気の毒な扱いである。」と付け加えているので,累加を表す「しかも」が入る。 Ⅱ 直後の「オノマトペはちゃんとした(れっきとした)ことばなのだろうか?」という問いかけにかかる語としては,ある物事を説き起こす時に用いる「そもそも」が適切。 Ⅲ 直前に「……は,ヒトや動物の声や物音を模した擬音語を指す」とあり,直後で「『オノマトペ』とは擬音語のことなのである」と説明しているの

で，言い換え・説明を表す「つまり」が入る。　Ⅳ　直前に「実際，欧米の言語で『オノマトペ』というと，擬音語のことだけを考える人たちが多い」とあるのに対し，直後では「日本語では，……むしろ擬態語である」としているので，逆接を表す「しかし」が入る。　Ⅴ　直後に「日本の研究者たちは，……一般的となっている」と説明を付け加えているので，別のことを言い添える時に使う「なお」が入る。

問二　「れっきとした」は，ちゃんとした，立派なという意味で，ここでは，直前に「……普段づかいのことばとしてとしてはふさわしくないとか」とあるので，エが適切。

問三　A　直前に「擬音語，擬態語，擬情語を含む」とあるので，「包括(的)」とするのが適切。
B　直前の「オノマトペ：感覚的イメージを写し取る，特徴的な形式を持ち，新たに作り出せる語」という定義を指し，具体的な表現ではないので，「抽象(的)」とするのが適切。

やや難　問四　直前に「私たち」とあり，前の「日本語を母語とする人」を指す。「これほど」は，前の「日本語を母語とする人なら，これらのオノマトペは，感覚的に意味がわかり，このダイアローグの光景が鮮明にイメージできる」を指すので，「感覚的に意味がわかり，このダイアローグの光景が鮮明にイメージできる(33字)」を抜き出す。

問五　直後の具体例の「うるさい」「甲高い」「大きい」「赤い」「熱い」「重い」「酸っぱい」「甘い」「くさい」「芳ばしい」は形容詞，「静かな」「鮮やかな」は形容動詞で，Cの直後に「形容動詞を含む」とあるので，「形容(詞)」とするのが適切。

問六　直後に「外国語のオノマトペ」の具体例が示されており，その後に「一般に，オノマトペはその言語の母語話者にはしっくりくる。……ところが，非母語話者には必ずしもわかりやすいとは限らない」と説明されているので，この内容を要約すればよい。

問七　「一目瞭然(いちもくりょうぜん)」は，ひと目見ただけではっきりとわかること。

やや難　問八　同様のことは，同段落冒頭に「オノマトペはまさに『アイコン』である。表すもの(音形)と表されるもの(感覚イメージ)に類似性があると感じられる」と表現されている。

やや難　問九　エは，「多くの……」で始まる段落に「オノマトペは感覚の言葉なのである。このことは，感覚的でない意味を表すオノマトペが想像しがたいことからもわかる。……。一方，……というのは，日本語でも他言語でもなかなか見つからない」とあることと合致する。

三　(小説―脱語補充，漢字の読み，語句の意味，文脈把握，情景・心情，大意)

問一　A　直後の「手に入れた」を修飾する語としては「まんまと」が適切。　B　直後の「相殺できるほど」にかかる語としては「軽々と」が適切。　C　直後の「『いいよいいよもう，……』」と言う様子にあてはまる表現としては「面倒くさそうに」が適切。

問二　「有象無象」は「うぞうむぞう」と読み，たくさんのつまらない人(物)，平凡で種々雑多な人(物)という意味。

問三　ここでいう「戦線を離脱」は，「白石と……」で始まる段落の「脚本コースを専攻していたが，途中でマネジメントコースに転向した」を指すので，「脚本家になることを諦めたということ。」または「マネジメントコースに転向したこと。」などとする。

問四　Ⅰ　直前の「自分のちっぽけな才能を信じられる」様子にあてはまるものとしては「楽天家」が適切。　Ⅱ　直後に「圧倒的な自意識とその自意識を破壊するほどの劣等感」とあることから，「傲慢さ」と対になる語が入ると考えられるので，「繊細さ」が適切。

やや難　問五　直前に「表現者という生き物は生まれながらにして歪んでいるのだ」とあり，表現者としての資質に乏しい，常識的な発想にとどまる，という意味だとわかるので，ウが適切。

問六　直前に「それまで白石の奇矯な性格は概ね彼の才能を担保して許されていた」とあり，これを「榊にしても同じ」としているので，イが適切。

やや難 問七 「過剰に装飾された説明」とは，直前の「『今書いているヒロインの名前だそうです。……運命的だ，と』」という榊の説明を指す。白石は娘の名づけについて，「じゃあ『カオル』でどうだ」「今から腰を据えて考えるなんて面倒くさいじゃないか」「それが不満だったら，輝子が勝手に決めていいよ」という態度なのだが，妻の輝子にこのそのまま伝えるのはあまりにも気の毒なので，榊は「運命的だ」などと言ったのである。

やや難 問八 オは，「そして榊は，白石によって表現者の道を諦めたその代わりに，表現者に全身全霊を預けられるという快楽を与えられた」「彼女は白石の前に初めて現れた，彼の才能に何ら頓着しない女性だった。……白石のあるがままを受け入れた」とあることと合致する。アは「榊のことをライバル視」，イは「白石の才能に嫉妬」，ウは「誰も気づいていなかった」，エは「白石の才能に気づいた大場輝子」という部分が合致しない。

四 (古文一仮名遣い，助詞，口語訳，文脈把握，主語，大意)

〈口語訳〉 地獄の鬼たちが一堂に会して，「ところで，近年(我らが)困窮しているため，風の神に頼み，(風邪を)流行らせても，医者という者がいて，(風邪を)治してしまうので，死ぬ者が少ない。どうにかして，人間世界の医者たちをなくす手段はないだろうか」という相談(をしている)。(すると)その中の年長の鬼が，「いやいや，それはよくない相談だ。あいつら(医者たち)がいるからこそ，(死ぬ者は)医者のところへにやって来るのではないか」(と言った)。

問一 語頭以外の「はひふへほ」は，現代仮名遣いでは「わいうえお」となるので，「へ」は「え」に直して「ゆえ」となる。

問二 A 直後に「たのみ」とあるので，「風の神をたのみ」とするのが適切。 B 直後に「いふもの」とあるので，「医者といふもの」とするのが適切。 C 直前に「死ぬ者」とあるので，「死ぬ者が少ない」とするのが適切。

問三 理由は，冒頭に「近年困窮ゆへに」とある。「ゆへ(故)」は，理由や原因を意味する。地獄では近年困窮しているから，「しゃばの医者どもをなくす手段はあるまいか」と相談している，という文脈である。具体的には，「風の神をたのみ，はやらせても，医者といふものがあってよくするゆへ，死ぬ者が少ない」と理由が示されている。医者が風邪を治してしまうから死者が少なくなってしまい，地獄は近年困窮している，というのである。

やや難 問四 直前の「あいつら」は「医者」を指し，「間に間に来る」の主語は，その「医者」のせいで少なくなってしまった「死ぬ者」。医者が治してしまうから死ぬ者が減った，というが，いやいや，医者がいるからこそ，そこに死ぬ者がやってくるのではないか，というのである。

五 (漢文一書き下し文，四字熟語，返り点)

Ⅰ 問一 Ⅰ 「レ点」は一字返って読み，「一二点」は一を読んだ後に二を読む。さらに，「興」にはレ点がつき，置き字の「而」は読まないので，読む順は「主 怒 以 師 興 可 不」となり，送り仮名をつけて「主は怒を以って師を興すべからず,」となる。

問二 Ⅰの書き下し文は「主は怒を以って師を興すべからず，将は慍を以って戦を致すべからず。」となり，人の上に立つ者は怒りや慍りを動機に行動してはいけない，という内容なので，落ち着いていて動揺しない，物事に動じず慌てることがない，という意味の「冷静沈着」が適切。

重要 Ⅱ 問一 書き下し文を参照すると，読む順は「占 不 之 避 者 六 有」になり，置き字の「而」は読まないので，「有」に二点，「六」に一点が付く。「不占」と「避之」は読む順が逆になるので，「不」と「避」にはレ点が付く。

六 (文学史，品詞・用法，慣用句)

問一 『明暗』の作者は夏目漱石。作品はほかに『三四郎』『それから』『夢十夜』など。

問二 1 「立派な」は，終止形が「立派だ」となる形容動詞で，直後の「人(名詞＝体言)」を修飾する連体形。　2 「続けている」の「て」は,「補助動詞」に接続する「(接続)助詞」。

問三　(1)「水を差す」は，はたから邪魔をして，うまくいっている状態を不調にすること。または，うまくいっている仲を脇から裂くこと。　(2)「腹を括る」は，どのような結果になってもうろたえまいと，覚悟を決めること。

★ワンポイントアドバイス★

問題が多めなので，時間配分を考えててきぱきと解答することを心がけよう！
幅広い出題に備え，現代文の読解，古文，漢文，国語知識全般とまんべんなく学習しておこう！

推薦

2024年度

解　答　と　解　説

《2024年度の配点は解答欄に掲載してあります。》

＜数学解答＞

問1　ア　　問2　エ　　問3　ウ　　問4　(9, 5), (8, 6), (7, 7)

問5　(1)　200　　(2)　(13, 6)

問6　(1)　2倍　　(2)　$\frac{7}{24}\pi-\frac{\sqrt{3}+1}{4}$　　Dの図・途中式：解説参照

問7　(1)　$a=\frac{4}{9}$　　(2)　$y=-\frac{4}{9}x+\frac{16}{3}$　　(3)　4：7

○配点○

問1　3点　　問2　3点　　問3　3点　　問4　4点　　問5　(1)　3点　　(2)　4点

問6　(1)　2点　　(2)　6点　　問7　各4点×3　　計40点

＜数学解説＞

(正負の数, 二次方程式, 確率, データの整理, 規則性, 平面図形, 図形と関数・グラフの融合問題)

基本　問1　$\left(\frac{5}{2}\right)^2-\frac{3^2+4^2}{6}-\frac{4}{3}=\frac{25}{4}-\frac{9+16}{6}-\frac{4}{3}=\frac{75-50-16}{12}=\frac{9}{12}=\frac{3}{4}$　　よって, ア

基本　問2　$x^2-3x-3=0$　　解の公式を用いて, $x=\frac{-(-3)\pm\sqrt{(-3)^2-4\times1\times(-3)}}{2\times1}=\frac{3\pm\sqrt{21}}{2}$
よって, エ

重要　問3　サイコロの目の出方の総数は6×6＝36(通り)　　このうち, 出た目の積abが4で割り切れないのは, ともに奇数の目のときが, 3×3＝9(通り)　　一方が2または6の目で他方が奇数の目のときが, 2×3×2＝12(通り)あるから, 全部で, 9＋12＝21(通り)　　よって, 求める確率は, $1-\frac{21}{36}=\frac{15}{36}=\frac{5}{12}$となり, ウ

基本　問4　箱ひげ図より, 第3四分位数は7点であり, 9人の小テストの点数を小さい順に並べると, 2, 3, 3, 4, 4, 4, b, a, 9であるから, $\frac{b+a}{2}=7$　　$a+b=14$　　これを満たすa, bの値の組み合わせは, $(a, b)=(9, 5), (8, 6), (7, 7)$

基本　問5　(1)　1段目から10段目までに並ぶ偶数の個数は, 1＋3＋5＋…＋(2×10－1)＝(1＋19)×10÷2＝100(個)　　よって, 求める数は100番目の偶数だから, 2×100＝200
(2)　1から$(2n-1)$までの奇数の和は, $\{1+(2n-1)\}\times n\div2=n^2$　　よって, n段目の最後の数は, $2n^2$と表せる。300＝2×150, $12^2=144$より, 150番目の偶数は, 13段目の一番左から6番目にあるから, (13, 6)

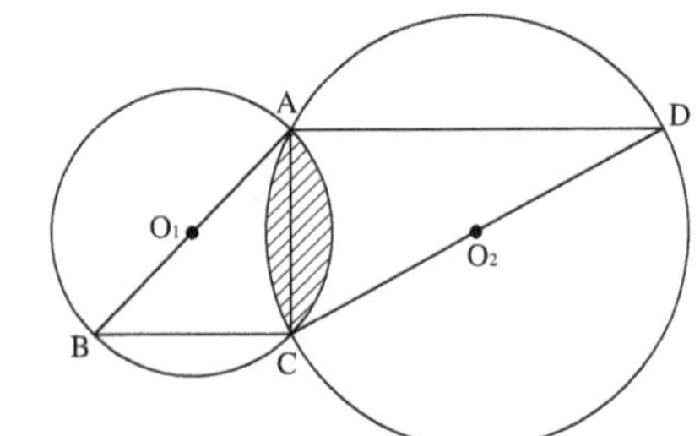

基本　問6　(1)　△ABCは直角二等辺三角形であるから, AB＝$\sqrt{2}$AC＝$\sqrt{2}$　　直角三角形の外接円の中心は斜辺の中点になるから, 円O_1の半径は$\frac{1}{2}$AB＝$\frac{\sqrt{2}}{2}$, 円O_2の半径は$\frac{1}{2}$CD＝1　　よって, 円O_1と円O_2の面積比は, $\left(\frac{\sqrt{2}}{2}\right)^2$:

$1^2=1:2$となり，円O_2の面積は円O_1の面積の2倍

重要 (2) 円O_1と円O_2の共通部分Dは前のページの図の斜線部分になる。Dを線分ACで分けた右側をD_1，左側をD_2とする。円周角の定理より，$\angle AO_1C=2\angle ABC=90°$だから，$D_1$の面積は，$\pi\times\left(\frac{\sqrt{2}}{2}\right)^2\times\frac{90}{360}-\frac{1}{2}\times\left(\frac{\sqrt{2}}{2}\right)^2=\frac{\pi}{8}-\frac{1}{4}$　△ACDは内角が30°，60°，90°の直角三角形だから，$\angle AO_2C=2\angle ADC=60°$となり，$\triangle AO_2C$は正三角形　よって，$D_2$の面積は，$\pi\times1^2\times\frac{60}{360}-\frac{1}{2}\times1\times\frac{\sqrt{3}}{2}=\frac{\pi}{6}-\frac{\sqrt{3}}{4}$　したがって，Dの面積は，$D_1+D_2=\frac{7}{24}\pi-\frac{\sqrt{3}+1}{4}$

基本 問7 (1) 直線nの式を$y=bx+\frac{8}{3}$とすると，点Pを通るから，$0=6b+\frac{8}{3}$　$b=-\frac{4}{9}$　よって，$y=-\frac{4}{9}x+\frac{8}{3}$　点Dは直線n上にあるから，$x=2$を代入して，$y=\frac{16}{9}$　また，点Dは$y=ax^2$上にあるから，$\frac{16}{9}=a\times2^2$　$a=\frac{4}{9}$

基本 (2) 点Eは$y=\frac{4}{9}x^2$上にあるから，$x=3$を代入して，$y=4$　直線$n/\!/m$より，直線mの式を$y=-\frac{4}{9}x+c$とすると点Eを通るから，$4=-\frac{4}{3}+c$　$c=\frac{16}{3}$　よって，$y=-\frac{4}{9}x+\frac{16}{3}$

重要 (3) 点Fは$y=\frac{4}{9}x^2$上にあるから，$x=4$を代入して，$y=\frac{64}{9}$　直線$n/\!/\ell$より，直線ℓの式を$y=-\frac{4}{9}x+d$とすると点Fを通るから，$\frac{64}{9}=-\frac{16}{9}+d$　$d=\frac{80}{9}$　よって，$y=-\frac{4}{9}x+\frac{80}{9}$　$y=\frac{4}{9}x^2$と$y=-\frac{4}{9}x+\frac{80}{9}$から$y$を消去して，$\frac{4}{9}x^2=-\frac{4}{9}x+\frac{80}{9}$　$x^2+x-20=0$　$(x-4)(x+5)=0$　$x=4,\ -5$　よって，$A\left(-5,\ \frac{100}{9}\right)$　$H\left(0,\ \frac{16}{3}\right)$，$I\left(0,\ \frac{80}{9}\right)$とすると，直線$\ell/\!/m$より，$\triangle AQF=\triangle AHF=\triangle AHI+\triangle FHI=\frac{1}{2}\times\left(\frac{80}{9}-\frac{16}{3}\right)\times5+\frac{1}{2}\times\left(\frac{80}{9}-\frac{16}{3}\right)\times4=16$　点CとEはy軸対称だから，C$(-3,\ 4)$　また，$y=-\frac{4}{9}x+\frac{80}{9}$に$y=0$を代入して，$x=20$　よって，R$(20,\ 0)$　したがって，$\triangle CPR=\frac{1}{2}\times(20-6)\times4=28$　よって，$\triangle AQF:\triangle CPR=16:28=4:7$

★ワンポイントアドバイス★

特別な難問はないが，計算量があるので，時間配分に注意して，できるところからミスのないように解いていこう。

＜英語解答＞

1 1 ウ 2 ア　2 1 lie 2 over
3 1 that[which] 2 fond 3 let 4 don't 5 more
4 1 A オ B キ 2 C カ D ア
5 1 ア 2 ウ 3 エ 4 イ
6 (例) I agree because you can make many friends in a club and make good memories with them. [I don't agree because you are busy with your studies and need some free time.]
7 問1 目の前に，2つの道があること。 問2 A エ B ア 問3 ア
問4 Sophiaは彼女の猫が二本足で歩きながら鹿と話をしているのを見て驚いた。
問5 エ 問6 ウ 問7 イ
8 1 A 2 C 3 B 4 B 5 D　9 1 C 2 A
10 1 gorilla 2 volcano

○推定配点○
4, 7 各2点×10(4各完答)　6 3点　他 各1点×22　計45点

＜英語解説＞

1 (発音問題)

1 [divéləp] ア [fóutəgræf] イ [kánsəntrèit] ウ [səksésfl] エ [hæŋkərtʃif]

2 [bæləns] ア [tʃæləndʒ] イ [riméin] ウ [inklúd] エ [prəváid]

2 (語句補充問題：名詞，動詞，形容詞，前置詞)

1 「彼女は新しいテレビゲームを持っていると言ったが，それはうそだった。彼女はとても古いのを持っていた。」
「床の上に寝てはいけません。私は部屋を掃除し終わっていません。」

2 「サッカーの試合が終わった後，私たちは服を着替えて帰宅した。」
「彼らは川にかかっている橋を渡った。」

3 (書き換え問題：関係代名詞，慣用表現，使役構文，助動詞，比較)

1 「私は友達からDVDを借りてそれを見ている。」→「私は友達から借りたDVDを見ている。」 which(that), borrowed が入る。I borrowed from my friend の部分がDVDを修飾している。目的格の関係代名詞を用いる。

基本 2 「ミカはホラー映画が好きだ。」 is, fond が入る。〈be fond of ～〉は「～が好きだ」という意味を表す。

3 「あなたは今帰ってよい。」→「私は今あなたを帰宅させよう。」 let, go が入る。〈let ＋O＋原形動詞〉で「Oに～させる」という意味を表す。

4 「ピクニックに大きなリュックサックを持っていくことは必要ない。」→「あなたはピクニックに大きなリュックサックを持っていく必要はない。」 don't, have が入る。〈don't have to ～〉で「～する必要がない」という意味になる。

5 「私の学校には約500人の生徒がいて，兄の学校には約800人の生徒がいる。」→「私の兄の学校は私の学校より約300人多い生徒がいる。」 more, than が入る。〈more ～〉で「より多くの～」という意味を表す。

4 (語句整序問題：慣用表現，動名詞，受動態)

1 My mother is proud of working as a lawyer. 〈be proud of ~〉は「~を誇りに思う，~を自慢する」という意味を表す。〈as ~〉で「~として」という意味になる。of は前置詞なので，この後に動詞を置くときには動名詞にする。

2 (We) were surprised at his decision to become a professional soccer player(.) 〈be surprised at ~〉で「~に驚く」という意味を表す。

5 (語句補充問題：前置詞，現在完了，名詞，慣用表現)

1 「私はあなたの次のメッセージと写真を楽しみにしている。」〈look forward to ~ ing〉で「~を楽しみに待つ」という意味を表す。

基本 2 「あなたは最新のディズニー映画をもう見ましたか。」 現在完了の文において「もう~しましたか」という意味を表す時は yet を使う。

3 「これはこの店にある中で一番高い時計の一つです。」〈one of ~〉の後に来る名詞は複数形になる。

4 「Aどうぞご自由に御覧ください。 Bありがとう。」〈feel free to ~〉は「遠慮なく~する」という意味を表す。

6 (英作文問題)

「高校生は学校の部に所属するべきだという考えに賛成しますか。あなたの意見を書き，1つの理由を述べよ。」

(解答例) 部では多くの友達ができて，彼らとよい思い出をつくれるので，私は賛成です。(別解 勉強に忙しくて自由な時間が必要なので，私は賛成しません。)

7 (長文読解問題・物語文：内容吟味，語句整序，語句補充，英文和訳)

(全訳) 「でも，パーティーには行きたくない！」とソフィアは言いました。

「愛する人よ，あなたのいとこがあなたをパーティーに招待してくれたのよ。あなたは行かなければなりません。そこまでずっと道を進んでいきなさい。道を外れないように，招待状をなくさないようにね」と母親は言い，金色の封筒をソフィアの手に渡しました。

ソフィアは母親に別れのキスをして，自転車に乗りました。彼女の猫のピーチは彼女を追って森の中へ入り始めました。

「だめよ，ピーチ。あなたは私と一緒に来ることはできないの。」と彼女は言いました。

「ニャー！」とピーチが言いました。

「まあ，わかったわ，あなたと一緒ならパーティーは楽しいかもしれないわ。」

彼女は猫を拾い上げ，かごに入れ，森へと走りました。

ソフィアは森が好きでした。すぐに彼女はパーティーへ続く道が見えましたが，本当に行きたくありませんでした。

突然，彼女は(1)何かに気づきました。彼女の前には今二つの道がありました。1つはいとこの家へ，もう1つは森の暗い部分へ続く奇妙なものでした。

「とても妙だわ！ ピーチ，見て！ 別の道があるわ！ 2それがどこに続くのか知るために，確かめなくちゃ。」

彼女らは新しい道を進みました。木々がより怖く見え始めました。空も水色から紫に変わりました。ソフィアは突然寒さを感じました。紫色の空から雪が降り始めました。

「わあ，6月なのに雪が降ってる！」

道の先には大きな木がありました。それは家よりも大きく，真っ赤なドアがありました。ドアが勝手に開きました。彼女の猫が大声で鳴き始め，かごから飛び出しました。

「ピーチ，戻ってきて！」ソフィアは叫びましたが，猫はすでに家の中にいました。

ソフィアは中を覗きました。はしごのあるトンネルがありました。彼女は近づいていきました。トンネルの奥から陽気な音楽が聞こえてきました。何かおいしい匂いがしました。

「ええと，私はピーチなしではいとこの家に行けないわ。私は彼女を見つけに行かなければならないわね。」

彼女はとても怖かったけれども，はしごを(3)降りることを決意し，音楽の方に行きました。彼女が一番下に到着すると，大きな火の周りで動物たちが踊ったり，楽器を演奏したりしていました。椅子とテーブルがあり，美味しそうな食べ物がたくさんありました。動物たちは秘密のパーティーを開いていました。クマ，鹿，キツネ，ウサギ，さらには鳥もいました。ソフィアは，彼らが服を着て二足で歩いているのを見て驚きました。

突然音楽が止まりました。動物たちは皆彼女を見ました。

「なぜ人間がここにいるの？」と，ズボンをはいてバイオリンを持ったウサギが尋ねました。

「私は...私はソフィアで，ちょうど猫を探していたところです。」

「ああ，ピーチ夫人のことですね。彼女はあそこで鹿と話しています。」とスーツを着たクマが説明しました。

(4)ソフィアは，自分の猫が二本足で歩きながら鹿に話しかけているのを見て驚きました。

「私は夢を見ているに違いないわ。」とソフィアは言いました。

「すみませんが，これはプライベートなパーティーです。あなたとあなたのゲストは招待状をお持ちですか？」と帽子と眼鏡をつけたハイイロキツネが尋ねました。

ソフィアは寒くてお腹が空いていて，猫なしでは帰りたくありませんでした。

「私は…」そして，彼女はいとこの招待状を取り出してキツネに渡しました。

「ええと。ここにいる人で人間の文字を(5)読める人はいますか？」と年老いたキツネが尋ねました。

動物たちは首を横に振りました。ソフィアは良いアイデアを思いつきました。

「ああ，そうだ！　ほら，ここには『あなたはパーティーに招待されています』，そして…ええと…『ゲストを1人連れてきてもいいです』と書いてありますよ。私のゲストはピーチです！」と彼女は言いました。

「まあ……ではオッケイです。パーティーを続けましょう！」とキツネは言いました。

「それと，ピーチ夫人が着る服を見つけてください。」とキツネは言いました。

ソフィアはピーチの頭に帽子をかぶせ，髪のリボンを猫の首に巻きました。二人はテーブルに並んで座りました。

「いいアイデアだったよ，ソフィア」とピーチは言いました。

ソフィアは，自分の猫が話すのを聞くことになるとは思っていませんでした。

彼女らはおいしいものをたくさん食べました。

ソフィアは動物たちと一晩中踊りました。彼女はウサギから新しいダンスを学びました。突然，彼女はもう遅いことに気づきました。

「あらいやだ。時間を忘れてたわ。帰らないといけないわ。皆様のご親切に感謝いたします。素晴らしい時間を過ごさせていただきました！」

どの動物も彼女を抱きしめました。

「私にはまだ理解できないことがあります。」とソフィアはハイイロキツネに言いました。「なぜ私はこの場所に今まで気づかなかったのですか？」

「たぶん，(6)探していなかったからだろうね。」とハイイロキツネはウインクしながら言いました。

「会えてよかったです，ソフィア。次回のパーティーにまた来ていただければ幸いです。いつかあなたは戻ってきて，私たちに人間のことを教えてください」とウサギの一匹が言いました。

「はい！　約束します。」

ソフィアとピーチはトンネルから出て，ドアを通って森に戻りました。

「楽しかった，ピーチ？」ソフィアは尋ねました。しかし，ピーチはまた普通の猫のように四本足で歩き始めました。ニャーと鳴き，足をなめました。ソフィアはピーチを自転車のかごに入れて，家に帰る道をたどり始めました。

森はいつも通りに戻り，まだ朝でした。彼女は今では，森の端にある自分の家が見えました。

「なんて奇妙な日でしょう」と彼女は思いました。

問1　直後に「彼女の前には今二つの道がありました」とある。

問2　並べ替えると (I) must follow it to see where it will take me となる。間接疑問文なので，〈疑問詞＋主語＋動詞〉の形になる。

問3　下へ降りていくので down を用いる。

問4　〈be surprised to ～〉で「～して驚く」という意味を表す。また，speaking to a deer の部分が cat を修飾している。

重要 問5　キツネはソフィアが出した招待カードについて確かめるため，人間の文字を読める者がいるかどうかをたずねている。

問6　キツネはソフィアに，道のことを気にして探そうとしていなかったので，知らなかったのだと言った。よって，ウが答え。他はすべてキツネの発言とは関係がないので，誤り。
ア「あなたは道があるかどうか誰かに尋ねなかった。」　イ「あなたはパーティーで楽器を演奏しなかった。」　ウ「あなたは違う道があるとは思わなかった。」　エ「あなたは猫を自転車のバスケットに入れなかった。」

問7　ア「道に迷った」のでなく，自分から違う道に進んだので，誤り。　イ　ソフィアが行った場所に合うので，答え。　ウ　いとこの招待状を持っていたので，誤り。　エ　文中に書かれていない内容なので，誤り。

[8]～[10]　リスニング問題解説省略。

★ワンポイントアドバイス★

[3]の3には〈let ＋O＋原形動詞〉がある。let を使う場合，「許可」するというニュアンスになることを覚えておこう。同じ意味は〈make ＋O＋原形動詞〉でも表せるが，この場合「命令」してさせるというニュアンスになる。

<理科解答>

問1 (1) 158cm (2) ウ (3) 87cm 問2 10Ω 問3 ウ 問4 ウ

問5

運動エネルギー〔J〕
K
0
0
L
高さ〔m〕

問6 (1) メスシリンダー (2) $8000kg/m^3$

問7 (1) エ (2) ア,ウ,カ

問8 (1) $Ba(OH)_2 \rightarrow Ba^{2+} + 2OH^-$ (2) イ (3) H^+

(4) 0.6g 問9 ア,エ,オ 問10 ウ

問11 ア,イ 問12 (果実) オ (種子) エ

問13 $\frac{3}{8}$ 問14 地球温暖化 問15 エ 問16 イ

問17 イ 問18 ウ 問19 ア 問20 78.4度

問21 ク 問22 イ,エ

○配点○

問2,問5,問7(2),問9,問11,問13 各2点×6

他 各1点×23(問7(2),問9,問11,問12,問22各完答) 計35点

<理科解説>

(理科総合—小問集合)

重要 問1 (1) 鏡に自分の全身が映るには,鏡の長さは最低でも自分の身長の半分の長さが必要であり,鏡の下端は目の高さの半分より下でなければならない。よって,花子さんが自分の全身を見るには,鏡の下端が152÷2=76cmであり,最低でも164÷2=82cmの鏡が必要である。このとき鏡の上端は76+82=158cmより高くないと映らない。

(2) 花子さんの位置が変わっても鏡に上半身が映る。像の大きさは大きくなる。

(3) 妹の全身が映るためには,鏡の下端は最低でも142÷2=71cmの高さになければならず,長さは158÷2=79cm以上でなければならない。花子さんの全身が映るためには鏡の下端は76cmより低く,長さは82cm以上でないといけない。この両方の条件を満たすのは,鏡の下端が71cm以下,上端が158cm以上である。よって,鏡の上下の長さは少なくとも158−71=87cmである。

重要 問2 図1の全抵抗は(10+R)Ωであり,電圧をVボルトとすると回路を流れる電流は$\frac{V}{10+R}$アンペアである。図2の並列回路にはそれぞれにVボルトの電圧がかかるので,b点を流れる電流は$\frac{V}{10}+\frac{V}{R}$アンペアである。これがa点を流れる電流の4倍になるので,$4\times\frac{V}{10+R}=\frac{V}{10}+\frac{V}{R}$ $\frac{10}{R}+\frac{R}{10}=2$ $R^2-20R+100=0$ $(R-10)^2=0$ R=10Ω

重要 問3 磁界が変化するとその変化を妨げるように電流が発生する。(b)で磁石のN極が離れていくとき,左側のコイルに生じる磁極がS極になるように電流が流れる。(このとき右側のコイルの磁極はN極になる。)磁界の向きと電流の流れる方向は右ねじの法則にしたがうので,①を流れる電流は↓の向きになる。逆に(d)では左側のコイルに生じる磁極がN極になるように電流が流れる。よって②を流れる電流の向きは↑である。

重要 問4 水圧は水深が深くなるほど大きくなるので,ウのように下に行くほど圧力が大きくなる。

問5 位置エネルギーと運動エネルギーを足したものを力学的エネルギーという。力学的エネルギーは常に一定値を保つ。最下点Oでの位置エネルギーは0であり,運動エネルギーがK[J]なので,力学的エネルギーはK[J]であり,(運動エネルギー)=K−(位置エネルギー)となる。また,位置エネルギー=物体にはたらく重力の大きさ×標準面からの高さであり,物体にはたらく重力の大きさは一定値になるので，位置エネルギーはhの一次関数になる。グラフの切片はK，傾きは負の直線となる。

基本 問6 (1) 器具Aはメスシリンダーである。

(2) 金属Xの質量が0.2kgであり，体積は75－50＝25cm^3＝0.000025m^3なので，密度は0.2÷0.000025＝8000kg/m^3

基本 問7 (1) 実験1の電極Aで生じる気体は水素，電極Bで生じる気体は酸素である。この混合気体に点火すると水が生じる。塩化コバルト紙は青色であるが，水に触れると赤色になる。

(2) 電極Aでは水素，Bでは酸素，Cでは水素，Dでは塩素が発生する。電極AとCからは共に水素が発生し，電極Bの気体に火のついた線香を入れると線香が燃える。電極Dから生じる塩素は，水溶液中の塩化物イオンという陰イオンが電極Dに引き寄せられて発生する。

問8 (1) 水酸化バリウムの電離の化学式は，$Ba(OH)_2 \rightarrow Ba^{2+} + 2OH^-$である。

(2) 青色リトマス紙を赤くするのは水素イオンである。水素イオンは正の電気を持つので，陰極側にひかれて移動する。これに伴って青色リトマス紙の変色部分も陰極側に移動する。赤色リトマス紙を青くするのは水酸化物イオンであり，負の電気を持つので陽極側に移動する。

(3) 青色リトマス紙を赤色に変化させるものは水素イオンである。イオン式はH^+である。

重要 (4) 試験管Cで硫酸と水酸化バリウム水溶液が過不足なく中和する。試験管Eで20cm^3の水酸化バリウム水溶液がすべて反応するには，8cm^3の硫酸が必要である。しかし硫酸の量は6cm^3なので，硫酸はすべて反応する。Bでも硫酸がすべて反応しているので，硫酸の量が3倍になると生じる白色沈殿の質量も3倍の0.6gになる。

重要 問9 ① 胞子で増える植物は菌類，コケ類，藻類，シダ類である。ここでは，イヌワラビ，ゼニコケ，スギナである。 ② 胚珠がない植物は，イヌワラビ，ゼニゴケ，スギナ，胚珠が子房に包まれていない裸子植物は，イチョウ，マツである。 ③ 維管束がない植物はゼニゴケである。以上より，2つ以上の条件にあてはまる植物は，イヌワラビ，ゼニゴケ，スギナである。

基本 問10 大静脈を通って心臓に戻ってきた血液は，最初に右心房に入る。次に右心房が収縮し右心室に血液が流れ込み，さらに，右心室が収縮して肺動脈に血液が流れ出る。

基本 問11 葉緑素の有無だけが異なり，他の条件が同じものを選ぶ。アとイは共に光が当たっており，葉緑素の有無だけが違っている。

重要 問12 後に果実になる部分が子房であり，図のオに相当する。後に種子になる部分は胚珠で，図のエの部分である。

やや難 問13 丸型の遺伝子をR，しわ型の遺伝子をrとすると，①の1世代目の遺伝子型はRrのみである。これを自家受粉するとRR：Rr：rr＝1：2：1の割合で2世代目が生じる。そのそれぞれを自家受粉するとRRからは4つともRRの組み合わせとなり，RrからはRRが2，Rrが4，rrが2生じる。rrからは4つともrrになる。全部で16のうちしわの種子になるのは6の割合なので，全体に占めるしわの種子の割合は$\frac{6}{16}=\frac{3}{8}$になる。

問14 これらの気体を温室効果ガスといい，それによって引き起こされる地球規模の気温上昇を地球温暖化という。

問15 北半球では高気圧の中心付近からは風が時計回りで吹き出し，下降気流となり雲の発生が起こりにくく天気は良くなる。

基本 問16 乾球温度計と湿球温度計の示す温度が等しいとき，湿度は100％である。風向とは風の吹いてくる方向のことで，北東から吹く風は北東の風という。

問17 台風は発達した低気圧であり，風は中心に向かって反時計回りで吹き込む。夏から秋に発生する台風は，小笠原気団のふちに沿って北東方向に向かうことが多い。

問18　海溝型の地震の震源は，内陸型の地震より深い。プレートが沈み込み，プレートの境目付近で海溝型の地震が生じるため，震源は深くなる。

問19　昭和新山の噴火は爆発的な噴火である。これはマグマの粘り気が強いためである。マグマの粘り気はマグマに含まれる二酸化ケイ素の量が多いほど強くなる。二酸化ケイ素は白っぽい色をしている。

重要 問20　北半球での太陽の南中高度を求める式は，90－(北緯－23.4)である。よって，90－(35－23.4)＝78.4度である。

問21　地球の公転や自転の向きは，北極上空から見て反時計回りである。月の公転も同様に反時計回りである。

問22　冥王星は惑星ではなく準惑星に分類されている。また，地球型の惑星の密度は木星型の惑星の密度より大きい。地球型惑星が硬い表面を持つのに対して，木星型惑星は水素とヘリウムを主とするガスでできているためである。

★ワンポイントアドバイス★

理科全般のしっかりとした基礎知識が問われている。それぞれの分野の確かな理解が重要である。問題集等で標準レベルの練習問題を繰り返し解いておきたい。

＜社会解答＞

1　問1　問A(1)　b　　問B(2)　イ，オ，キ　　問C(3)　エ　　問2　問A(4)　ウ　　問B(5)　南鳥島　　問3(6)　ア　　問4　問A(7)　①　　問B(8)　ア

2　問1(9)　イ　　問2(10)　ウ　　問3(11)　エ　　問4(12)　ウ　　問5(13)　ア　　問6(14)　イ　　問7(15)　a：エ　b：ウ　c：イ　d：ア　　問8(16)　キ

3　問1　問A(17)　ア　　問B(18)　ウ　　問2(19)　ウ　　問3(20)　デジタル庁　　問4(21)　エ　　問5(22)　イ　　問6(23)　カ　　問7(24)　ウ

4　問1(25)　・自分で考えずに，AIだけに頼って行った点。　・AIの回答をそのまま写して提出した点。　　問2(26)　AIで作成した回答の内容をもとに，調べたり，データを比較した上で，自分の考えを加えてまとめなおしていくことが適切である。

○配点○

1　問1問A，問B　各2点×2(問1問B完答)　　他　各1点×6

2　問7，問8　各2点×2(問8完答)　　他　各1点×6　　3　問1問A，問6　各2点×2

他　各1点×6　　4　問1　2点　　問2　3点　　計35点

＜社会解説＞

1　(地理―世界と日本の地理の問題)

重要 問1　問A　日本で11月11日午後5時，相手の現地時間で11月11日午前9時なので，時差は8時間。経度差で120度になる。日本の方が時間が先に進んでいるので，日本よりも120度西にあると考えるとbのポーランドが当てはまる。　問B　大西洋がある地図は日本のある地図以外の3枚。アフリカのギニア湾岸のイがガボンのリーブルビル，ヨーロッパのイベリア半島の西端のオがポルトガ

ルのリスボン，アメリカのフロリダ半島の根元近くのキがジャクソンビル。　問C　エが正しい。アはaの中国の首都北京はだいたい北緯40度東経116度。イはbのポーランドの首都ワルシャワはだいたい北緯52度東経21度。ウはcのエチオピアの首都のアディスアベバはだいたい北緯9度東経38度。

やや難 問2　問A　ウ　日本列島の長さがだいたい3000kmで，北海道の北端から九州の南端で2000km弱なので，地図の①の半径がだいたい北海道から九州の長さに近い。　基本 問B　日本の最東端は南鳥島で，最南端は沖ノ鳥島。南鳥島には気象庁や自衛隊の限られた人が居住しているが沖ノ鳥島には人はいない(いられない)。

やや難 問3　アが正しい。イは1987年に島の数を発表したのは海上保安庁で国土地理院ではない。ウは島とされる陸地は増えても国土面積には影響はないと本文にある。エは湖沼内の陸地は計数の対象外とすると計数方法の3にある。

重要 問4　問A　①　新潟市は日本海側に位置するので，1月や12月の降水量が他の都市よりも多くなるのが特徴。　問B　ア　新潟市は越後平野に位置するが，そこから福島県との県境，福島県西部，栃木県北西部は山がちな地形の場所。ここを過ぎると，あとは千葉市までは関東平野の平野部になりほとんど平らな地形になっている。

2　(日本の歴史―7世紀から21世紀の期間の歴史に関する問題)

問1　イは延久の荘園整理令と呼ばれ1069年。アは聖武天皇が全国に国分寺を建てさせるのが741年，東大寺の大仏を造らせるのが743年。ウは797年。エは701年。

重要 問2　菅原道真は学問に関しては広く修めているが，『古今和歌集』の撰者ではない。『古今和歌集』は10世紀に編まれているので，菅原道真はその段階では既に左遷されている。

基本 問3　島原・天草一揆は1637年。アは1336年から1392年，イは応仁の乱以後の戦国時代なので15世紀後半から16世紀にかけての時代，ウは1467年から1477年。

問4　xは誤り。幕府の直轄領に禁教令が出されるのが1612年で，その翌年に全国に広められる。禁教を徹底するためにまず1624年にスペイン船の来航を禁じ，その後海外の日本人の帰国を禁じ，島原の乱を経て1639年にポルトガル船の来航を禁じ，さらに1641年にオランダ商館を出島に移し鎖国は完成する。yは正しい。

問5　ア　Xは日明。室町時代の足利義満の時代に中国の明王朝が日本に倭寇の取り締まりを求めてきて，それを機に日本は明から勘合符を得て貿易を行うようになった。日明貿易は勘合貿易ともいう。　Y　日本で今までにノーベル文学賞を受賞しているのは川端康成と大江健三郎の二人だけ。三島由紀夫は1970年に亡くなっており，大江健三郎がノーベル文学賞を受賞するのは1994年なので三島の死後になる。

やや難 問6　日本でも近年，個人投資が増えてはいるが，まだ日本の株式市場で日本の企業の株を取得しているのはほとんどが企業。最近では日本の企業の株主に外国の金融機関や投資家が入ってきていて，その株主の要求が日本の企業経営を左右することも少なくない。

問7　ア　尾形光琳の「燕子花図屏風」は江戸時代の元禄文化のものでd。　イ　狩野永徳は安土桃山時代の画家でc。　ウ　厳島神社の整備は平清盛がやっているので平安時代のb。　エ　興福寺の阿修羅像は奈良時代の天平文化のものでa。

重要 問8　え　1956年→う　1960年→あ　1972年→い　1995年の順。

3　(公民―政治，経済に関する様々な問題)

問1　問A　縦軸に価格，横軸に数量をとった需要供給のグラフでは右下がりの線が需要，右上がりの線が供給を示す。消費者が支払ってもよいと判断する価格がこのグラフでは交点のところになるので，それよりも需要側の消費者が支払う余剰の部分がアになる。　問B　ウ　説明文②にあるように，GDP国内総生産の価値額は市場取引ベースで計上される。グラフの交点が市場価格に相当するので，グラフの交点より上の部分はGDPに反映されない。

重要　問2　ウが正しい。アのNPTは核拡散防止条約(核不拡散条約)の略。核兵器保有国や原子力施設を持つ国々が加盟をすることになっており，これ以上，核兵器を保有する国を増やさないためのもの。イは現在，アメリカが一人勝ちの世の中ではなく，核兵器をもつ大国はロシアや中国などもあり，さらに国連の安全保障理事国の五大国以外にもインドやパキスタン，北朝鮮なども核兵器を保有している。エの核兵器禁止条約に日本も参加することが求められているが，日本はアメリカとの同盟関係で，アメリカの核兵器の傘の下に日本も置かれているということで，核兵器禁止条約には参加していない。

問3　デジタル庁は，復興庁と同様に内閣直属で，その長は大臣となる。現状で最大の課題がマイナンバーカードを普及させること。

基本　問4　矢印①は国会が裁判所に対してもつ権限を意味するので，選択肢の中だと弾劾裁判が当てはまる。弾劾裁判は裁判官の資格を問う裁判で，普通は裁判官はそのままでは裁判の対象にはならないが，何らかの裁判官にふさわしくない行為があった場合には弾劾裁判にかけて裁判官の資格をはく奪し，犯罪であればその後刑事裁判にかける。アは国会から内閣に対しての権限，イは国民から裁判所に対しての権限，ウは内閣から裁判所に対しての権限になる。

問5　合計特殊出生率の説明は正しいが，現状日本の数値は2から大きく下回っており1.4を切っている。

重要　問6　1ドルが100円から150円になったということは，1円の価値が100分の1ドルから150分の1ドルになったということで，円の価値が下がっているので円安になる。円高であれば，1ドル150円が100円になるようなものなので，単純に1ドルのものを買うのに150円必要だったのが100円で買えるようになるので，外国商品の需要は高まる。一方で150円のものが1ドルで買えていたのが1ドルでは買えず，1ドル50セント必要になるので，海外での日本商品の需要は下がるので，輸出が滞り，貿易収支は赤字になる。

問7　a　国や地方自治体が，様々な行政行為を行い，予算を執行していくのが財政。

b　UNICEFは国連児童基金の略称で，戦争や災害などで危機に瀕している子どもたちを救ったり援助したりしている。UNESCOは国連教育科学文化機関，UNHCRは国連難民高等弁務官。

c　ノーマライゼーションは障碍の有無や年齢，性別などの差をなくし，全ての人の間の区別をなくそうというもの。　d　日本の社会にある独特のものが年功序列で，企業などで本人の能力や業績とは関係なく，その企業にいる年数が多い方が高賃金になっていたり，高い地位についていたりするもので，近年では成果・結果中心の実力主義にとって代わられてきてはいる。

4 **(総合問題―生成AIやその問題点に関する問題)**

問1　宿題というのは本来，家で自分で行う課題なので，その答えを自分で考えずにAIに頼っており，しかも，その内容を吟味せずにそのまま写して提出してしまうのは問題である。AIだけでなく，近年，課題の答えやレポートの内容としてインターネットで拾ってきたものを使う学生が多くなっているのが大学や高校，中学などで問題視されている。

やや難　問2　AIで出てきた解答例をあくまでも一つの参考例として，そこに自分なりに調べたこと，様々な参考資料などを自分なりに分析してみた結果や自分なりの考えを加えることができれば，AIを活用したことになりうる。また，AIの答えを，なぜそうなるのかを自分で分析し，その分析した結果に基づいて自分なりの答えに直せれば，それでもよいであろう。生成AIに頼るにしろ，インターネットなどで検索するにしろ，その最初の設定の段階でキーワードなり，基本のデータなりで間違えていると，明らかに誤りの答えが導き出されるので，出てきた答えを鵜呑みにするのは禁物である。

★ワンポイントアドバイス★

理科と社会とで合わせて60分の試験時間なので，時間的には特に問題はない。設問の内容をしっかりと把握し，問題の指示を確実に理解して解くこと。全体に，文章を丁寧に読み込むことがポイント。

＜国語解答＞

一　問一　①　申請　②　そえん　③　掲[挑](げる)　問二　イ　問三　(例)　学校のカリキュラム化された知を通した学習の形式のこと。　問四　(例)　日常の身近な関係だけの学習では，将来待ち構える実生活の諸関係に対応することができないから。
問五　普段の生活　問六　Ⅰ　エ　Ⅱ　オ　Ⅲ　イ　問七　A　ウ　B　エ
問八　イ　問九　時間軸　問十　エ

二　問一　あげましょう　問二　A　ア　B　ウ　C　イ
問三　百七十二[一七二](文)

三　Ⅰ　問一　之を叩くに大なる者を以ってせば　問二　ア
Ⅱ　問一　莫レ大ニ乎興レ人為レ善。

四　問一　ア　問二　うで　問三　うかがう[参上する・参る]

○配点○
一　問二・問五・問八　各2点×3　問三・問九・問十　各3点×3　問四　6点
他　各1点×8　二　問一　1点　他　各2点×2(問二完答)　三・四　各1点×6　計40点

＜国語解説＞

一　(論説文―漢字の読み書き，文脈把握，内容吟味，脱語補充，接続語，語句の意味，要旨)

問一　①　「請」を使った熟語はほかに「請願」「請求」など。音読みはほかに「シン」。熟語は「普請」。訓読みは「う(ける)」「こ(う)」。　②　「疎」を使った熟語はほかに「疎外」「過疎」など。訓読みは「うと(い)」「うと(む)」「おろそ(か)」。　③　「掲」の音読みは「ケイ」。熟語は「掲示」「掲揚」など。

やや難　問二　「学校の知」については，「生まれ育った……」で始まる段落に「学校で教えられるのはそういう知なのです」と言い換えられていることに着目する。「生まれ育った身の回りの世界を超えて，広い世界で生きていくためには，子どもたちは，言葉や記号を通して，この世界がどういうものなのかを理解しないといけない」と説明されており，さらに「ただし，学校知は，仕事に役に立つこともあれば，当然，役に立たないこともあります」とあるので，これらの内容と合致するイが適切。

やや難　問三　「子どもたちは……」で始まる段落に「『代表的提示(代理的提示)』」とあり，「学校のカリキュラム化された知を通した学習の形式」と説明されている。

やや難　問四　直後に「社会的生活が複雑化するにつれて，子どもを待ちかまえている実生活の諸関係は，そのどれをとっても子どもにとって近寄り難いものとなる」とあり，次の段落には「日常の身近な関係だけの中の学習では対応しきれません」と説明されているので，これらを要約して「日常の身近な関係だけの学習では，将来待ち構える実生活の諸関係に対応することができないから。(45字)」などとする。

問五 「第一次的な生活世界」は，直前の段落に「第一次的な生活世界，すなわち普段の生活」とあるので，「普段の生活(5字)」を抜き出す。

問六 Ⅰ 直前に「社会的生活が複雑化する」とあり，直後で「契約をするとか……」と具体例が列挙されているので，例示を表す「たとえば」が入る。 Ⅱ 直前の「広い世界で生きていくためには，子どもたちは，……理解しないといけない。学校で教えられるのはそういう知なのです」と直後の「学校知は，いわば記号化された『世界の縮図』だといえるのです」は順当につながる内容といえるので，順接を表す「だから」が入る。 Ⅲ 直前の「縮約・再構成された文化」と直後の「それをベースにした技能の習得のようなもの」を対比させているので，対比・選択を意味する「あるいは」が入る。

問七 A 直前の「市民として，あるいは個人として生きていく生活全般に関わる」を言い換えているので，「基礎(的なもの)」とするのが適切。 B 直前の「受験の合格や資格の取得」を言い換えているので，「(目に見える)有用(性)」とするのが適切。

問八 「源泉」は，水や温泉のわき出るみなもと，物事の起こるみなもと，という意味。意味が近いのは，ある物事が起こるもととなる事柄，という意味の「原因」。

やや難 問九 「鉄器を使用し始めた」という知識を学ぶ理由については，「今，……」で始まる段落に「歴史は時間軸で過去にさかのぼって，私たちを知ることになります」と説明されているので，「時間軸で過去にさかのぼって，私たちを知る(ため。)」とするのが適切。

問十 エは，冒頭に「学校で教えられる知は，子どもの日常生活を超えた知だからこそ重要」「そうであるがゆえに，その内容は子どもにとってなじみにくいものだ」とあり，本文最後に「多くの子どもたちに『勉強がつまらない』というふうに映るのは，学校の知の本質です。……学校とはそういうものです。身近な日常経験と切り離されたものを教わっているので仕方ありません」とあることと合致する。アの「意味を持ちません」，イの「不可能である」，ウの「国際社会で活躍するのに役立てるため」は，本文の内容と合致しない。

二 **(古文一仮名遣い，脱語補充，文脈把握，内容吟味)**

〈口語訳〉 吉原の昼店に(いた)おいらんが「これこれ，喜助さん。あの茶碗屋さんが来たら，茶漬茶碗を買ってくださいよ」(と言うと，)「はい，今買ってあげましょう」と言っていると，茶碗屋が来る。「これこれ，この茶碗はいくらだ」「二百五十文でございます」「途方もなく高い。百五十文にしなさい」「とんでもないことを言いなさる。どうして(そんなに安くできようか)」「それなら六十文払おう」「はて，そのように少しずつ値を上げなくても，もっとお買いなさい」と言うのをおいらんが聞いて，小声で「これこれ，喜助さん。もっと高くしてもいいでしょう」と言う。若い者(喜助)は，目くばせしてうなずきながら，「それなら，七十二文出そう」「さてさて，おまえも吉原にいる程の者じゃないね，けちな値付けをなさる」と言うと，喜助も腹を立て，「この商人はおかしなことを言う。吉原の者は値切らないというのか」と，すでに言い合いになるので，おいらんも気の毒がって，二階へ行く。茶碗屋は荷を担いで出る拍子に，蹴つまづいて，今の茶碗も，木っ端みじんに壊れるのを見て，喜助はうれしがり，二階へ駆け上がって，「おいらん，今あの茶碗屋が，負ければいいものを力んで，あそこで転んで，あの茶漬茶碗をぶち壊しました」と言うと，(おいらんは)「ほんとうに，買わないでよかったねえ」(と言った)。

問一 「せう」は「しょー」と発音し，現代仮名遣いでは「しょう」となるので，「あげませう」は「あげましょう」となる。

問二 A 直前に「茶碗屋」とあるので，「(茶碗屋)が(来る)」とするのが適切。 B 直後に「いひなさる」とあるので，「(とんだ事)を(いひなさる)」とするのが適切。　C　直前に「吉原」とあるので，「(吉原)に(いる)」とするのが適切。

やや難　問三　茶碗の値は，茶碗屋は最初「二百五十(文)」と言い，喜助は「百五十(文)にしなさい」と交渉した。その後，「では(百)六十」，「それなら(百)七十二」と少しずつ値を上げているので，最終的な値は「百七十二(文)」。茶碗屋の提示した「二百五十文」を，喜助は「百七十二文」にまで値切ったのである。

三　(漢文―書き下し文，四字熟語，返り点)

Ⅰ　問一　「レ点」は一字返って読み，「一二点」は，一を読んだ後に二を読むので，読む順は「之叩大者以」となり，送り仮名をつけて「之を叩くに大なる者を以ってせば」となる。

問二　Ⅰの漢文の内容は，鐘を叩くときに，小なる者が叩けば音は小さく鳴り，大なる者が叩けば大きく鳴る，というものなので，人の行いに応じて，その報いもわかれる，と言う意味の「因果応報」が適切。「自家撞着」は，言動や文章が，前後で矛盾していること。自分で自分の行動に反する行為をすること。「大山鳴動(たいざんめいどう)」は，大騒ぎすること。「叩頭三拝(こうとうさんぱい)」は，頭が地につくほど深くおじぎをし，三度拝礼すること。

やや難　Ⅱ　問一　書き下し文を参照すると，前半は「興人善為」の順になるので，「興」と「為」にレ点が付き，さらに，後半部分は「大莫」となるので，「莫」にレ点が付く。「為」の後に「大」を読むので，「為」に一，「大」に二が付く。「乎」は読まない。

四　(文学史，慣用句，敬語)

問一　森鷗外の作品は『舞姫』のほかに『雁』『高瀬舟』『山椒大夫』など。『たけくらべ』は樋口一葉，『河童』は芥川龍之介，『蟹工船』は小林多喜二，『雪国』は川端康成の作品。

問二　「腕(うで)が鳴る」は，自分の腕前を発揮したくて心がはやる，という意味。

問三　主語は「私」なので謙譲表現になる。「行く」の謙譲語は，「うかがう」「参る」「参上する」など。

★ワンポイントアドバイス★

出題が多岐に渡るので，読解，古文，漢文，国語知識などまんべんなく学習しておこう！　現代文の読解は，言い換え表現や説明部分をすばやく的確にとらえる練習をしよう！

大切なことはメモしておこうネ！

T.G

2023年度

★★★★★★★★★★★★★★★★★★★★★★★★

入　試　問　題

2023年度

中央大学高等学校入試問題

【数　学】（50分）　＜満点：100点＞

【注意】　定規・分度器・電卓は使えません。

1　次の問に答えなさい。

問1．2次方程式 $x^2-15x-54=0$ を解きなさい。

問2．$\dfrac{\sqrt{6}(2+\sqrt{5})}{3\sqrt{5}}-\dfrac{2(\sqrt{10}-5\sqrt{2})}{5\sqrt{3}}$ をできるだけ簡単にしなさい。

問3．短距離選手のAさんが100mを走るとき，スタートしてから x 秒後に ym 進むとすると，$y=x^2$（$0\leqq x\leqq 10$）の関係式が成り立ちます。このとき，スタートしてからゴールするまでの平均の速さは100÷10＝10[m/秒]になりますが，例えばスタートして2秒後から3秒後までの平均の速さは（3^2-2^2）÷（3－2）＝5[m/秒]となることが分かります。さらに，あらゆる区間での平均の速さを求めたく，スタートして a 秒後から（$a+h$）秒後までの平均の速さを v［m/秒］とするとき，a，h を用いて v をなるべく簡単に表しなさい。ただし，$a>0$，$h>0$，$a+h<10$ とします。

2　世界各国の所得税，消費税，資産税の税収割合を調べていたところ，2019年時点でのA国，B国，C国について調べることができました。3か国それぞれの税収割合について，所得税，消費税，資産税が整数で％表示されており，その和は100％になっています。さらに，次の①～④の条件が成り立つとき，以下の問に答えなさい。

①　3か国それぞれの税収割合は所得税が1番高く，2番目に高いのが消費税であり，3種類すべての税収割合は12％以上62％以下になっている。

②　A国の所得税と消費税の税収割合は両方とも素数で与えられ，その差は2％である。

③　B国について，資産税の税収割合を2倍したものと，消費税の税収割合の和が，所得税の税収割合になっている。

④　C国はB国に比べて，消費税の税収割合が3％低く，資産税の税収割合が1％低い。

問1．A国の所得税，消費税，資産税の税収割合を，（所得税，消費税，資産税）の形で答えなさい。例えば，所得税が37%，消費税が35%，資産税が28%のとき，（37，35，28）と解答欄に記入しなさい。

問2．C国の所得税，消費税，資産税の税収割合を，問1と同じ形ですべて答えなさい。

3　次のページの図のように，2つの放物線 C_1：$y=\dfrac{1}{2}x^2$，C_2：$y=5x^2$ と直線 l：$y=\dfrac{1}{2}x+1$ との交点で x 座標が正のものをA，Bとします。また，直線 m は y 軸上で直線 l と交わり，C_1 と点C（－2，2），点Dで交わっています。このとき，以下の問に答えなさい。

問1．点Aの座標を求めなさい。

問2．△ABDの面積を求めなさい。

問３．点PがC_1上（ただし，点A，点Dを除く）を動くとき，△ABPと△ABDの面積が等しくなるような点Pのx座標をすべて求めなさい。

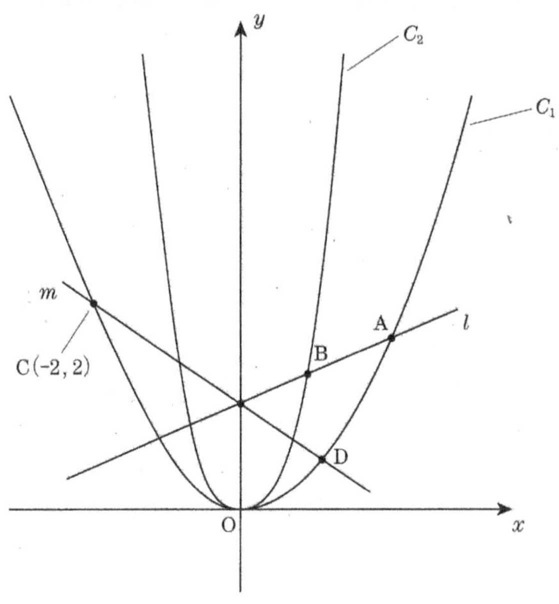

[4] 下図のように，座標平面上で中心が原点O，半径２の円周上に，２点A（$\sqrt{3}$，１），B（−2，0）があり，y軸上の点Cは，∠OAC＝15°を満たしています。以下，計算途中で分母に根号が残るならば，$\dfrac{1}{a+\sqrt{b}}=\dfrac{a-\sqrt{b}}{(a+\sqrt{b})(a-\sqrt{b})}=\dfrac{a-\sqrt{b}}{a^2-b}$（$a$，$b$は正の有理数）を用いて，分母を有理化した形で答えなさい。

問１．直線ACの方程式を求めなさい。

問２．△ABCの面積を求めなさい。

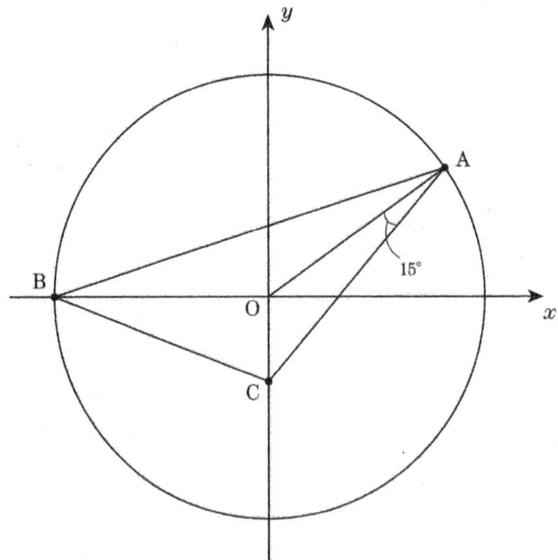

5 下図のように，AB＝BC＝１，AE＝４の直方体ABCD－EFGHがあり，辺CGの中点をMとします。また，辺BF上に点Ｉ，辺DH上に点Ｊをとり，４点A，Ｉ，M，Ｊが同一平面上にあり，ひし形を作るようにします。さらに，辺BGと辺IMとの交点をK，辺CHと辺MJとの交点をＬとするとき，以下の問に答えなさい。

問１．ひし形AIMJの面積を求めなさい。

問２．線分比IK：KMおよび，ML：LJを求めなさい。ただし，解答欄の展開図に線分，および線分比を求める際の途中過程を書きこむこと。

問３．下図（立体図）での△KLMの面積を S，問２解答欄の展開図（平面図）での△KLMの面積を T とするとき，面積比 $S:T$ を求めなさい。

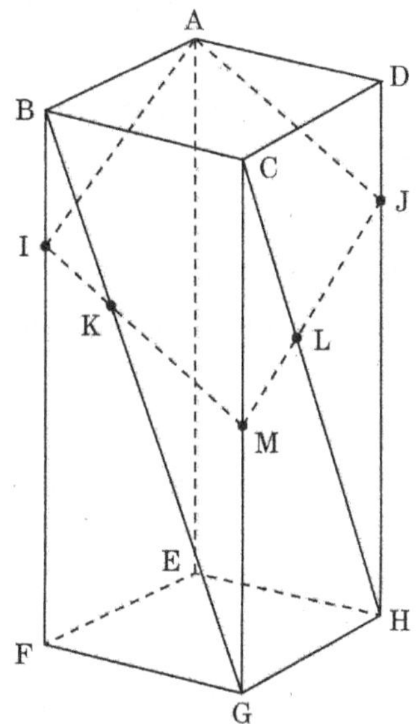

6 座標平面上で，サイコロを２回振ります。１回目に出た目 a を直線 $l : x + y = 4$ 上にある点P の x 座標とし，２回目に出た目 b を直線 $m : x + y = 6$ 上にある点Qの x 座標とします。このとき，以下の問に答えなさい。

問１．３点O，P，Qが同一直線上にあるときの a，b の組合せを（a，b）の形ですべて答えなさい。

問２．３点O，P，Qを頂点とする直角三角形ができるときの a，b の組合せを問１と同じ形ですべて答えなさい。

【英　語】（60分）　＜満点：100点＞　**※リスニングテストの音声は弊社のHPにアクセスの上、音声データをダウンロードしてご利用ください。**

【注意】 筆記問題（1～6）は50分で，そのあとすぐにリスニング問題（7約10分）が放送されます。

1 次の英文を読んで，問に答えなさい。[＊をつけたものには註があります]

Joanna was the daughter of market traders. She lived in the mountains with her family. On the highest mountain, stone fruit grew. Joanna's family were the only people who knew about (1) it.

The stone fruit was very popular and delicious. Joanna's family sold it at the small local market. However, they could get much more money if they sold the fruit at the big market in the capital city. But her mother said that it was foolish to sell stone fruit in the big city.

(2) Still Joanna dreamed about trying. After her mother died, she finally prepared for the long journey to the big city.

*****

Joanna walked all the way to the capital. She carried all the stone fruit and a beautiful wooden market *stall that belonged to her family for many years. On this stall, she would sell her fruit.

When she finally arrived at the city, she was very tired and had no money. But, (3－Ⅰ). To get enough money, (3－Ⅱ). She felt bad, but maybe after she sold the fruit, (3－Ⅲ).

However, after the long journey to the city, her stone fruit was old and *rotten. No customers wanted to buy it.

She lost all her fruit, her stall and her money.

When Joanna left the market, she felt sad and angry. She walked through the big city and passed many shops. In one shop, she saw her family's beautiful, handmade market stall. It was for sale at a very high price. She started crying, lay down and fell asleep.

*****

When Joanna woke again, it was dark. She noticed something across the street: a hole in the wall.

Joanna was still angry. She pulled off one of her old boots and threw it. It disappeared into the hole, but there was no sound. The boot was gone. It was another thing she lost because of her foolish ideas.

But then something shiny came back out of the hole. It fell on the ground in front of her. It was a single coin. It was enough to buy a meal. It was more *valuable than the old boot.

It must be a joke, she thought. She pulled off her other boot and threw it in the hole, too. Another coin came back out, then a second and a third.

Joanna picked up the nearest coin. She held it close to her face... It was real!

She picked up the other coins: three *pennies. She could buy new boots now.

She quickly took off her belt, her traveling coat, her jacket and both socks. She threw each one into the hole.

Soon, she was holding several coins. She counted them, (4) <u>over and over</u>, through the rest of the night.

*****

The next morning, Joanna went from shop to shop with her pennies in her bare feet and undershirt. She bought some basic new clothes and boots, and she also bought all the old, broken or useless things the traders sold her.

After she spent all her money, Joanna returned to the place where she found the hole. She waited. In the night, it appeared again.

One by one, she threw all the old and useless things into the hole. Only the bag remained. When the sun rose, it was very full with coins.

*****

Joanna went back into the market and bought nicer clothes and shoes as well as many other nice things. But most importantly, she bought back (5) from the expensive shop. And then she went back to the lucky street with all her new items: silk carpets, fine wool, bags of *spices and more.

She sat down for one last night and waited for the hole.

She started throwing the spices into the hole. Then she threw the wool and silk and the other things. Many silver and gold coins poured out of the hole into the bag. When, at last, the coins stopped coming, [6]. She would never need to trade again!

For a moment, she considered throwing her family stall into the hole as well. (7) <u>She shook her head.</u> It was too special, even for all the money in the world. But then she looked at the little shining mountain of coins and she had a new idea.

The hole always gave back more valuable things than what she threw. So, what would the hole give her if she threw all the money in?

What could be greater than money?

Joanna lifted the heavy bag of coins and then she threw all of her money into the hole.

She waited and watched the hole. But this time, nothing came back.

*****

So, she began the long journey back to her hometown in the mountains. On her back, she carried her family's stall. She walked all day and slept well at night. (8) <u>She was happy to be going home.</u>

Her pockets were empty, but her heart was full.

From time to time, she met other travelers. She told her story to anyone who wanted to listen.

She never asked for much in return - just some food or drink. And, (9) <u>although no one believed her story was true, they believed the lessons in it.</u> Some people thought that the lesson was 'be thankful for what you have' or 'being too greedy will mean you lose everything.' For others, it was 'wisdom comes at a price.'

For Joanna, it was the answer to her question: What could be greater than money? Now she knew the answer was wisdom, priceless wisdom.

註） stall：売り台，商品陳列台　rotten：腐った　valuable：高価な，値打ちのある
pennies < penny：ペニー，ペンス［英国の貨幣単位］　spice(s)：香辛料

問１　下線(1)の内容として最も適切なものを１つ選び，記号で答えなさい。

ア．Joanna が市場の商人の娘であること
イ．Joanna が家族とともに山に住んでいること
ウ．ストーンフルーツは最も高い山に育つこと
エ．ストーンフルーツはとても人気があって美味しいこと

問２　下線(2)の後に省略されている内容として最も適切なものを１つ選び，記号で答えなさい。

ア．to sell stone fruit at the small local market
イ．to walk all the way to the capital
ウ．to prepare for the long journey to the big city
エ．to sell stone fruit in the big city

問３　（３－Ｉ）～（３－Ⅲ）に入る文として最も適切なものをそれぞれ１つ選び，記号で答えなさい。

ア．she had to sell her beautiful family stall
イ．she could buy the stall back before she returned home
ウ．she had to pay money to enter the city and to use the market

問４　下線(4)の意味として最も適切なものを１つ選び，記号で答えなさい。

ア．一枚一枚　　イ．何度も　　ウ．わくわくして　　エ．疑いながら

問５　（５）に入る語句として最も適切なものを１つ選び，記号で答えなさい。

ア．her stall　　イ．silk carpets　　ウ．her boots　　エ．stone fruit

問６　［６］には「彼女のかばんは，想像していた以上のお金でいっぱいになった」という意味を表す英文が入る。下記を並べかえて英文を完成させたとき，Ａ，Ｂに来るものを記号で答えなさい。

____ ____ ____ ____ __A__ ____ __B__ ____ ____

ア．with　　イ．even imagine　　ウ．than　　エ．was　　オ．could
カ．her bag　　キ．she　　ク．more money　　ケ．filled

問７　下線(7)の際に，主人公の考え（心情）はどのように変化したかを35字程度の日本語で説明しなさい。

問８　It says on line 8, "She was happy to be going home," why was she happy? Please answer in about 10 words in English.

問９　下線(9)を日本語に直しなさい。

問10　本文の内容に合うものを2つ選び，記号で答えなさい。

ア．Joannaの母は，地元の小さな市場で商売をするのは愚かだと考えていた。

イ．Joannaが手放した売り台は，市場の高級品を扱う店で安く売られていた。

ウ．怒りのおさまらなかったJoannaは，新品のブーツを壁の穴に投げつけた。

エ．初めてお金を手に入れた時，Joannaは新品だけでなく中古品も買った。

オ．Joannaは，知恵がなければどのような努力も実らないことを学んだ。

カ．Joannaは，お金よりも犠牲を払うことで得る知恵の方が大切だと学んだ。

2　次の英文を読んで，問に答えなさい。[＊をつけたものには註があります]

Andrew Carnegie was born in 1835 in Scotland. He was from a poor family. When he was twelve, his family moved to the United States. They wanted a better life.

The Carnegie family lived in Pennsylvania. Andrew started to work right away. [1] Everybody there liked Andrew. He did many different jobs. His *salary got higher every year.

In his free time, Andrew loved to read. But in those days, it was difficult to get books if you did not have money. The United States did not have free public libraries then. *Fortunately, Andrew lived near James Anderson. (2) James was a rich man with many books, and he let working boys like Andrew use his library for free. Andrew read as much as possible. He always thought that reading was very important.

Andrew learned a lot at the railroad company. He realized that the railroad was very important for big countries. Then he had an idea: to start a business connected with the railroads. He saved all his money and opened (3) that business. He was thirty years old.

First, his company made bridges for the railroads. Ten years later, they made *steel. His company became the largest in the United States. They made steel for bridges, machines and many other things. People called Carnegie the "Steel King." Soon he was the richest man in the world.

Carnegie liked to make money. But he believed rich people should help others. In 1901, he sold his company for $480 million. Then he started to give away his money to build public libraries all over the United States and the English-speaking world. In all, he built 2,811 public libraries. [4]

Andrew Carnegie died in 1919. He was eighty-four years old. During his lifetime, he gave away nearly all of his money for education and peace. Today, a *foundation named after him – the Carnegie Foundation – continues his work. Andrew Carnegie is still helping people all over the world to study and learn.

註）salary：給料　fortunately：幸運なことに　steel：鉄　foundation：財団

問1　[1] には次の①～④の文が入る。正しい順番になっているものを1つ選び，記号で答えなさい。

① Later, he changed his job.
② He got a job in a factory at first.
③ He worked at a railroad company.
④ He was a good worker, but he didn't like the job.

ア．②→④→①→③　イ．②→①→④→③　ウ．③→④→①→②　エ．③→①→④→②

問2　下線(2)を日本語に直しなさい。なお，人名はアルファベットのままでよい。

問3　下線(3)に関して，Carnegie が展開した事業の内容を35字程度の日本語で具体的に説明しなさい。

問4　[4] には「また，Carnegie は大学や博物館，平和のために働いた人々に何百万ドルも提供した」という意味を表す英文が入る。下記を並べかえて英文を完成させたとき，A，Bに来るものを記号で答えなさい。

Carnegie also _____ __A__ _____ _____ _____ __B__ _____ peace.

ア．colleges, museums and　イ．millions of dollars　ウ．people
エ．gave　オ．worked for　カ．who　キ．to

問5　本文の内容に合うものを1つ選び，記号で答えなさい。

ア．Carnegie は裕福な家庭に生まれ育ち，米国に移住してさらに富を築いた。
イ．Carnegie は読書を好み，公共の図書館で多くの難しい書物を読み漁った。
ウ．Carnegie は60代の時，人助けをするために自分の巨大企業を売り払った。
エ．Carnegie は1919年に亡くなるまで，世界各国から支援金を集め続けた。

[3] 答えとして最も適切なものを選び，記号で答えなさい。

1．I promised I would join the party tonight.　So I (　　) miss it.
ア．don't have to　イ．must　ウ．mustn't　エ．need to

2．I asked the couple how to get to the hospital, but (　　) of them answered.
ア．both　イ．no one　ウ．each　エ．neither

3．(　　) game is as difficult as this one.
ア．No other　イ．No another　ウ．Any other　エ．Any another

4．He is afraid (　　) scolded by his father.
ア．to be　イ．that will be　ウ．of being　エ．of having

5．I found the paper plane (　　) the kids in the park.
ア．that flew by　イ．flown by　ウ．flying by　エ．being flown

6．(　　) was once a truth is no longer true.
ア．That　イ．It　ウ．One　エ．What

7．My grandfather often says I eat more than he (　　) when he was young.
ア．did　イ．does　ウ．was　エ．is

8．Goal keepers wear (　　) to protect their hands when they play.
ア．socks　イ．glasses　ウ．gloves　エ．shoes

9．Which underlined part has a different sound?
ア．hurt　イ．start　ウ．shirt　エ．worth

4　各組の英文がほぼ同じ意味を表すように（　）に適切な語を入れたとき，（＊）に入る語を答えなさい。

1．Shall we go out tonight?
How (　　)(＊) out tonight?
2．I cannot run as fast as Ken.
Ken can run (＊)(　　) I can.
3．Cathy didn't know what she should say to her boyfriend.
Cathy didn't know what (＊)(　　) to her boyfriend.
4．I spoke to my brother three days ago, and it was the last time I spoke to him.
I (＊)(　　) to my brother for three days.
5．Everyone likes Bob because he is very kind.
Bob is (＊)(　　) that everyone likes him.

5　次の英文はある英単語を説明したものです。その単語を書きなさい。

1．This is what you do when you see or hear something very funny. Usually you smile and make sounds when you do this. The word begins with "L."
2．This is a part of your body. It is at the top of your arm, under your head. You sometimes carry a bag here. The word begins with "S."

6　日本語の意味になるように並べかえたとき，A～Fに入るものを記号で答えなさい。
ただし，文頭に来る語も小文字にしてあります。

1．テーブルにあった時計を誰かが壊した。
＿＿ ＿A＿ ＿＿ ＿＿ ＿＿ ＿B＿ ＿＿ ＿＿.
ア．was broken　イ．on　ウ．by　エ．which
オ．was left　カ．someone　キ．the table　ク．the watch

2．エミリーとアンは自分たちの問題の解決策を考えることは不可能だとわかった。
Emily and Ann ＿＿ ＿C＿ ＿＿ ＿＿ ＿＿ ＿D＿ ＿＿ ＿＿.
ア．to their problem　イ．with　ウ．it　エ．a solution
オ．impossible　カ．come up　キ．to　ク．found

3．タケシはヒカルの3倍本を持っている。
＿＿ ＿＿ ＿E＿ ＿＿ ＿F＿ ＿＿ ＿＿ ＿＿ Hikaru.
ア．Takeshi　イ．that of　ウ．the number of books　エ．as many
オ．has　カ．as　キ．three times　ク．is

7 リスニング問題

ただいまからリスニング試験を行います。問題は Part A から Part C まであります。

全部で15問です。答えは全て記号で書きなさい。英語は一度だけ読まれます。

Part A : Listen to the question and then choose the best answer.

1. A. I don't have enough money.
   B. Which one do you mean?
   C. There are one hundred and twenty five.
   D. You can borrow some money.
2. A. I like it, too.
   B. Great, let's go to the art gallery.
   C. I like painting, too.
   D. You painted it, didn't you?
3. A. Thirteen past five? Sure, sounds good.
   B. Where is it?
   C. That's a little too early for me.
   D. You are too late. It's already half past five.
4. A. I don't have a pen.
   B. My pen is under the desk.
   C. It's a pencil, not a pen.
   D. I can't believe you lost it again!
5. A. Yes, we can. B. No, we aren't.
   C. Yeah, help yourself. D. I can't eat them.

Part B : Listen to the conversation and the question, and then choose the best answer.

6. A. 10 minutes. B. 20 minutes. C. 30 minutes. D. 0 minutes.
7. A. Long and Black. B. Long and Brown.
   C. Short and Black. D. Short and Brown.
8. A. Hot springs. B. Forest. C. Beach. D. Mountains.
9. A. They will watch the news now.
   B. They will watch the baseball game now.
   C. They will watch the baseball game after five minutes.
   D. They will watch the news after five minutes.
10. A. October 2nd. B. September 30th.
    C. It is canceled. D. They don't know.

Part C : Listen to the dictation. Write the missing words on the script.

"When you are taking a test, it is very important that you try to relax. If you are too (11)________ or worried, you won't perform to your best ability. Clear your mind and calm (12)________. Studying before the test is important, of course, but don't stay up too late studying the night before the exam. Try to get a good night's (13)________. If you are tired during the test, you might make careless mistakes and lose points. Also, (14)________ your time so that you don't have to rush at the end of the examination. You should always try to leave five or ten minutes free to check your answers at the end of the test. Many students lose needless points because they don't check their work or read the questions (15)________ enough."

7 リスニングスクリプト

PART A : Listen to the question and then choose the best answer.

1. How much does it cost?
2. I love that painting, how about you?
3. Shall we meet at 5:30?
4. Where is my pen?
5. Are there any more chocolates?

PART B : Listen to the conversation and the question, and then choose the best answer.

6.

A : Welcome to Danny's
B : We'd like a table for two please, by the window.
A : For a window table it's a twenty minute wait, but we have a normal table ready now.
B : We don't mind waiting. By the way, we want to sit by the city side.
A : Oh, then I'm afraid you will have to wait longer. Another ten minutes.
Q : How long will they have to wait for a table?

7.

A : Which woman is Sarah?
B : Sarah is the woman in the long black dress.
A : The one with long black hair?
B : That's Emily, Sarah has brown hair.
A : Ah the woman wearing the blue jacket.
B : No that's Mika. Sarah's hair isn't short.
Q : What kind of hair does Sarah have?

8.

A : So, where should we go for our vacation? How about skiing in the mountains?
B : No, I prefer to go camping in the forest or the beach.
A : I'm too scared of bugs! And the beach is too cold in October.
B : OK. How about visiting the hot springs?

A : I'm too shy! And the water is too hot. Can't we ski this year?
B : Well, OK. It is your turn to choose.
Q : Where will they go on vacation?

9.

A : Hey don't change the channel?
B : Why not?
A : I was watching that!
B : You watch baseball almost every night. I want to check the news!
A : The match is almost over, can't you wait five minutes?
B : No. Sorry.
A : Ok.
Q : Which sentence is correct?

10.

A : Are you going to the sports festival on October 2nd?
B : I think you are mistaken. The festival was scheduled for September 30th. But they canceled it because of bad weather.
A : It wasn't canceled, it was moved.
B : Oh, I didn't know that.
Q : When is the sports festival?

六 次の各設問に答えなさい。

問一 「人間失格」の作者名を次から一つ選び、記号で答えなさい。

ア 芥川龍之介　イ 川端康成　ウ 太宰 治　エ 夏目漱石

オ 森 鷗外

問二 「（　）をそろえる」が「金額を不足なくそろえる」という意味の慣用句になるように、（　）にあてはまる体の一部を表す漢字一字を答えなさい。

問三 次の中から他動詞を一つ選び、記号で答えなさい。

ア 憤る　イ 老いる　ウ 座る　エ 助ける　オ 離れる

問四 次の(1)・(2)の中から用法の違うものをそれぞれ一つ選び、記号で答えなさい。

(1)
ア 私は人前で話すのが得意なので司会を引き受けた。
イ 彼女はいい人ではあるが頼りないところがある。
ウ 一生懸命探したが見つからないのです。
エ ずいぶん久しぶりですがお元気でしたか。

(2)
ア 定年後は心の赴くにまかせて暮らしている。
イ 月の明るい夜だからもう少し歩いていたい。
ウ あなたの選んだ答えは間違っていません。
エ その問題を考えるのは面倒に感じられる。

問五 次の文の――線部１・２の語の説明として最も適切なものをそれぞれ次から選び、記号で答えなさい。

このまま膠着状態が１続いたとしても、２きっと彼は本当のことは言わないだろう。

ア 動詞の連用形　イ 動詞の連体形
ウ 動詞の仮定形　エ 形容詞の連用形
オ 形容詞の連体形　カ 形容詞の仮定形
キ 形容動詞の連用形　ク 形容動詞の連体形
ケ 形容動詞の仮定形　コ 助動詞の連用形
サ 助動詞の連体形　シ 助動詞の仮定形
ス 助詞　セ 名詞　ソ 副詞　タ 連体詞

て、それぞれに遺言し、あくる日、朝から友達を集めて、酒さかなを出(い)だし、「さて、おれも<u>けふ</u>[1]の七つ時には死にますから、これが*暇乞(いとまご)ひだ」と、酒をすすめるうち、もふ時計がチンチンと四つを打つ。友達ども、『それは残り多い。しかし、あとは*案じさしやるな、おいらがのみこんだ」と、*さいつおさへつするうち、もふ［D］つ。「さあもふ。ふたときだ。にぎやかにして下され」といふうち、はや八つを打つ。亭主、「これは情けない。もふ、たったひと時だ」と、かれこれするうち、また時計がチンチン。亭主「もう七つか。これはたまらぬ」と、<u>すぐに*かけおち</u>[2]。

（『臍くり金』）

*七つ時…時を知らせる鐘が七回打つ時刻。鐘の回数と時刻との関係は次の通りになる。

九つ（0時）→ 八つ（2時）→ 七つ（4時）→ 六つ（6時）→
五つ（8時）→ 四つ（10時）→ 九つ（12時）→ 八つ（14時）→
七つ（16時）→ 六つ（18時）→ 五つ（20時）→ 四つ（22時）

*暇乞ひ…別れの挨拶。
*案じさしやるな…心配するな。
*さいつおさへつ…他人の杯に酒を注いだり、他人が注ごうとするのを止めたりすること。
*かけおち…逃げること。

問一 ［A］～［C］にあてはまる語として最も適切なものをそれぞれ次から選び、記号で答えなさい。（同じ記号は一度しか使えない）

ア「が」　イ「を」　ウ「へ」　エ「に」

問二 ――線部1「けふ」を現代仮名遣いに改めなさい。

問三 ［D］に入る数字を漢字で答えなさい。

問四 ――線部2「すぐにかけおち」とあるが、どうしてそうしたのか簡潔に説明しなさい。

［五］ 次のⅠ・Ⅱの漢文を読んで、それぞれ後の設問に答えなさい。

Ⅰ 良農ハ<u>不(ず)㆘為ニ㆓*水旱(かんばつ)ノ㆒不(ざ)ルヲセ㆖耕サ</u>。（『荀子』）

* 水旱…水害と干魃。

問一 右の漢文の――線部を書き下し文（漢字・仮名交じり文）に改めなさい。

問二 右の漢文の内容に最も近いものを次から選び、記号で答えなさい。

ア 良い農家は水害や干魃の時には耕さない。
イ 良い農家は水害や干魃の時にも耕す。
ウ 良い農家は水害や干魃の時には耕すかもしれない。
エ 良い農家は水害や干魃の時には耕さないかもしれない。

Ⅱ 苟(いやしく)モ得㆓レバ其ノ養㆒ヒヲ、<u>無シ物トシテ不ル長ゼ</u>。（『孟子』）

【書き下し文】苟も其の養ひを得れば、物として長ぜざる無し。
【現代語訳】適当な養分を得れば、どんな物でも成長しないものはない。

問一 右の漢文の――線部に、書き下し文を参考にして返り点を付けなさい。（読み仮名・送り仮名は不要）

問四 （Ⅰ）・（Ⅱ）にあてはまる語として最も適切なものをそれぞれ次から選び、記号で答えなさい。（同じ記号は一度しか使えない）

ア こっそり　イ しんみり　ウ たっぷり　エ ヒッソリ　オ ベッたり

問五 ――線部3「まわりで人だかりを作っている人間たちの気がかり」とあるが、どのようなことが「気がかり」か、二十五字以内（句読点を含む）で説明しなさい。

問六 [A]にあてはまる漢字一字を答えなさい。なお、二か所あるAには同じ語が入る。

問七 ――線部4「じつは全然正しくない。」とあるが、それはなぜか。その理由を本文中から五十字以内（句読点を含む）で抜き出し、始めの三字を答えなさい。

問八 [B]・[C]にあてはまる語として最も適切なものをそれぞれ次から選び、記号で答えなさい。（同じ記号は一度しか使えない）

ア 感情　イ 予想　ウ 抽象　エ 理想　オ 理性

問九 ――線部5「ご都合主義のフィクション」とはどういうことか。最も適切なものを次から選び、記号で答えなさい。

ア 飢えて死んでいくアフリカやアジアや中南米の人たちを救うことには限界があるということ。

イ 自分の力で行える範囲は思っているよりも狭く、捨てられた猫をすべて拾うことは難しいということ。

ウ 世界の難民のために募金をすれば、救われる人がいるということ。

エ 保健所で処分されるのを待つ猫や犬にも助かる道はあるということ。

オ 目の前の猫を助けることが、結果的に多くの猫を救うことに繋がるということ。

問十 ――線部6「子猫に働きかけをしてしまった」とあるが、具体的に何をしたことを指しているか。本文中から四十字以内（句読点を含む）で抜き出し、始めの三字を答えなさい。

問十一 本文の説明として最も適切なものを次から選び、記号で答えなさい。

ア 会話文を多用しながら、猫への深い愛情を表し、動物に対する人間のあり方を考察している。

イ 彼女（妻）との日常を描きながら、人物描写を中心として人間とは何かを描いている。

ウ 自身の想像を入れながら、過去に経験したことを思い出して、情景を丁寧に描写している。

エ 世間のものの考え方を客観的に説明する中で、自身の振る舞いに罪悪感を抱いている。

オ 猫への愛情を細かな感情表現を使いながら全体を通して描き、命の大切さを訴えている。

四 **次の古文を読んで、後の設問に答えなさい。（本文の表記を一部改めた）**

ある人、人相[A]見てもらった所が、「いや、お前は気の毒ながら、あしたの*七つ時[B]は、死なしやる相[C]見へます」と聞いて、肝をつぶし、そうそう内へ帰り。家内にもその事を言いきかせ

いる。アフリカでもアジアでも中南米でも飢えて死ぬのを待っている子どもたちがたくさんいる。だから、私がいまここで立ち去ってしまっても、世界全体で起こっている生き死にには何も関係がない、と言って、さっさと立ち去ることもできるし、そんな子猫ごときにかかずらっているヒマがあったら、世界の難民救済の募金にでも行った方がいい――というのは一見正しい理屈のように見えるかもしれないけれど、4じつは全然正しくない。

それは世智(せち)にだけ長(た)けて、わかったようなことを若いタレントに向かって頭ごなしにしゃべる、五十すぎの関西芸人の理屈にとてもよく似た理屈で全然正しくない。そういうバカな理屈を出す人にかぎって世界の難民や飢えた子たちへの募金をするわけではないということではなくて、人間というのは、自分が立ち合って、現実に目で見たことを基盤にして思考するように出来ているからだ。人間の思考はもともと「世界」というような［B］でなくて目の前にある事態に対処するように発達したからで、純粋な思考の力なんてたかが知れていてすぐに限界につきあたる。人間の思考力を推し進めるのは、自分が立ち合っている現実の全体から受け止めた［C］の力なのだ。そこに自分が見ていない世界を持ってくるのは、突然の神の視点の導入のような根拠のないもので、それは知識でも知性でもなんでもない、5ご都合主義のフィクションでしかない。もっともそんなことをいくら強調してももともと捨て猫に関心のない人は別だ。現にここでも人だかりをかすめて子猫の横を歩いていった人たちもいた。それはそれで仕方ない。

とにかく、子猫に対して行動を起こしたのが私でなかったら、私と彼女はその人に任せたことにしてこの場を立ち去り、お母さんのお墓参りを済ませて、「笹乃雪」で豆腐料理を食べながら、

「子猫どうなったかな」

「あの人、あんまりアテにならないみたいだったけどな」

「拾っておけばこんなに気になることはなかったよね」

などと言いながら、結局、豆腐料理の方も楽しめなかったというようなことにはなっても、それで子猫とはもう二度と会わなくなって、おもしろくはないがおもしろくはないなりの解決になっただろうが、6子猫に働きかけをしてしまったのは私だった。

（保坂和志「生きる歓び」）

問一　――線部1「そういうこと」の内容にあたる具体的な部分を本文中から二十字以内（句読点を含む）で抜き出し、始めの三字を答えなさい。

問二　――線部2「『わずらわされる』と感じるのは、私が主夫の部分を仕事と位置づけていないから」とあるが、なぜ「主夫の部分を仕事と位置づけ」ると「『わずらわされる』と感じ」ないのか、二十字以上三十五字以内（句読点を含む）で説明しなさい。

問三　〰〰線部①・②について、次の各問に答えなさい。

①　「便乗したい」とあるが、「便乗する」の意味として最も適切なものを次から選び、記号で答えなさい。

ア　一緒に楽しむ　　イ　機会を利用する
ウ　出掛ける準備をする　　エ　否定的な振りをする
オ　便利さを満喫する

②　「無下に」の意味として最も適切なものを次から選び、記号で答えなさい。

ア　仕方なく　　イ　そっけなく　　ウ　たくさん
エ　辛そうに　　オ　無理に

人だかりを作っていたのはたしか三組の墓参り客で合計八人ぐらいで、その中の大半はこのようなところに居合わせてしまって、気がかりなのが半分と、②無下に一通りすぎることの不人情に対する仲間うちの視線への気づかいが半分といった感じで、そこに新しく入っていった私と彼女を含めて全員が、自分が A をくださないで何らかの解決が得られるのを文字通り A をこまねいて待っているというか見守っているといったところだった。

子猫の大きさからみて生後二週間か三週間ぐらいで、日に当たってのどかそうにはしているものの、小さな全身が薄汚れていかにも弱っていて、ここでもしこの子猫の親猫があらわれて連れていってくれたとしても本当に育つかどうかはかなり怪しかったけれど、私が期待した解決はまずはそれで、まわりを見回すとカラスが止まっている桜の木の根元から少し離れた日陰になっている物かげから子猫の様子をうかがっている黒のトラ縞の猫がいたので、私はそれが親なのに人だかりが出来てしまっているから近づけないというか咥えて持っていけないのではないかという想像をして、そのことを彼女（妻）に言った。彼女はそういうことをあまり期待していない気のない調子の返事を、子猫をずっと見たまま返してきた。

（中略）

家ではしばらく三匹飼っていたけれど、二年半前の九六年の暮に一番若かった茶トラが四歳数ヵ月でウィルス性の白血病で死んで以来、二匹の状態がつづいている。去年の夏に近所の公園で生後二ヵ月ぐらいの、ものすごく動きの激しい子猫を拾ってきて、いまいる二匹との様子を見たのだけれど、動きが激しすぎて上のオスは追いかけられて逃げ回りっぱなしだし、下のメスは子猫の無神経さに頭にきて、「ウウ、ウウ」おこりっぱなしで、仕方なく里親を探してもらってもらったくらいで、いまいる二匹のことを考えると、道でこうしてうずくまっている子猫を見つけても気軽に拾うわけにはいかない。

それで話はもどるが、ぱっと見た印象ですでにじゅうぶん弱々しいから親猫ぐらいでは育つかどうか相当怪しいと思いつつも、目の前にある事態に形だけ対処すればいいという、ありがちなズルい気分で私は人の輪から二、三歩進み出て子猫をつまんで、大人の猫のいたところに置いてみた。その猫が本当に母猫だったら、もしかしたら人間の匂いのついた子猫なんか食べてしまうかもしれないが、そこまできちんと考えたわけではなかった。私が持っていくと大人の猫は生け垣の向こう側に引っこんでしまった。人間がいなくならなければ母猫は子猫を助けないのかもしれないが、人間がいなくなると桜の木の上でずっと待っているカラスが即座に咥えていってしまうだろう。カラスは図々しくて人間の頭から一メートルも離れていない枝にいて逃げる気配はまったくなくて、だから私と彼女と、もう一組、恋人同士風のカップルが子猫から離れることもできずに様子を見ていたが、他の人たちはいなくなっていた。私にしても誰かが行動を起こしてくれていれば、その人が責任を持つだろうと一方的に仮定してこの場を去っていただろうが行動を起こしてしまったのは私だった。

だいたい、捨てられたり親からはぐれてしまった子猫なんて、その同じ時刻に日本の中だけでも何百匹といただろう。こうして私が家の中でこんなことを書いている時刻にも、拾われなければ死んでゆくしかない猫がたくさんいる。保健所にいけば処分されるのを待っている猫も犬も

三　次の文章を読んで、後の設問に答えなさい。

去年は一月二月三月に雪がドカドカたくさん降って、家の北側の屋根に積った雪が隣りの庭に落ちて、南天や紫陽花の枝を折ったり曲げたりして謝りつづけていたが、今年は雪が降らず余計な気づかいをしないですんだが四月には雨が多くて、洗濯をしたり布団を干したりするタイミングに心をわずらわされて、そういうことでわずらわされている自分をバカみたいだとは思うけれど、それは私の生活の中での主夫の部分だからしょうがなくて、子どもがいる専業主婦はそれなりに楽しみも多いのだろうが、そういうつまらないことでわずらわされることも多いのかと思いつつも、[1]そういうことでいちいち[2]「わずらわされる」と感じるのは、私が主夫の部分を仕事と位置づけていないからなのかもしれないなどとも思いつつ、四月も終わって、五月一日の土曜日、世間ではゴールデンウィークの真最中だったが、家では三月に「彼女」から「妻」になった妻というか彼女が前日の四月三十日は仕事だったし、五月一日も朝から昼すぎまで仕事があったので、まともなゴールデンウィークという気分ではなかったけれど、それでも世間のゴールデンウィークに①便乗したい気分はあるもので、彼女の仕事が終わったらこっちに連絡をもらって、日暮里駅で待ち合わせて、谷中の墓地に彼女のお母さんのお墓参りに行って、その帰りに「笹乃雪」という豆腐料理専門の店で夕食を食べようということになった。

私の記憶では五月一日は晴れていてかなり暑かった。季節の推移は年ごとに違っていて、真冬の格好から真夏の格好にいたる途中は、あまり厚くないコートやジャンパー、セーターかジャケットだけ、薄地のジャケット、長袖のシャツ、半袖のシャツといろいろな段階があってもいいはずなのにだいたい年ごとに飛び越してしまう服の気温帯があって、今年はやや厚地のジャケットとかジャンパーとか薄地のコートの気温がなくて、五月一日も初夏にちかい陽気で私は薄地のジャケットにジーパンで日暮里まで行って、彼女と落ち合ってほんの二、三分歩いて谷中の墓地に入っていった。

彼女のお母さんのお墓にはそう決めたわけでもないのにだいたいいつも決まってゴールデンウィークに来ることになっていて、そうはいっても私の方は今年でたったの三度目か四度目で彼女の歩くままに歩いていくと、お墓より先に寄る花屋さんまでの経路はうろ憶えの記憶よりずっと単純に、まっすぐ歩いて左に曲がるだけだったのだが、左に曲がってほんの少しいくと幅三メートルほどの土の道に人だかりが出来ているのが見えて、その真ん中で子猫がうずくまっていた。

猫を飼ったことのある人ならたぶん知っていると思うが、子猫は「顔面睡眠」という眠り方をしていて、どういうのかというと、人間に置き換えれば正座をしている状態からパタンと上半身を前に倒して顔が（　Ⅰ　）と床についてしまった姿勢で、この眠り方は成猫になっても猫はずっとやるのだが、乾いて埃が立つような土の道のど真ん中で、（　Ⅱ　）と日に当たりながら、胴と頭を合わせて十センチにもならないような、和菓子の饅頭を二つくっつけたぐらいの子猫が、[3]まわりで人だかりを作っている人間たちの気がかりとはあまりに落差のあるのどかさで眠っていて、その上ではカラスが桜の枝に一羽止まっていて、枝の上をせわしなく右へ左へと動いて、自分の「餌」と位置づけたらしい道の子猫を食べるために、人間がいなくなるのを待っていた。

問一　――線部1「素朴理論」とはどのような理論のことか。四十字以内（句読点を含む）で説明しなさい。

問二　――線部2「人間は前の世代の肩の上に乗って進歩を遂げていくことができる」とあるが、「前の世代の肩の上に乗」るとはどういうことか、二十字以内（句読点を含む）で説明しなさい。

問三　――線部3「普遍」の対義語を次から一つ選び、記号で答えなさい。

ア　一般　　イ　特殊　　ウ　異質　　エ　妥協　　オ　非凡

問四　Ⅰ～Ⅲにあてはまる最も適切なものをそれぞれ次から選び、記号で答えなさい。（同じ記号は一度しか使えない）

ア　しかし　　イ　やはり　　ウ　むろん　　エ　また　　オ　はたして

問五　――線部4「現実はどうなのだろうか。」とあるが、「現実」の説明として最も適切なものを次から選び、記号で答えなさい。

ア　問題とその正解の創発まで、すべてを一人でやらなければならない。

イ　正解のない問題を自ら作り出し、その解決策を探求しなければならない。

ウ　多くの他者に意見を求め、それを参考に問題を創作しなければならない。

エ　望ましい状態と現状の差を埋める、唯一の操作を見つけなければならない。

問六　Ⅳにあてはまる語句として最も適切なものを次から選び、記号で答えなさい。

ア　現実では自分で問題を創発するから

イ　問題を解くための操作は複雑だから

ウ　どんな問題に直面するかが不確定だから

エ　応用の前の基礎問題は意味がないから

問七　――線部5「学校の話から外れるが」とあるが、認知症の話を取り上げているのは何を説明するためか。「～こと。」に続く形で本文中から二十五字以内（句読点を含む）で抜き出し、始めの三字を答えなさい。

問八　Ⅴにあてはまる語として最も適切なものを次から選び、記号で答えなさい。

ア　相対的　　イ　恣意的　　ウ　複眼的　　エ　一面的　　オ　機械的

問九　本文の内容と**合致しないもの**を次から一つ選び、記号で答えなさい。

ア　学校という特殊な場で通用する教育についての素朴理論は、間違いを含むものが多い。

イ　シェーク状のアイスクリームを開発した人は、学校教育とは異なるプロセスを経て課題を解決した。

ウ　知性は環境の影響を受けて発現するが、学校では環境のサポートを不要とする知性を評価しがちである。

エ　学校教育以外の場面においては、「基礎から応用」という素朴概念が機能する可能性はない。

オ　施設での生活で認知症の症状が悪化するのは、従来の環境と切り離された生活をするためである。

と（つまり＊第2章で述べた認知的リソース）だけを元にして評価が行われる。これに違反するとカンニングと呼ばれ、処罰の対象となる。

しかし、これまでの章で何度も述べてきたように、人の知性は環境を前提として組み立てられている。環境に働きかけ、そこから情報を得て、そこからまだ考えて再度環境に働きかけるというサイクルの中で知性は発現するのだ。ここでの環境はいわゆる物理的な環境だけでなく、周りの人々も含んだものである。必要な資料を検索する、同僚、先輩に意見を求める、そうした中で私たちは認知を営んでいるのだ。

だから情報をうまく引き出す方法を知っていることは、頭の中にある認知的リソースを適切に働かせることにつながる。関連する書籍を見つけ出す、その目次を利用する、索引から調べる、検索ソフトの使い方を知っている、そこでの絞り込み方を身につけている、そうしたことは頭がうまく働くためには必須だ。また自分の置かれた状況をわかりやすく相手に伝える、うまいアドバイスを得るための質問ができる、こうしたことも社会の中で知的に行動するためには必須のことだ。さらに言えば、うまく知性を働かせる環境を用意する、いい仲間づくりをすることもとてもだいじなのだ。

学校の話から外れるが、認知症の兆候があるということで、特別な施設などに送られると、一挙にその症状が加速するという話をよく聞く。施設にはむろんその専門家がおり、症状に応じた適切な処置がなされているはずなのにどうして悪化するのだろうか。それは右で述べたように、患者の知性がうまく働く、慣れ親しんだ環境から切り離されるからなのだと思う。家族がいればわからないことを訊ねることができる。一人暮らしの場合でも、自宅では物忘れを防止するためにさまざまな工夫をしている老人はたくさんいる。多くの場合、必ず見えるところに鍵を置くようにしているし、電話の側には詐欺対応のマニュアルが置いてあるし、洗濯機の横にはその操作手順が箇条書きされた紙が貼られていたりする。こうした環境の構築、そこからのサポートでなんとか生活を行なっている。むろん家族がいれば、家族からのフィードバックがたくさん得られる。しかし施設に入れば、そうした環境はなくなってしまう。だから頭の中に覚えていることだけでやらねばならなくなる。また診断のためのテストも、環境をうまく利用するという側面に触れるものはほぼない。

私の母がまさにそうした状態だった。もっとも驚いたのは、施設を訪ね、なんだか話が噛み合わないと思いながらも20分ほど話していたら、なんと私を弟（顔は違うし、話し方も、着ているものも違う）だと思って話していたのだ。家にいれば、私が座る場所、そこでの行動（タバコを吸う等々）などが手がかりになっていたので、そうした間違いは生じなかったのだと思う。一方、施設に行けばそうした環境からの手がかりは得られなくなる。これが母の誤解の原因なのではないかと考えている。

学校教育で行われているテストは、知性の重要なパートナーである環境を剥奪することが前提となっている。こうした評価は［Ｖ］ではないだろうか。環境のサポートがない状態でうまく働く知性が、サポートのある場面では必要ないこともあるだろうし、サポートなし環境に備えた努力（特にテストのための一夜漬けの勉強）はさしたる意味がないことも多いと思う。

（鈴木宏昭『私たちはどう学んでいるのか　創発から見る認知の変化』）

＊　第2章…本文より前の記述。

生したときに、それを問題と考える人がいるが、それは違う。それは現状である。望ましい状態は売り上げを増やすこと（減らさないこと）である。ただ、売り上げを上げたいと念じていても売り上げは上がらない。だからこのレベルで問題を捉えても解決はできない。そこで問題をより具体的で、操作が可能な問題の形に変形しなければならない。そこでこの開発者はインタビューを通して、「持ち運びやすく、飲める」アイスを開発するというゴールを作り出す。これによって問題自体を創発させているのだ。この問題の解決のためのオペレータは、パウチ容器を用いるとか、シェーク状にするなどである。もちろんそこからさらにいくつもの問題が出てくるのだが、この開発者の素晴らしいところは、問題を作り出している＝創発させているという点にある。問題は初めは存在していないのだ。単に困ったなぁというのは問題ではない。自分が用いることのできる操作がうまく適用できるように、自分で作り出さなければならないのだ。また言うまでもないことだが、彼が問題を解決しようとした時には、正解を知っている教師はいない。そもそも正解なんか、誰一人わからないことが多いのだ。

つまり学校で通用する、「問題がある」、「正解がある」、「教師がいる」という前提は成り立たない場面が多い。問題は自分で創発させなければならない、正解はあるかどうかわからない、答えを知っている人も（少なくとも周りには）いない、そうした学校とはまったく異なる場面が私たちの日常を形成している。

これと関連したもう一つの素朴概念は「基礎から応用」というものだ。基礎的なことを学習した後に、それを応用するものが用意される。ここでは単純から複雑という素朴概念も関係しているだろう。最初に単純なことを学習し、それを組み合わせてより複雑な問題にチャレンジすることがふつうだと思う。先程の言い方をすれば、基礎的なこと、単純なことは、応用や複雑な問題を解くときの操作として機能する、ということになるだろう。

ただこれもあまり現実世界にはない話だ。それは［Ⅳ］だ。どんな問題が出てくるのか、どこらへんの問題が出てくるのか、そうしたことがわかれば、事前に操作を学習しておくことはできるだろう。しかし、現実世界ではそうしたことはわからない。だからその場で必要な操作を学ばなければならないことはとても多い。

大学では教養課程（最近はそういう言葉を使わないが）で、3、4年でやることの基礎になることを教えるという建前（たてまえ）になっている。しかし当然だが教養で学んだことだけでやれることなどほとんどない。そうした場合、何を学べば問題を解くのに有効か、どんな書籍や論文にあたれば有効かを自分でその場で考えなければならない。これは大学で研究をしているような私たち教員にも当てはまる。これまで学んだことですぐにわかってしまうような問題はそもそもつまらない問題が多い。だから、未知の領域にチャレンジし続けなくてはならないのだが、未知の問題なのでそれの基礎というのを事前に知ることはできない。

学校で通用する「基礎から応用」という前提は成り立たない場面があるのだ。自分で創発させた問題の解決を目指し、自分の認知的リソース、環境のリソースを揺らぎながら探索していくしかない。

学校のテストというのは全員が沈黙の中で一人で問題を読み、一人で答える。相談したり、参考書を開いたりすることは許されない。そうした状況で良い成績を取る人が頭のいい人とされる。頭の中に蓄積したこ

が共通に信じていることも相当あると思う。

ただ教育についての素朴理論は、間違いを含むものも多い。また完全な間違いとは言わないが、強い限定をつけない限り正当化できないものもある。そうした次第でまずこれら学校教育由来の素朴理論を創発的な認知的変化の観点から再検討しようと思う。

教育というと、多くの人は連想的に学校教育をイメージして、そこから考え始める。しかし学校教育はとてもとても特殊な学習環境であり、それをベースにした素朴理論は学校教育という特殊な条件のもとでの経験を過剰に拡大したものであることが多い。以下ではそれを批判的に検討したいと思う。

教育、学習というと、多くの人の頭の中には連想的に学校でのそれが思い浮かぶ。ここにはとてもたくさんの構成要素からなる素朴理論があるように思う。その中で「問題と正解」について考えてみたい。多くの人は、

・問題は出される（既にある）
・正解がある
・正解を知っている人がいる（先生）

というようなものを典型的な教育・学習場面だと考えるのではないだろうか。確かにそれらは学校では半ば当たり前のことになっている。先生が正解を知っている問題を出して生徒に問う、そこでの反応を見て生徒を評価するというのは学校の日常的な光景である。

ここで認知科学的に問題というものを考えてみる。問題というのは、望ましい状態と現状が一致していないことを指す。そして問題を解決するというのは、望ましい状態と現状が一致した状態のことを指す。どうやって一致させるかというと、現状に何らかの操作を加えることでそれを行う。問題は単一の操作で解決できることは稀（まれ）なので、複数の操作をうまく順序立てて行わなければならない。つまり解決過程の各時点で、いろいろな操作の中から適切なものを選び出さなければならない。これをうまくやれば解決である。

学校で出される問題のほとんどは、望ましい状態は「……を求めよ」のような形で明確に示される。また現状は問題文の中に記述してある。そして問題解決のために使う操作は、先生が授業の中で事前に教えている。数学などはこれにピッタリと合致する。

学校ではそれでいいのだが、[4]現実はどうなのだろうか。こういう話を講義でするときにいつも話すエピソードがある。それはロッテの「クーリッシュ」という氷菓の開発のことだ。少し古いのだがお付き合いいただきたい。アイスクリームの市場は94年をピークに毎年落ち込んで来ていたという。そこでロッテの商品開発部の担当者は、若者数百名にインタビューをした。すると若者たちはアイスではなく、ペットボトル飲料によって夏の暑さや渇きを癒していることが明らかになった。そこでこの担当者は、「アイスも持ち運びやすく、飲めるようにすれば良い」と考え、パウチ容器にシェーク状のアイスを入れようと考えたそうだ。ただそこから、コストの問題、アイスの温度の問題などが出てきた。これらの問題をクリアして発売に至ったのだが、初年度の売り上げは予想以上であり、当初の目標の2倍以上に引き上げられたという（この部分は２００３年11月29日の朝日新聞の記事に基づいている）。

さてここでの問題とは何だろうか。よくいるのだが、アイスの売り上げが減少していることと答えた人は間違いである。ある困った事態が発

【国　語】（五〇分）〈満点：一〇〇点〉

【注意】解答に字数制限がある場合は、句読点等も字数に含まれます。

一　次の各文の――線部について、⑴～⑸の片仮名をそれぞれの文意に合うように漢字に改めなさい。また、⑹～⑽の漢字は読み方を平仮名で記しなさい。

⑴　食品問屋が小売店に品物をオロす。
⑵　ことのホッタンは私が嘘(うそ)をついたことだった。
⑶　教育を受ける権利は憲法でホショウされている。
⑷　友人が帰った自室は急にセイジャクに包まれた。
⑸　悲しい出来事があり目がハれるくらい泣いた。
⑹　負けず嫌いの彼はいつも勝ち負けに拘泥する。
⑺　例の一件について先方は訴訟を取り下げてくれた。
⑻　コロナ対策のガイドラインを遵守してイベントを開催する。
⑼　顧客の指摘を真摯に受け止め業務の改善に生かす。
⑽　先生は私の拙い文章を根気強く添削してくれた。

二　次の文章を読んで、後の設問に答えなさい。

私たちは特に教育を受けなくても、教えられなくても多くのことを知っている。手に持っている物体を空中で離せば、それは落下する、力を加えれば物体は動く、重いものは動かしにくいなどは、中学で物理を学ぶまでは知らない、というわけではない。生き物は成長する、餌を与えなければ動物は死ぬ、病気はうつることがある、等々もそうだ。学校で理科を学ぶずっと前からそんなことはみんなよく知っている。つまり私たちは自分の経験、他者の経験の観察から、教わることなしに知識を獲得している。そうした知識はバラバラに存在しているわけではなく、相互に繋(つな)がりあって、ゆるい体系のようなものを作り出している。これらは科学的な知見が体系化されて理論を作り出すことに似ている。そうした意味で、「素朴」という修飾語をつけて、[1]素朴理論と呼ばれている。生物、物理、心理などが代表的なものとなっている。

人間の生活にとって生物、物理、心理はとてもだいじなものであるが、これ以外にもだいじなものがある。それは教育と学習だ。人間は上の世代が下の世代になんらかの教育を行い、下の世代は上の世代の教えを学習することで、他の動物にはない発展、進化を遂げた。自分が実際に経験をしなくても、上の世代、あるいは同世代の他の人の経験を共有することができる。複雑な道具を制作するときに、作り方を教わる、あるいは観察を通して学習することで、制作段階での試行錯誤をスキップすることができる。「このキノコは食べたやつが死んだ」ということを言語などを通して伝えられれば、それを食べる危険を避けることができる。つまり[2]人間は前の世代の肩の上に乗って進歩を遂げていくことができるのだ。他の生き物がまったく行えないかと言えばそうとは言えないかもしれないが、人間がこうした文化的学習と呼ばれる仕組みを最も広範に用いていることには多くの人が同意してくれるだろう。

教育、学習はこれほどだいじなものであり、人類に[3]普遍的に存在している。だから「教育学概論」などという講義を受講しなくても、誰もが教育や学習についての素朴理論を作り上げているはずだ。［ Ⅰ ］教育、学習の経験は人それぞれであり、人によって異なる部分もあるだろう。［ Ⅱ ］国や文化によっても異なるかもしれない。［ Ⅲ ］多くの人

大切なことはメモしておこうネ！

T.G

2023年度

解　答　と　解　説

《2023年度の配点は解答欄に掲載してあります。》

＜数学解答＞

1 問1　$x=-3,\ 18$　　問2　$\sqrt{6}$　　問3　$v=2a+h$

2 問1　(43, 41, 16)　　問2　(61, 26, 13), (62, 23, 15)

3 問1　A(2, 2)　　問2　$\frac{3}{4}$　　問3　$x=0,\ \frac{1\pm\sqrt{17}}{2}$

4 問1　$y=x-\sqrt{3}+1$　　問2　$\frac{3+\sqrt{3}}{2}$

5 問1　$\sqrt{3}$　　問2　IK：KM＝1：2, ML：LJ＝2：3　展開図は解説参照
問3　S：T＝$\sqrt{3}$：2

6 問1　(2, 3), (4, 6)　　問2　(1, 4), (3, 2), (4, 4), (5, 1), (6, 4), (6, 6)

○配点○

1 問1　6点　　問2・問3　各8点×2　　2 問1　6点　　問2　8点　　3 問1　5点
問2　6点　　問3　7点　　4 問1　6点　　問2　8点　　5 各6点×3　　6 問1　6点
問2　8点　　計100点

＜数学解説＞

1 （二次方程式，平方根，平均の速さ）

基本 問1　$x^2-15x-54=0$　　$(x+3)(x-18)=0$　　$x=-3,\ 18$

基本 問2　$\frac{\sqrt{6}(2+\sqrt{5})}{3\sqrt{5}}-\frac{2(\sqrt{10}-5\sqrt{2})}{5\sqrt{3}}=\frac{\sqrt{30}(2+\sqrt{5})}{15}-\frac{2\sqrt{3}(\sqrt{10}-5\sqrt{2})}{15}=$
$\frac{2\sqrt{30}+5\sqrt{6}-2\sqrt{30}+10\sqrt{6}}{15}=\sqrt{6}$

問3　題意より，$\{(a+h)^2-a^2\}\div\{(a+h)-a\}=\frac{2ah+h^2}{h}=2a+h$　　よって，$v=2a+h$

2 （推理）

問1　条件①，②より，12以上62以下の素数は，13，<u>17，19</u>，23，<u>29，31</u>，37，<u>41，43</u>，47，53，<u>59，61</u>であり，差が2である素数の組は下線の4組ある。その2つの素数の和は小さい順に36，60，84，120であるから，資産税の割合が最小となることから，A国の税収割合は，(43，41，16)となる。

問2　条件③より，B国の消費税をx%，資産税をy%とすると，所得税は$(x+2y)$%と表され，$(x+2y)+x+y=100$より，$2x+3y=100$…(ⅰ)　　条件④より，C国の消費税は$(x-3)$%，資産税は$(y-1)$%と表される。ここで，(ⅰ)を満たすx，yの値は，$12\leqq y<x\leqq 62$の条件を考えると，$(x, y)=(32, 12)$，$(29, 14)$，$(26, 16)$，$(23, 18)$の4組ある。このとき，C国の消費税と資産税の割合は，(<u>29，11</u>)，(26，13)，(23，15)，(<u>20，17</u>)となるが，下線の2組は不適であるから，C国の税収割合は，(61，26，13)と(62，23，15)

3 （図形と関数・グラフの融合問題）

基本 問1　$y=\frac{1}{2}x^2$と$y=\frac{1}{2}x+1$からyを消去して，$\frac{1}{2}x^2=\frac{1}{2}x+1$　$x^2-x-2=0$　$(x-2)(x+1)=0$　$x=2,\ -1$　$y=\frac{1}{2}x^2$に$x=2$を代入して，$y=2$　よって，A(2，2)

重要 問2　$y=5x^2$と$y=\frac{1}{2}x+1$からyを消去して，$5x^2=\frac{1}{2}x+1$　$10x^2-x-2=0$　解の公式を用いて，$x=\frac{-(-1)\pm\sqrt{(-1)^2-4\times10\times(-2)}}{2\times10}=\frac{1\pm9}{20}=\frac{1}{2},\ -\frac{2}{5}$　$y=5x^2$に$x=\frac{1}{2}$を代入して，$y=\frac{5}{4}$　よって，$\mathrm{B}\left(\frac{1}{2},\ \frac{5}{4}\right)$　直線mの式を$y=ax+1$とすると，点Cを通るから，$2=-2a+1$　$a=-\frac{1}{2}$　よって，$y=-\frac{1}{2}x+1$　$y=\frac{1}{2}x^2$と$y=-\frac{1}{2}x+1$からyを消去して，$\frac{1}{2}x^2=-\frac{1}{2}x+1$　$x^2+x-2=0$　$(x+2)(x-1)=0$　$x=-2,\ 1$　よって，$\mathrm{D}\left(1,\ \frac{1}{2}\right)$　直線ODの傾きは，$\left(\frac{1}{2}-0\right)\div(1-0)=\frac{1}{2}$　よって，AB//DOより，△ABD＝△ABO　E(0，1)とすると，△ABO＝△AEO－△BEO＝$\frac{1}{2}\times1\times2-\frac{1}{2}\times1\times\frac{1}{2}=\frac{3}{4}$　したがって，△ABD＝$\frac{3}{4}$

問3　点Pが原点Oに一致するとき，△ABP＝△ABO＝△ABD　また，F(0，2)とすると，FE＝EOより，△ABF＝△AEF－△BEF＝△AEO－△BEO＝△ABO＝△ABD　よって，点Fを通り直線ℓに平行な直線と放物線C_1との交点をPとすれば，△ABF＝△ABPとなり，題意をみたす。$y=\frac{1}{2}x^2$と$y=\frac{1}{2}x+2$からyを消去して，$\frac{1}{2}x^2=\frac{1}{2}x+2$　$x^2-x-4=0$　解の公式を用いて，$x=\frac{-(-1)\pm\sqrt{(-1)^2-4\times1\times(-4)}}{2\times1}=\frac{1\pm\sqrt{17}}{2}$　したがって，求める点Pのx座標は，0，$\frac{1\pm\sqrt{17}}{2}$

重要 4 （図形と関数・グラフの融合問題）

問1　点Aからx軸にひいた垂線をAH，直線ACとx軸との交点をDとする。△AOHにおいて，∠AHO＝90°，OH：AH＝$\sqrt{3}$：1より，∠AOH＝30°　よって，三角形の内角と外角の関係より，∠ADH＝15°＋30°＝45°より，直線ACの傾きは1となる。直線ACの式を$y=x+b$とすると，点Aを通るから，$1=\sqrt{3}+b$　$b=-\sqrt{3}+1$　したがって，$y=x-\sqrt{3}+1$

問2　$y=x-\sqrt{3}+1$に$y=0$を代入して，$x=\sqrt{3}-1$　よって，$\mathrm{BD}=\sqrt{3}-1-(-2)=\sqrt{3}+1$，$\mathrm{OC}=0-(-\sqrt{3}+1)=\sqrt{3}-1$より，△ABC＝△ABD＋△CBD＝$\frac{1}{2}\times(\sqrt{3}+1)\times1+\frac{1}{2}\times(\sqrt{3}+1)\times(\sqrt{3}-1)=\frac{3+\sqrt{3}}{2}$

重要 5 （空間図形の計量）

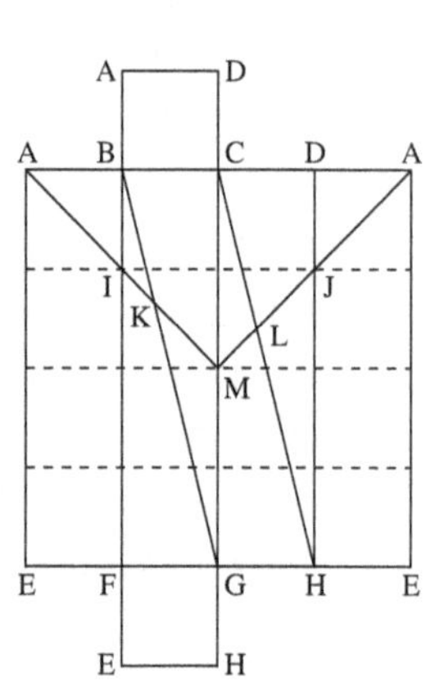

問1　直角三角形の斜辺と他の1辺がそれぞれ等しいので，△ABI≡△ADJ　よって，BI＝DJとなるから，IJ//BD，$\mathrm{IJ}=\mathrm{BD}=\sqrt{1^2+1^2}=\sqrt{2}$　$\mathrm{AM}=\sqrt{\mathrm{AC}^2+\mathrm{CM}^2}=\sqrt{1^2+1^2+2^2}=\sqrt{6}$　したがって，ひし形AIMJの面積は，$\frac{1}{2}\times\sqrt{2}\times\sqrt{6}=\sqrt{3}$

問2　各線分の位置を展開図に書き込むと右の図のようになる。平行線と比の定理より，IK：KM＝BI：GM＝1：2　ML：LJ＝CM：HJ＝2：3

問3　$\frac{\triangle\mathrm{KLM}}{\triangle\mathrm{IJM}}=\frac{\mathrm{MK}}{\mathrm{MI}}\times\frac{\mathrm{ML}}{\mathrm{MJ}}=\frac{2}{1+2}\times\frac{2}{2+3}=\frac{2}{3}\times\frac{2}{5}=\frac{4}{15}$　立体図で，

$\triangle IJM=\frac{1}{2}\times\sqrt{3}=\frac{\sqrt{3}}{2}$　よって，$S=\triangle KLM=\frac{4}{15}\triangle IJM=\frac{4}{15}\times\frac{\sqrt{3}}{2}=\frac{2\sqrt{3}}{15}$　平面図で，$\triangle IJM=\frac{1}{2}\times IJ\times\frac{1}{2}CM=\frac{1}{2}\times 2\times 1=1$　よって，$T=\triangle KLM=\frac{4}{15}\triangle IJM=\frac{4}{15}$　したがって，$S:T=\sqrt{3}:2$

6 （座標平面上の図形）

問1　2点P，Qの位置は右の図の・であるから，題意を満たすa，bの組合せは$(a,\ b)=(2,\ 3)$，$(4,\ 6)$

問2　$\angle OPQ=90^\circ$のとき，$(a,\ b)=(1,\ 4)$，$(3,\ 2)$，$(4,\ 4)$　$\angle OQP=90^\circ$のとき，$(a,\ b)=(6,\ 4)$，$(6,\ 6)$　$\angle POQ=90^\circ$のとき，$(a,\ b)=(5,\ 1)$となる。

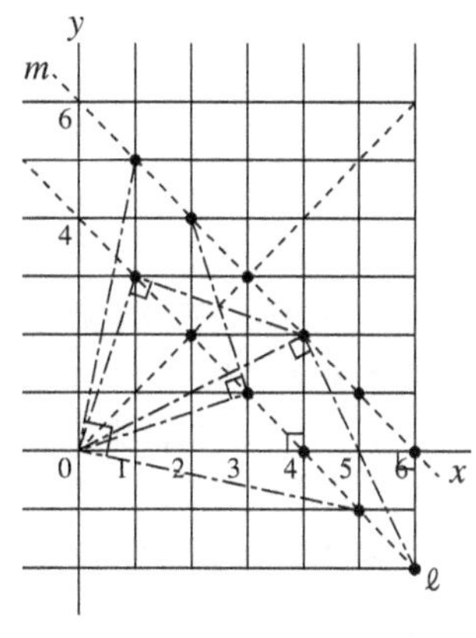

★ワンポイントアドバイス★

出題構成や難易度はほぼ例年どおりである。2は従来から出題されているタイプであるが，問題文をよく読めば解ける問題である。しっかりと考えて解こう。

＜英語解答＞

1　問1　ウ　問2　エ　問3　3-Ⅰ　ウ　3-Ⅱ　ア　3-Ⅲ　イ　問4　イ　問5　ア　問6　A　ク　B　キ　問7　（例）　家族の売り台を穴に投げ入れようかと思ったが，特別なものなのでやめた。　問8　（例）　Because her heart was full with her priceless wisdom.　問9　（例）　誰も彼女の話を本当だと思わなかったが，彼らはその中にある教訓を信じた。　問10　エ，カ

2　問1　ア　問2　（例）　James は多くの本を持った金持ちの男で，Andrew のような働く少年たちに，無料で自分の図書室を使わせた。　問3　（例）　自分の会社で鉄道の橋を作り，その後は橋や機械等を作るための鉄を作った。　問4　A　イ　B　オ　問5　ウ

3　1　ウ　2　エ　3　ア　4　ウ　5　イ　6　エ　7　ア　8　ウ　9　イ

4　1　going　2　faster　3　to　4　haven't　5　so

5　1　laugh　2　shoulder

6　1　A　エ　B　ア　2　C　ウ　D　イ　3　E　オ　F　キ

7　1　B　2　A　3　C　4　D　5　C　6　C　7　B　8　D　9　A　10　A　11　nervous　12　yourself　13　rest　14　manage　15　carefully

○配点○

1　問3，問6　各3点×2(各完答)　問7，問9　各6点×2　問8，問10　各4点×2(問10完答)　他　各2点×4　2　問1，問5　各2点×2　問2，問3　各6点×2　問4　3点(完答)　3　各1点×9　4　各2点×5(各完答)　5　各2点×2　6　各3点×3(各完答)　7　各1点×15　計100点

＜英語解説＞

1 **(長文読解問題・物語文：指示語，語句補充，語句整序，内容吟味)**

(全訳)　ジョアンナは市場の商人の娘でした。彼女は家族と一緒に山に住んでいました。一番高い山では，核果(ストーンフルーツ)が育ちました。(1)それを知っていたのはジョアンナの家族だけでした。

核果はとても人気があり，美味しかったです。ジョアンナの家族はそれを地元の小さな市場で売りました。しかし，首都の大きな市場で果物を売れば，彼らはもっと多くのお金を稼ぐことができました。しかし，彼女の母親は，大都市で核果を売るのはばかげていると言いました。

(2)それでもジョアンナは挑戦することを夢見ていました。母親が亡くなった後，彼女はついに大都市への長い旅の準備をしました。

＊＊＊＊＊

ジョアンナは首都まで歩きました。彼女は，家族が長年所有していたすべての核果と美しい木製の市場用の売り台を運びました。この売り台で，彼女は自分の果物を売っていました。

ようやく街に着いたとき，彼女はとても疲れていてお金がありませんでした。しかし，(3-Ⅰ)彼女は首都に入り，市場を使用するためにお金を払わなければなりませんでした。十分なお金を得るために，(3-Ⅱ)彼女は美しい家族の売り台を売らなければなりませんでした。彼女は気分が悪くなりましたが，果物を売った後，(3-Ⅲ)家に帰る前に売り台を買い戻すことができたかもしれませんでした。

しかし，街への長い旅の後，彼女の核果は古くて腐っていました。買いたいと思う客はいませんでした。

彼女は核果と売り台とお金をすべて失いました。

ジョアンナが市場を去ったとき，彼女は悲しみと怒りを感じました。彼女は大都会を歩き，たくさんの店を通り過ぎました。ある店で，彼女は家族の手作りの美しい売り台を見ました。かなりの高値で売られていました。彼女は泣き始め，横になり，眠りに落ちました。

＊＊＊＊＊

ジョアンナが再び目を覚ますと，あたりは暗くなっていました。彼女は通りの向こう側にある何かに気づきました：壁の穴でした。

ジョアンナはまだ怒っていました。彼女は古いブーツの1つを脱いで投げました。穴の中に消えましたが，音はしませんでした。ブーツはなくなっていました。それは彼女が愚かな考えのために失ったもう一つのものでした。

しかし，穴から光るものが戻ってきました。それは目の前の地面に落ちました。1つのコインでした。食事を買うには十分でした。古いブーツより価値がありました。

冗談にちがいない，と彼女は思いました。彼女はもう一方のブーツを脱いで，それも穴に投げ込みました。別のコインが戻ってきて，2枚目と3枚目のコインが戻ってきました。

ジョアンナは一番近いコインを拾いました。彼女はそれを顔に近づけました。それは本物でした！　彼女は残りの硬貨を拾い上げました。3ペニーでした。彼女は今，新しいブーツを買うことができました。

彼女はすぐにベルトを脱ぎ，旅行用のコート，上着と両方の靴下を脱ぎました。彼女はそれぞれを穴に投げ入れました。

すぐに，彼女は数枚のコインを持っていました。彼女は夜通し，(4)何度も何度も数えました。

＊＊＊＊＊

翌朝，ジョアンナは素足に下着姿で小銭を持って店から店へと行きました。彼女はいくつかのベーシックな新しい服とブーツを購入し，商人が彼女に売った古い，壊れた，または役に立たないものもすべて購入しました。

お金を使い果たした後，ジョアンナは穴を見つけた場所に戻りました。彼女は待ちました。夜になるとそれはまた現れました。

彼女は，古くて役に立たないものを一つ一つ穴に投げ入れました。バッグだけが残りました。日が昇ると，コインでいっぱいになりました。

＊＊＊＊＊

ジョアンナは市場に戻り，もっといい服や靴，その他たくさんの素敵なものを買いました。しかし，最も重要なことは，彼女が高価な店から(5)売り台を買い戻したということです。それから彼女はすべての新しい道具を持ってラッキー・ストリートに戻りました：シルクのカーペット，素晴らしいウール，スパイスの袋などです。

彼女は最後の夜，座って穴が開くのを待ちました。

彼女はスパイスを穴に投げ込み始めました。それから彼女はウールとシルクと他のものを投げました。たくさんの銀と金のコインが穴からバッグに注がれました。やっと小銭が来なくなったとき，6彼女のバッグは想像以上にたくさんのお金でいっぱいでした。彼女は二度と取引する必要はありませんでした！

しばらくの間，彼女は家族の売り台も穴に投げ込むことを考えました。(7)彼女は頭を振りました。世界のすべてのお金のためであっても，それはあまりにも特別でした。しかし，彼女は小さな輝くコインの山を見て，新しいアイデアを思いつきました。

穴はいつも彼女が投げたものよりも価値のあるものを返しました。それで，彼女がすべてのお金を投げ入れたら，穴は彼女に何を与えるでしょうか？

お金よりも大切なものは何でしょうか？

ジョアンナはコインの入った重い袋を持ち上げ，お金をすべて穴に投げ入れました。

彼女は待って穴を見ました。しかし，今回は何も返ってきませんでした。

＊＊＊＊＊

それで，彼女は故郷の山に戻る長い旅を始めました。彼女は背中に家族の売り台を背負っていました。彼女は一日中歩き，夜はぐっすり眠れました。(8)彼女は喜んで家に帰りました。

彼女のポケットは空でしたが，彼女の心はいっぱいでした。

時々，彼女は他の旅行者に会いました。彼女は自分の話を聞きたい人には誰にでも話しました。

彼女は見返りに多くを求めたことはありませんでした。食べ物や飲み物だけでした。そして，(9)誰も彼女の話が真実だとは信じていませんでしたが，彼らはその教訓を信じていました。一部の人々は，教訓とは「あなたが持っているものに感謝しなさい」または「欲張りすぎるとすべてを失うことを意味する」と考えていました。他の人にとっては，それは「知恵には代償が伴う」というものでした。

ジョアンナにとって，それは彼女の質問「お金より大切なものは何か？」への答えでした。

今，彼女は答えが知恵，貴重な知恵であることを知っていました。

問1　直前にある「一番高い山では，核果(ストーンフルーツ)が育ちました」という内容を指しているので，ウが答え。

問2　ジョアンナは首都の大きな市場で果物を売ることを望んでいたので，エが答え。　ア「地元の小さい市場で核果を売ること」 家族が行っていたことなので，誤り。　イ「首都までずっと歩くこと」 内容に関係がないので，誤り。　ウ「大きな町まで長い旅をする準備をすること」 内容に関係がないので，誤り。　エ「大きな町で核果を売ること」

問3　全訳参照。

問4　over and over は「何度も何度も」という意味を表す。

問5　ジョアンナは家族が使っていた売り台を大切に思っていたので，お金を得てそれを買い戻した。

重要 問6　並べ替えると her bag was filled with more money than she could even imagine となる。〈be filled with ～〉は「～で満ちている」という意味を表す。than 以下は more money を修飾している。

問7　ジョアンナは家族の売り台も穴に投げ込むことを考えましたが，ジョアンナにとってその売り台はとても特別なものだったので，そうすることを止めました。

問8「下線部(8)に『彼女は喜んで家に帰りました』とあるが，彼女はなぜ喜んだのか？　10語程度の英語で答えなさい。」 ジョアンナは穴に物を投げることによって，お金よりも価値があるものが何かということを学んだ。ジョアンナが気づいたことを priceless wisdom と表している。

問9　no one や nobody は「誰も～ない」という意味を表す。

問10　ア　大きな町で売ることが愚かだと思っていたので，誤り。　イ「かなりの高値で売られていました」とあるので，誤り。　ウ「古いブーツの1つを脱いで投げました」とあるので，誤り。　エ「古い，壊れた，または役に立たないものもすべて購入しました」とあるので，正しい。　オ　文中に書かれていない内容なので，誤り。　カ　最後の部分の内容に合うので，正しい。

2　（長文読解問題・説明文：語句補充，英文和訳，内容吟味）

（全訳）アンドリュー・カーネギーは1835年にスコットランドで生まれました。彼は貧しい家庭の出身でした。彼が12歳のとき，彼の家族は米国に引っ越しました。彼らはより良い生活を望んでいました。

カーネギー一家はペンシルバニアに住んでいました。アンドリューはすぐに働き始めました。(1)彼は最初，工場に就職しました。彼は良い労働者でしたが，その仕事が好きではありませんでした。その後，彼は仕事を変えました。彼は鉄道会社で働きました。そこにいた誰もがアンドリューを好きでした。彼は多くの異なる仕事をしました。彼の給料は毎年上がりました。

アンドリューは自由な時間に本を読むのが大好きでしたが，当時はお金がなければ本を手に入れるのは困難でした。当時，米国には無料の公共図書館がありませんでした。幸いなことに，アンドリューはジェームズ・アンダーソンの近くに住んでいました。(2)ジェームズはたくさんの本を持った金持ちで，アンドリューのような働く少年たちに彼の図書館を無料で使わせました。アンドリューは可能な限り読みました。彼はいつも読書が非常に重要であると考えていました。

アンドリューは鉄道会社で多くのことを学びました。彼は鉄道が大国にとって非常に重要であることを認識しました。そこで彼は，鉄道に関連するビジネスを始めるというアイデアを思いつきました。彼はすべてのお金を貯めて，(3)そのビジネスを始めました。彼は30歳でした。

最初に彼の会社は鉄道用の橋を作りました。10年後，彼らは鉄を作りました。彼の会社は米国で最大になりました。彼らは橋，機械，その他多くのもののための鉄を作りました。人々はカーネギーを「鉄の王」と呼びました。すぐに彼は世界一の金持ちになりました。

カーネギーはお金を稼ぐのが好きでした。しかし彼は，金持ちは他人を助けるべきだと信じていました。1901年，彼は自分の会社を4億8000万ドルで売却しました。それから彼は，アメリカ全土と英語圏の世界に公共図書館を建設するために彼のお金を寄付し始めました。彼は全部で2,811の公共図書館を建設しました。(4)また，カーネギーは大学や博物館，平和のために働いた人々に何百万ドルも提供しました。

アンドリュー・カーネギーは1919年に亡くなりました。彼は84歳でした。彼は生涯，教育と平和のためにほとんどすべてのお金を寄付しました。今日，彼にちなんで名付けられた財団，カーネギー財団が彼の活動を続けています。アンドリュー・カーネギーは，今でも世界中の人々の勉強と学習を支援しています。

問1　全訳参照。

問2　〈let ＋ O ＋原形動詞〉で「Oに～させる」という意味を表す。また，〈like ～〉は「～のような(に)」という意味を表す。

問3　直後の段落の初めに「彼の会社は鉄道用の橋を作りました～彼らは鉄を作りました～彼らは橋，機械，その他多くのもののための鉄を作りました」とあるので，これらの内容をまとめる。

問4　並べ替えると（Carnegie also）gave millions of dollars to people who worked for colleges, museums and（peace.）となる。関係代名詞のwho 以下が people を修飾している。

問5　ア　「貧しい家庭の出身でした」とあるので，誤り。　イ　「公共の図書館」はなかったとあるので，誤り。　ウ　第6段落の内容に合うので，答え。　エ　文中に書かれていない内容なので，誤り。

3　（語句補充問題：助動詞，慣用表現，分詞，関係代名詞，名詞，発音）

1. 「私は今夜のパーティーに参加すると約束した。よって，行かないわけにはいかない。」〈must not ～〉は「～してはならない」という禁止の意味を表す。
2. 「私はその二人連れに病院への行き方をたずねたが，二人とも答えなかった。」〈neither of ～〉で「どちらも～ない」という意味を表す。
3. 「これほど難しいゲームはない。」〈no other ～ is as … as ―〉で「どの～も―ほど…ではない」という意味を表す。
4. 「彼は父親から叱られるのを恐れている。」〈be afraid of ～〉で「～を恐れる」という意味を表す。
5. 「私は公園で，子供たちによって飛ばされた紙飛行機を見つけた。」「～された」という意味を表して，直前にある名詞を修飾するときには，過去分詞の形容詞的用法を使う。
6. 「かつて真実であったことはもうはや真実ではない。」 関係代名詞の what は〈the things that ～〉という意味を表す。
7. 「私の祖父は，彼が若かった頃したよりも私はもっと多く食べるとよく言う。」 動詞を繰り返して使うときは do を代わりに用いる。
8. 「ゴールキーパーはプレイをするときに手を守るためにグローブをつける。」 ア「くつ下」，イ「メガネ」，エ「クツ」
9. 「どの下線部の発音が異なる音を持っているか。」 ア[hə́ːrt]，イ[stɑ́ːrt]，ウ[ʃə́ːrt]，エ[wə́ːrθ]なので，イが答え。

4　（書き換え問題：動名詞，比較，不定詞，現在完了，接続詞）

基本
1. 「今夜外出しませんか。」→「今夜外出するのはどうですか。」 about going が入る。〈how about ～ ing〉は「～するのはどうですか」という意味を表す。
2. 「私はケンほど速く走れない。」→「ケンは私より速く走れる。」 faster than が入る。〈not as ～ as …〉で「…ほど～ではない」という意味になる。
3. 「キャシーはボーイフレンドに何を言うべきかわからなかった。」 to say が入る。〈what to ～〉で「何を～するべきか」という意味を表す。
4. 「私は3日前に兄と話し，それは私が彼と話した最後だった。」→「私は兄と3日間話していない。」 haven't spoken が入る。現在完了の経験用法は「～したことがある」という意味を表す。
5. 「ボブはとても親切なので，誰もが彼を好きだ。」 so kind が入る。〈so ～ that …〉で「とても

～なので…」という意味になる。

5 （語彙問題：形容詞，名詞）

1. 「これは，とても面白い何かを見たり聞いたりするときにあなたがすることです。これをするときには，ふつう微笑んだり音を立てたりします。その単語は『L』で始まります。」
2. 「これはあなたの体の一部です。それは頭の下で，腕の頂点にあります。あなたは時にここでバッグを運んだりします。その単語は『S』で始まります。」

6 （語句整序問題：関係代名詞，受動態，SVOC，不定詞，比較）

1. The watch which was left on the table was broken by someone(.)　which was left on the table が watch を修飾している。

重要 2. (Emily and Ann) found it impossible to come up with a solution to their problem(.)　〈find A B〉で「AがBであるとわかる」という意味を表す。〈come up with ～〉で「～を思いつく」という意味を表す。

3. The number of books Takeshi has is three times as many as that of (Hikaru.)　〈X times as ～ as …〉で「…のX倍～」という意味になる。

7 （リスニング）

（全訳）　PART A：質問を聞き最も適した答えを選びなさい。

1. これはいくらですか？
   A. 私は十分なお金を持っていません。
   B. どれのことを言っていますか？
   C. 125あります。
   D. あなたはお金を借りられます。
2. 私はあの絵が大好きです，あなたはどうですか？
   A. 私もそれが好きです。
   B. よかった，画廊に行きましょう。
   C. 私も絵が好きです。
   D. あなたが描いたんですよね？
3. 5:30に会いませんか？
   A. 5時13分？いいですよ。
   B. それはどこですか？
   C. それは私には少し早過ぎます。
   D. あなたは遅刻です。もう5時半です。
4. 私のペンはどこですか？
   A. 私はペンを持っていません。
   B. 私のペンは机の下にあります。
   C. これは鉛筆です，ペンではありません。
   D. あなたがまた失くしたなんて信じられない！
5. チョコレートはまだありますか？
   A. はい，私たちはできます。　B. いいえ，私たちは違います。
   C. はい，ご自由にどうぞ。　D. 私はそれは食べられません。

PART B：会話と質問を聞き，最も適した答えを選びなさい。

6. A：ダニーズへようこそ。
   B：窓際の2人分のテーブルをお願いします。

A：窓際のテーブルは20分待ちですが，通常のテーブルは今ご用意できます。
B：待つのは構いません。ところで，街側に座りたいのですが。
A：そうしますと，より長くお待ち頂くことになります。もう10分です。
質問：彼女たちはどのくらいテーブルを待つだろうか？
A. 10分　B. 20分　C. 30分　D. 0分

7. A：どの女性がサラですか？
B：サラは黒のロングドレスの女性です。
A：長い黒髪の人？
B：あれはエミリーです，サラは茶色い髪です。
A：ああ，青いジャケットを着ている女性だ。
B：いいえ，あれはミカです。サラの髪は短くありません。
質問：サラはどんな髪型か？
A. 長くて黒い。　B. 長くて茶色い。
C. 短くて黒い。　D. 短くて茶色い。

8. A：さて，休暇はどこに行こうか？山でスキーをするのはどうかな？
B：いいえ，私は森か海岸にキャンプに行きたいわ。
A：僕は虫が苦手なんだ！そして，海岸は10月には寒すぎるよ。
B：わかった。温泉に行くのはどう？
A：僕は恥ずかしがりなんだ！そして，お湯は熱すぎるよ。今年はスキーにできないかな？
B：うーん，わかった。今回はあなたが選ぶ番だわ。
質問：彼らは休暇にどこに行くだろうか？
A. 温泉　B. 森　C. 海岸　D. 山

9. A：ちょっと，チャンネルを変えないで。
B：どうして？
A：僕は見てたんだ！
B：あなたはほとんど毎晩野球を見ているわ。私はニュースが見たいのよ！
A：試合はもう終わりそうだよ，5分間待てない？
B：いいえ。悪いけど。
A：わかったよ。
質問：どの文が正しいか？
A. 彼らは今ニュースを見るだろう。
B. 彼らは今野球の試合を見るだろう。
C. 彼らは5分後に野球の試合を見るだろう。
D. 彼らは5分後にニュースを見るだろう。

10. A：10月2日の運動会には行く？
B：君は勘違いしていると思うよ。運動会は9月30日の予定だった。でも，天気が悪くて中止になったんだ。
A：中止じゃないわ，延期よ。
B：それは知らなかったよ。
質問：運動会はいつか？
A. 10月2日　B. 9月30日
C. 中止になった。　D. 彼らは知らない。

PART C：指示を聞きなさい。文中の欠けている単語を書きなさい。

“テストを受ける時は，リラックスしようとするのが重要である。神経質になり過ぎたり心配し過ぎたりすると，最大限の力を発揮できないだろう。気持ちをすっきりとさせ，落ち着きなさい。テストの前に勉強するのはもちろん大切だが，試験の前夜遅くまで起きて勉強してはいけない。夜はぐっすり眠るようにしよう。テストの間に疲れると，ケアレスミスをして失点するかもしれない。また，試験の終わりに焦らなくてすむように，時間を使いこなしなさい。常に5分から10分，テストの最後に答えを見直す時間を残しておくようにするべきである。たくさんの生徒が，答えを確認しなかったり質問を注意深く読まなかったりして，不必要な失点をしている。”

★ワンポイントアドバイス★

3の3には〈no other ～ is as … as —〉が使われているが，これは最上級で書き換えられることを覚えておこう。書き換えると This is the most difficult game of all. となる。また，〈than any other ～〉で比較級にも書き換えられる。

＜国語解答＞

一　(1)　卸(す)　(2)　発端　(3)　保障　(4)　静寂　(5)　腫(れる)　(6)　こうでい　(7)　そしょう　(8)　じゅんしゅ　(9)　しんし　(10)　つたな(い)

二　問一　(例)　教わることなく得た知識がバラバラでなく，相互に繋がってゆるい体系となったもの。　問二　(例)　前の世代の人の経験を共有するということ。　問三　イ　問四　Ⅰ　ウ　Ⅱ　エ　Ⅲ　ア　問五　イ　問六　ウ　問七　人の知[環境に]（…こと。）　問八　エ　問九　エ

三　問一　洗濯を　問二　(例)　仕事であればやるしかないので，「わずらわされる」かを考えなくなるから。　問三　①　イ　②　イ　問四　Ⅰ　オ　Ⅱ　ウ　問五　(例)　子猫がカラスに食べられてしまわないかということ。　問六　手　問七　人間と　問八　B　ウ　C　ア　問九　ウ　問十　私は人[人の輪]　問十一　ウ

四　問一　A　イ　B　エ　C　ア　問二　きょう　問三　九　問四　(例)　逃げれば死なないと思ったから。

五　Ⅰ　問一　水早の為に耕さざるをせず。　問二　イ　Ⅱ　問一　無二物不レ長。

六　問一　ウ　問二　耳　問三　エ　問四　(1)　ア　(2)　エ　問五　1　ア　2　ソ

○配点○

一　各1点×10　二　問一　8点　問二・問九　各4点×2　問四　各1点×3　問五・問七　各3点×2　他　各2点×3　三　問一・問七・問十　各3点×3　問二　8点　問五・問十一　各4点×2　問六・問九　各2点×2　他　各1点×6　四　問三　3点　問四　4点　他　各1点×4　五　各2点×3　六　各1点×7　計100点

＜国語解説＞

一 （漢字の読み書き）

(1)は商品としての品物を売り渡すこと。(2)は物事の始まり。(3)は保護する，守るという意味。同音異義語で責任を負うという意味の「保証」，うめ合わせをしてつぐなうという意味の「補償」と区別する。(4)は静かでひっそりしていること。(5)の部首は「月(にくづき)」。(6)はこだわること。(7)は裁判を申し立てること。(8)は決められたことを守り，従うこと。(9)は真面目でひたむきなこと。(10)の音読みは「セツ」。熟語は「拙速」など。

二 （論説文一大意・要旨，内容吟味，文脈把握，接続語，脱語補充，対義語）

やや難 問一　——線部1は直前で述べているように「教わることなしに知識を獲得し」，「そうした知識はバラバラに存在しているわけではなく，相互に繋がりあって，ゆるい体系のようなものを作り出している」ものなので，これらの内容を指定字数以内でまとめる。

問二　——線部2は2前で述べているように，「上の世代……の他の人の経験を共有すること」なので，この内容をふまえて指定字数以内でまとめる。

基本 問三　——線部3の対義語は「特殊」。アは3の同義語。他の対義語は，ウは「同質」，エは「決裂」など，オは「平凡」。

問四　Ⅰは言うまでもなくという意味で「むろん」，Ⅱは直前の内容につけ加える内容が続いているので「また」，Ⅲは直前の内容と相反する内容が続いているので「しかし」がそれぞれあてはまる。

重要 問五　——線部4の「現実」の説明として「ロッテの『クーリッシュ』」を具体例に挙げながら「つまり学校で……」で始まる段落で，「問題は自分で創発させなければなら」ず，「正解はあるかどうかわからない……そうした学校とはまったく異なる場面が私たちの日常を形成している」ことを述べているので，これらの内容をふまえたイが適切。この段落内容をふまえていない他の選択肢は不適切。

問六　Ⅳ直後で，どのような問題が出てくるのか，現実世界ではわからないということを述べているのでウがあてはまる。

問七　——線部5直後の「右で述べたように……」は一つ前の段落の「人の知性は環境を前提として組み立てられている(22字)」こと，あるいは「環境に働きかけるというサイクルの中で知性は発現する(25字)」ことをふまえているので，いずれかを抜き出す。

問八　Ⅴには，一つの面だけにかたよっているさまという意味のエがあてはまる。アは他との関係において成り立つさま。イは自分勝手なさま。ウはいろいろな角度や立場から物事を見るさま。オは意思をもたずに決まった動作を行うさま。

重要 問九　エの「基礎から応用」は「あまり現実世界にはない話だ」と述べているが「機能する可能性はない」とまでは述べていない。アは「ただ教育……」で始まる段落，イは「さてここで……」から続く2段落，ウは「しかし，これまで……」で始まる段落と最後の段落，オは「学校の話……」で始まる段落で，いずれも述べている。

三 （小説一情景・心情，内容吟味，文脈把握，指示語，脱語補充，語句の意味，慣用句）

問一　——線部1は「洗濯をしたり布団を干したりするタイミング(20字)」のことである。

やや難 問二　——線部2をふまえ，「主夫の部分」を仕事と位置づければ仕事として割り切ってやるしかないので，「わずらわされる」ということも考えなくなるから，というような内容で説明する。

問三　〰〰線部①はうまく機会をとらえて利用すること。②は冷淡でそっけないこと。

問四　Ⅰは「顔」と「床」がくっついている様子を表すオ，Ⅱは満ちあふれるほど十分にという意味でウがそれぞれあてはまる。

重要 問五　――線部3直後で描かれているように，カラスが「餌」として「子猫を食べるために，人間がいなくなるのを待っていた」ことが「気がかり」なので，3直後の内容を指定字数以内でまとめる。

基本 問六　「手をくだす」は直接自分で行なうこと，「手をこまねく」は何もせず，ただそばで見ていること。

問七　――線部4は「捨てられたり親からはぐれてしまった子猫」に「かかずらっているヒマがあったら，世界の難民救済の募金にでも行った方がいい」というのは「全然正しくない」ということで，次段落でその理由として「人間というのは，自分が立ち合って，現実に目で見たことを基盤にして思考するように出来ているからだ。(48字)」という「私」の心情が描かれている。

問八　Bは物事を大まかにとらえるという意味のウ，Cは自分が立ち合っている現実から受け止める気持ち，思いという意味でアがそれぞれあてはまる。

重要 問九　――線部5は「自分が見ていない世界を持ってくる」ことなので，「現実に目で見たことを基盤にして」いないウが適切。「自分が見ていない世界」をふまえていない他の選択肢は不適切。

問十　――線部6は「それで話は……」で始まる段落の「私は人の輪から二，三歩進み出て子猫をつまんで，大人の猫のいたところに置いてみた。(40字)」という行動のことである。

やや難 問十一　本文は，妻のお母さんの墓参りの途中で出会った子猫をめぐって，過去に飼っていた猫のことを思い出し，この子猫を拾わなかった後のことも想像しながら，結局子猫に働きかけたことが丁寧に描かれているのでウが適切。アの「会話文を多用し」，イの「人物描写を中心として」，エの「罪悪感を抱いている」，オの「細やかな感情表現」はいずれも不適切。

四　（古文―文脈把握，脱語補充，仮名遣い）

〈口語訳〉　ある人が，人相を見てもらったところ，「いや，あなたは気の毒だけど，明日の七つ時に死になさる相が見えます」と聞いて，驚いて，すぐに家に帰る。家内にもその事を言い聞かせて，(家族)それぞれに遺言を残し，翌日，朝から友達を集めて，酒やさかなを出して，「さあ，おれも今日の七つ時には死にますから，これが別れの挨拶だ」と，酒をすすめるうち，もう時計がチンチンと四つ打つ。友達たちは，「それは残念だ。しかし，あとは心配するな，私が承知した」と，他人の杯に酒を注いだり，他人が注ごうとするのを止めたりしているうち，もう九つ。「さあもう。(あと)二時だ。にぎやかにして下さい」と言ううち，早や八つを打つ。亭主は，「これは情けない。もう，たったひと時だ」と，あれやこれやするうち，また時計がチンチン(と打つ)。亭主は「もう七つか。これはたまらない」と，すぐに逃げた。

問一　Aは動作の対象を示すイ，Bは時間を示すエ，Cは主語を示すアがそれぞれあてはまる。

基本 問二　歴史的仮名遣いの語頭以外のは行は現代仮名遣いではわ行に，「エ段＋う」は「イ段＋よ＋う」になるので，「けふ」→「けう」→「きょう」となる。

重要 問三　Dの前で「四つを打ち」，Dの後に「はや八つを打つ」とあるので，注釈の説明から「九」が入る。

やや難 問四　「七つ時」に死ぬと言われたため，時計の音が七つ時を知らせるその場から逃げれば死なないと思ったのである。

五　（漢文―口語訳，書き下し文，返り点）

Ⅰ　〈口語訳〉　良い農夫は，水害や旱害が起こっても，耕すことをやめたりしないものだ。

基本 問一　漢文を書き下して読む場合，上から下→返り点が何もついていない漢字→返り点の付いた漢字→返り点はレ点・一二点の順番，という順序で読んでいく。最初の「不」に下点，「為」に二点があるので，一点のある「水旱」から読み始め，二点の「為」に返り，「耕」から「不」にレ点で返り，上点もあるので下点の「不」にもどる。

やや難 問二 「耕さざるをせず」は「耕さないことをしない」という意味なのでイが最も近い。

重要 Ⅱ 問一 「物トシテ」から始まるので「物」には何も付けず，次に「長ゼザル無シ」と読むので「不」にレ点と一点を付けて「長」から返し，「無」に二点を付けて戻る。

六 （慣用句，品詞・用法，文学史）

問一 他の作者の作品は，アは『羅生門』など，イは『雪国』など，エは『坊っちゃん』など，オは『舞姫』など。

基本 問二 「耳をそろえる」は，大判や小判の縁を「耳」と言い，その縁をきちんとそろえることから。

問三 動作の対象を必要とする動詞が他動詞，動作の対象を必要としない動詞が自動詞である。「～を」という対象を表す語が必要になるのはエである。

やや難 問四 (1)はアのみ主語を表す格助詞。他は接続助詞。(2)はエのみ「こと」に置き換えられる準体言の格助詞。他は「が」に置き換えられる部分の主語を表す格助詞。

重要 問五 1は動詞「続く」の連用形。2は「言わないだろう」にかかる副詞。

★ワンポイントアドバイス★

小説では，誰の視点で，情景をどのように描写しているかを丁寧に読み取っていこう。

大切なことはメモしておこうネ！

2022年度

★★★★★★★★★★★★★★★★★★★★

入　試　問　題

2022年度

中央大学高等学校入試問題

【数　学】（50分）　＜満点：100点＞

【注意】 定規・分度器・電卓は使えません。

1 次の問に答えなさい。

問1．2次方程式 $x^2-x-1=0$ ……① を解きなさい。

問2．問1の異なる2つの解をα，β（$\alpha>\beta$）としたとき，$(\alpha^2-\beta^2)+(\alpha-\beta)$ の値を求めなさい。

問3．α，βが①の解であることから，$\alpha^2=\alpha+1$…②，$\beta^2=\beta+1$…③が成り立ち，nを自然数としたとき，②×α^n－③×β^nから，$\alpha^{n+2}-\beta^{n+2}=(\alpha^{n+1}-\beta^{n+1})+(\alpha^n-\beta^n)$ …④が導かれる。例えば④に$n=1$を代入すると，$\alpha^3-\beta^3=(\alpha^2-\beta^2)+(\alpha-\beta)$ となり，問2で求めた和と$\alpha^3-\beta^3$が一致することが分かる。同様にして，④のnに2から5までを代入した式を利用して，$\alpha^7-\beta^7$の値を求めなさい。

2 2020年における，世界各国の発電供給割合について調べていたところ，A国，B国，C国の化石燃料，原子力，自然エネルギーの割合（すべて整数の％で表示されており，3か国とも3つの発電方法を併せると100％になる）について，以下が得られた。

① A国は原子力より自然エネルギーの割合が2％高く，その2つを併せても化石燃料の割合より20％低い。

② 原子力発電の割合について，B国の割合の3倍とC国の割合の2倍の和が，A国の割合となっている。

③ 自然エネルギー発電の割合について，3か国はそれぞれ奇数の割合であり，C国が1番大きく，B国が2番目の大きさとなっている。

④ 化石燃料発電の割合について，B国が1番大きく，C国が2番目の大きさとなっていて，その差は8％となっている。

問1．A国の発電供給割合を（化石燃料，原子力，自然エネルギー）の形で答えなさい。例えば，化石燃料が70％，原子力が10％，自然エネルギーが20％のとき，解答欄に（70，10，20）と記入しなさい。

問2．C国の発電供給割合を，問1と同じ形で考えられる場合をすべて答えなさい。

3 次のページの図のように，ひし形ABCDの頂点のうち，点A，C，Dが放物線$C:y=x^2$上にあり，直線ACの傾きが－1となっています。また，線分ACの中点をMとします。このとき，以下の問に答えなさい。

問1．点Cのx座標が1のとき，点Aの座標を求めなさい。

問2．点Mのx座標は常に一定の値をとることが分かりますが，そのx座標を求めなさい。

問3．点Bがx軸上にあるとします。点B（b，0）とおくとき，bの値を求めなさい。ただし，

$b<-2$とします。

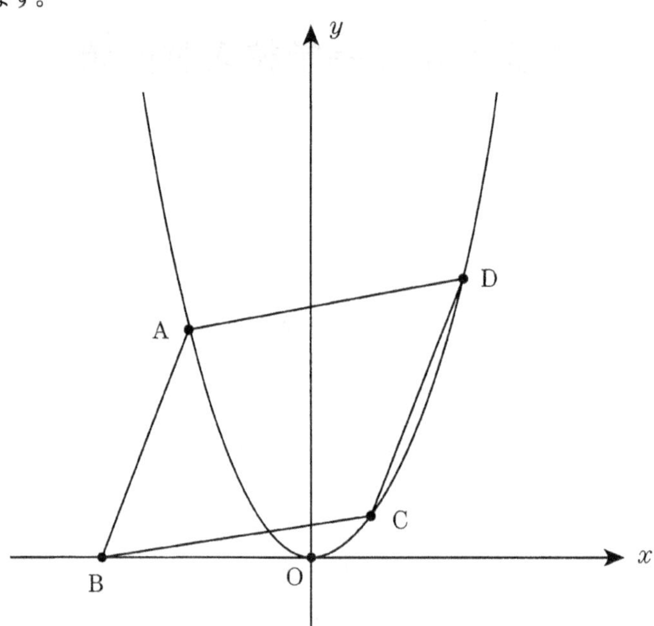

4 図のように，㋐の位置からスタートし，さいころを投げて，出た目の数だけ矢印の向きに進むゲームがあります。ちょうど㋒の位置に止まったときには㋐の位置に戻り，ゲームを続けて，ちょうど㋓の位置に止まったときは，「ゴール」とし，ゲームは終了とします。このとき，以下の問に答えなさい。

問1．さいころを2回投げて「ゴール」になる確率を求めなさい。

問2．さいころを3回投げて「ゴール」になる確率を求めなさい。

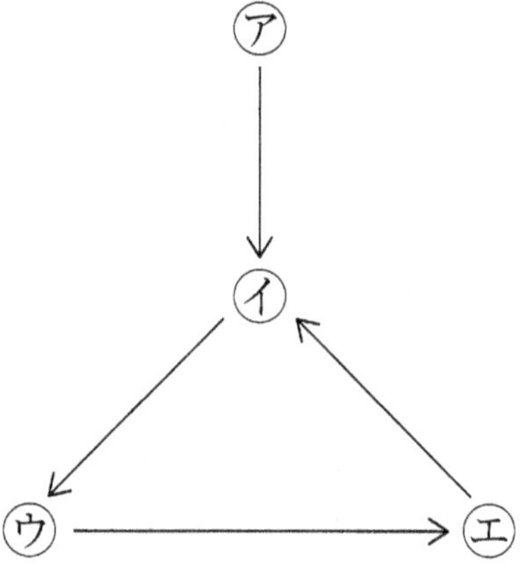

5 電線などに使われる銅は1つの原子が隣の12個の原子に接しており，その構造は立方体で切り取った図1 (a)で表され，$\dfrac{1}{2}$の原子が6個，$\dfrac{1}{8}$の原子が8個含まれるので合計4個分の原子が含まれている。銅の密度（立方体の中で原子が占める体積の割合）を調べるために，図1 (a)の立方体の1辺の長さをa，原子の半径をrとしたとき，原子の中心を点で表した図1 (b)の正方形AEFBの断面図である図1 (c)から，$r=\dfrac{\sqrt{2}}{4}a$と表されることが分かる。図1 (a)で半径rの球の体積$\dfrac{4}{3}\pi r^3$の4個分に対し，立方体の体積はa^3なので，密度は

$\dfrac{4}{3}\pi\left(\dfrac{\sqrt{2}}{4}a\right)^3\times 4\div a^3=\dfrac{\sqrt{2}}{6}\pi$となり，$\sqrt{2}=1.4$，$\pi=3.1$として計算すると，0.723…となるので，

有効数字2桁で%表示すると，72%となる。

また，加工しやすい金属として用いられる鉄は，1つの原子が隣の8個の原子に接しており，図2 (a)で表され，$\dfrac{1}{8}$の原子が8個と1個の原子で合計2個分の原子が含まれている。このとき，

以下の問に答えなさい。

問１．図２(a)の原子を点で表した図２(b)の長方形AEGCでの原子の断面図を，図１(c)と同様に白と黒の円が接するように解答欄にかきなさい。（黒の円は簡単に塗ること。）
また，鉄の原子の半径rを立方体の一辺の長さaで表しなさい。

問２．$\sqrt{3}=1.7$，$\pi=3.1$として，銅と同様に，鉄の密度を有効数字２桁の％表示で求めなさい。ただし，解答欄に$\sqrt{3}$とπに小数を代入する直前までの計算過程を記すこと。

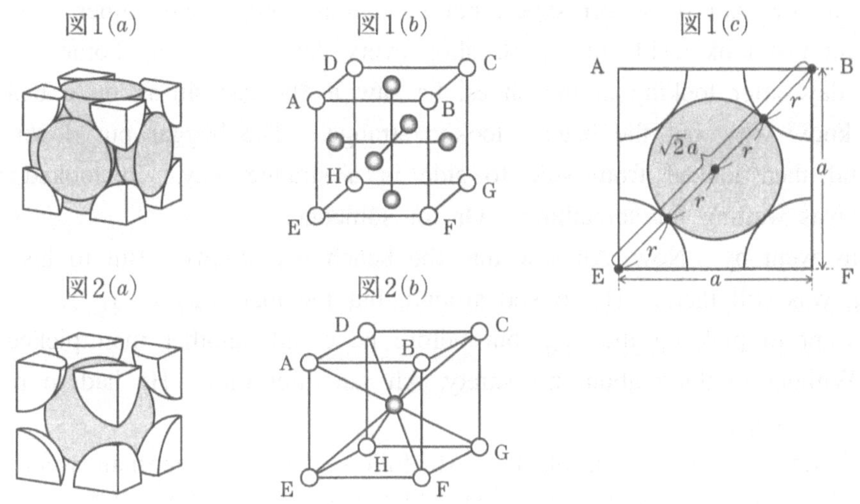

6　図のように，同一円周上にある５点A，B，C，D，EがEB＝EC＝$\sqrt{6}$，∠BEC＝30°，∠DBC＝15°，∠ACB＝45°を満たしています。また，線分EBとAC，ECとBD，ACとBDの交点をそれぞれP，Q，Rとします。このとき，以下の問に答えなさい。

問１．∠EBDの大きさを求めなさい。

問２．線分DQの長さを求めなさい。

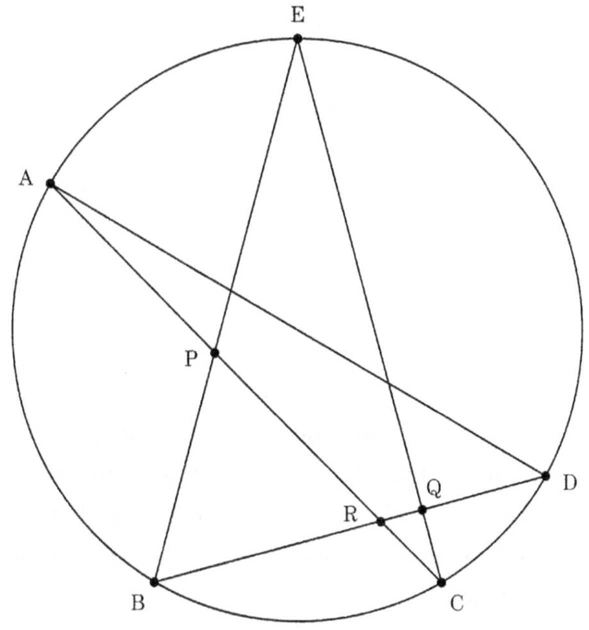

【英語】（60分）　＜満点：100点＞　※リスニングテストの音声は弊社のHPにアクセスの上、音声データをダウンロードしてご利用ください。

【注意】 筆記問題（1～6）は50分で，そのあとすぐにリスニング問題（7約10分）が放送されます。

1 次の英文を読んで，問いに答えなさい。[＊をつけたものには註があります]

What Ali wanted more than anything was his team's soccer uniform. But he knew that he could never have it because it was too expensive for him. He also wanted a new pair of soccer shoes, but he couldn't buy them, either. So instead, he would just look inside the sports shop every day on his way home.

One day, after looking at the shoes, he saw a *beggar sitting on a bench. He didn't know why, but the beggar looked strange. The beggar put down a black bag, and then looked from side to side in a strange way. It looked like the beggar was waiting for something. Or for someone.

A bus went by. Now, Ali saw that the bench was empty. But to his surprise, the bag was still there. He looked around, but the man was (1).

He went to pick up the bag, but before he could, another man picked up the bag. Without thinking about his safety, Ali ran after him. He had to return the bag to the beggar.

The thief was dressed in black. Ali followed him. The man went into the *bazaar. When he entered a shop, Ali hid behind a tea display. A curtain at the back of the shop opened, and a foreign clerk appeared.

"Good, you've got the bag," he said, and gave something to the man in black.

He put it into his jacket. It was a gun. Ali became worried.

[2] This was something much bigger, and much worse.

"They are expecting you," the foreigner continued. "Take the *ferry and go to the city. They will meet you by the flower shop."

Ali knew that he had to tell the police! But suddenly, his nose *itched. He couldn't stop himself. He *sneezed loudly, and boxes of teas fell to the ground. The two men looked at him angrily. There was no escape!

"I just wanted to buy some tea for my mother," Ali said.

"Oh yeah?" the foreigner said, (3)

Ali's pockets were empty.

The foreigner said to Ali, "You think you're clever? But you won't feel so clever when they pick up your body with the morning trash!"

A scarf went around Ali's mouth. They tied his hands with a rope behind his back. The foreigner lifted Ali into the air, and *dumped him head first into a large garbage can and closed the *lid. Ali tried hard to breathe. Everything was dark and the smell was terrible. Ali tried to call out, but no sound came. He imagined being *swallowed up by a garbage truck. His family would never find him. (4－I)Tears filled his eyes.

Then he heard his father's voice, "Never give up. Always go for the goal!"

Ali tried hard to free his hands. At last, he did it. He took the scarf from his mouth and climbed out of the can. He had to go to the ferry port and catch the man. If he ran all the way, maybe there was still enough time.

When he reached the port, he saw a ferry, and on the top *deck stood the man in black. Ali was about to run to the ferry but then he remembered he had no money for a ticket. Ali could see the man, but he couldn't reach him! The man looked down from the ferry, and their eyes met. The boat began to move away. The man smiled and *waved at him.

Ali became angrier. He was the only one who could stop the man. He took a deep breath, ran toward the ferry, and jumped, just landing on the deck and fell. People looked at him. Ali shouted,

"There's a man who's got a gun!"

No one helped him. Instead, they moved away from him in *disgust. They didn't believe a boy who was covered with garbage. Ali was alone. For the second time that day, (4 − II) <u>he felt tears fill his eyes.</u>

Again he heard his father's voice, (5) <u>"Pick yourself up, and do what's right."</u> Ali got to his feet and climbed the stairs to the top deck. It was empty. The man couldn't be seen, but Ali could feel he was nearby. From the shadows, he saw a dark shape moving. At once Ali recognized the beggar's bag! (6) <u>But how was he going to get the bag from the man who had a gun?</u> Suddenly, he remembered his soccer coach's words, "Surprise your *opponent!" (7) <u>That was it!</u>

Ali took another deep breath, then he shouted his soccer team's name and ran toward the man. He saw the surprise on his face. He tried to reach for the gun, but Ali was too fast. He got the man's legs from under him and tackled him. The gun *spun across the deck. Ali jumped on the man's back and shouted,

"He's meeting someone at the flower shop! You must get them, too!"

Suddenly, the security guards came running. One of them picked up the gun and the man was taken away. Ali suddenly thought of his family waiting at home. (4 − III) <u>His tears finally fell.</u>

The boat landed, and he watched the police lead the man away. An officer came up to Ali. He was carrying the bag.

"Well done! We've been after them for a long time. Thanks to you, we got them all!"

Ali pointed and asked, "Will you give the bag back to the beggar? They stole it from him."

The policeman laughed and opened the bag. Ali was surprised at what he saw. It was full of money.

"That was not a beggar," the policeman said, "He was one of (8) <u>them</u>." Then he added, "And there will be a nice *reward for you."

"Enough for a new soccer uniform? And shoes?" Ali asked.

"Enough for a whole football stadium!" the policeman smiled. And (9) Ali made the biggest smile ever!

註）beggar：こじき　bazaar：市場，バザール　ferry：フェリー　itch(ed)：かゆい
sneeze(d)：くしゃみをする　dump(ed)：をどさっと落とす　lid：蓋（ふた）
swallow(ed)：を飲み込む　deck：甲板　wave(d)：手を振る　disgust：嫌悪
opponent：敵　spun < spin：ぐるぐる回る　reward：報酬

問1　空所（1）に入る語として最も適切なものを1つ選び，記号で答えなさい。

ア．gone　イ．there　ウ．away　エ．back

問2　[2] には「これはもはや貧しい男のカバンを返す話ではなかった。」という意味を表す英文が入る。下記を並べかえて英文を完成させたとき，A，Bに来るものを記号で答えなさい。ただし，文頭に来る語も小文字にしてあります。

_____ _____ __A__ _____ _____ __B__ _____.

ア．no　イ．a poor man's bag　ウ．this　エ．longer
オ．returning　カ．was　キ．about

問3　空所（3）に入る語として最も適切なものを1つ選び，記号で答えなさい。

ア．"What have you got there?"　イ．"Who did you buy the tea for?"
ウ．"Where's your money then?"　エ．"When did you get that?"

問4　下線（4－Ⅰ）～（4－Ⅲ）のAliの感情を表すのに最も適切なものを1つずつ選び，記号で答えなさい．ただし，選択肢は1度しか使えない。

ア．孤独　イ．感動　ウ．哀愁　エ．激怒　オ．安堵　カ．恐怖

問5　下線(5)の意味として最も適切なものを1つ選び，記号で答えなさい。

ア．自分で起き上がり，右の方向を確かめろ。
イ．自分を奮い立たせ，正しいことを行え。
ウ．自分を正しくとらえ，今までの行動を改めろ。
エ．自分の思うように行動し，権利を獲得しろ。

問6　下線(6)を日本語に直しなさい。

問7　下線(7)でAliが思いつき，実際に取った行動を30字程度で答えなさい。

問8　下線(8)に含まれる人物をすべて選び，記号で答えなさい。

ア．Ali　イ．the man dressed in black　ウ．the foreign clerk
エ．the security guards　オ．the policeman

問9　It says on line 9, "Ali made the biggest smile ever," but why was he so happy? Please answer in about 10 words in English.

問10　本文の内容に合うものを2つ選び，記号で答えなさい。

ア．Aliは，毎日同じ時間，同じ店の前でこじきを見かけた。
イ．Aliは泥棒に黒い袋を届けるため，彼を店まで追いかけた。
ウ．Aliはゴミ箱に捨てられたとき，大声を出して助けを呼んだ。
エ．Aliがフェリー乗り場についたとき，目的の船は出航する前だった。

オ．Ali はフェリーに乗ったとき，すぐに助けを求めることができた。

カ．Ali が届けようと思った黒い袋はお金でいっぱいだった。

2　次の英文を読んで，問いに答えなさい。[＊をつけたものには註があります]

We know a lot about what sleep is, but we don't know what causes sleep. Sleep is a *state of rest. When we sleep, our body *recovers from *fatigue caused by the day's activities. After a good sleep, we become active again and ready for our daily activities.

Scientists have found that sleep is also important in the process of learning. When we sleep, the brain takes the new information we received during the day, and carries it to a holding area. Then, the information is moved to more *permanent storage, kept deep in your memory.

(1)When we wake up in the morning, it is not always possible for us to remember what happened in our mind when we were asleep. We may remember a dream, but the rest of our sleep was a kind of darkness and nothing seems to have taken place.

Several things happen to our body as we go deeper into sleep. Our muscles relax. Our heartbeats become slower. Our temperatures and *blood pressure go down. The brain also slows down so that we can't think or act *consciously. But we can dream. When we first wake up, our temperatures and blood pressure rise to (2). Our heartbeats and breathing also become (2) and we become more *fully awake. Then, we often forget most of the dreams that we had while sleeping.

What is a dream? It is an activity of the mind that takes place when we are asleep. Dreams seem to be important for several reasons. One is that (3)a dream can help us to sleep through noise. For example, the alarm clock rings, but our mind causes us to dream that the telephone or doorbell is ringing and that we are awake and answering it. Dreams also *reveal a lot about one's problems and can provide a solution to them.

Some dreams are *realistic while others are not. [4] Others could not. But we must remember (5)one thing. Dreams cannot be used as a way to tell the future. They simply can never tell the future.

註）state：状態　recover(s)：回復する　fatigue：疲労　permanent storage：永久記憶装置
blood pressure：血圧　consciously：意識的に　fully：十分に　reveal：を明らかにする
realistic：現実になる

問１　下線(1)を日本語に直しなさい。

問２　空所（２）に共通して入る語として最も適切なものを１つ選び，記号で答えなさい。

ア．normal　イ．common　ウ．fast　エ．active

問３　下線(3)が表す内容を，本文の記述に従って45字程度の日本語で具体的に説明しなさい。

問4 [4] には「つまり，夢の中で起きることは，目が覚めている時にも起こりうる」という意味を表す英文が入る。下記を並べかえて英文を完成させたとき，A，Bに来るものを記号で答えなさい。

This means that ＿＿ ＿A＿ ＿＿ ＿＿ ＿B＿ ＿＿ ＿＿ could happen when we are awake.

ア．dreams　イ．the things　ウ．happen　エ．some
オ．that　カ．in　キ．of

問5 下線(5)が指す内容として最も適切なものを1つ選び，記号で答えなさい。

ア．Some dreams are realistic.
イ．Other dreams are not realistic.
ウ．Dreams are used to tell the future.
エ．Dreams can never tell the future.

問6 本文の内容に合うものを1つ選び，記号で答えなさい。

ア．日中の疲労を回復させるには，良質な睡眠と翌日の活発な運動が必要である。
イ．睡眠中，脳は日中に得た新しい情報を取り込み，最終的に記憶の中に保存する。
ウ．夢を見ている時は暗闇のような状態にあり，何も起きなかったように感じる。
エ．夢は未来を予測することはできず，人々の問題を解決する手段にもならない。

[3] 答えとして最も適切なものを選び，記号で答えなさい。

1．You should wash your hands before (　　) lunch.
ア．have　イ．to have　ウ．having　エ．had

2．(　　) my stay in Osaka, I visited a lot of famous places.
ア．For　イ．During　ウ．Among　エ．While

3．How many children (　　) to Bob's birthday party?
ア．inviting　イ．invited　ウ．was inviting　エ．were invited

4．"Lucy started to learn Japanese last month." "Oh, (　　)?"
ア．didn't she　イ．did she　ウ．wasn't she　エ．was she

5．The label (　　) "Made in Thailand."
ア．writes　イ．tells　ウ．shows　エ．says

6．A：Please (　　) yourself to the cakes.
B：Thank you. They look delicious!
ア．help　イ．make　ウ．call　エ．bring

7．Which one <u>doesn't</u> go with the others?
ア．foot　イ．knee　ウ．arm　エ．leg

8．Which underlined part has a different sound?
ア．<u>wh</u>at　イ．<u>f</u>at　ウ．gra<u>ph</u>　エ．lau<u>gh</u>

4 各組の英文がほぼ同じ意味を表すように（　）に適切な語を一語ずつ入れなさい。

1．When will they build the new railway station in our town?
When will the new railway station (　　)(　　) in our town?

2．Thank you for helping me with my homework.
(　　) was kind (　　) you to help me with my homework.

3．My grandfather was too afraid of catching a cold to see the doctor.
My grandfather (　　) see the doctor (　　) he was afraid of catching a cold.

4．If you practice hard, you will be able to speak English well.
Practice hard, or you (　　) be a (　　) speaker of English.

5．Fewer and fewer people read the newspaper these days.
The (　　) of people (　　) read the newspaper is going down these days.

5 次の英文はある英単語を説明したものです。その単語を書きなさい。

1．This is how you feel if you have not eaten or drunk anything for a long time. One sign of this is a sound from your stomach. The word begins with "H."

2．This is something that we must need in everyday life, but we cannot usually see it. It is the power to make many things work. For example, TVs, washing machines, hair dryers, and even some cars run on it. The word begins with "E."

6 日本語の意味になるように並べかえたとき，A～Fに入るものを記号で答えなさい。ただし，文頭に来る語も小文字にしてあります。

1．先生は生徒全員に聞こえるように大きい声で話した。
The teacher ＿＿ ＿＿ ＿A＿ ＿＿ ＿＿ ＿B＿ ＿＿.
ア．hear　イ．loud　ウ．all the students　エ．for
オ．spoke　カ．to　キ．enough

2．私は君と遊びに来たのではなく試験を受けるためにここに来たのだ。
I came here ＿＿ ＿＿ ＿C＿ ＿＿ ＿＿ ＿D＿ ＿＿.
ア．but　イ．to play　ウ．to take　エ．with
オ．you　カ．not　キ．the examination

3．たくさんの興味深い授業があるので学校生活は楽しい。
＿＿ ＿＿ ＿E＿ ＿＿ ＿＿ ＿F＿ ＿＿.
ア．make　イ．school life　ウ．interesting　エ．enjoyable
オ．classes　カ．my　キ．a lot of

7 リスニング問題

ただいまからリスニング試験を行います。問題はPart AからPart Dまであります。
全部で15問です。答えは全て記号で書きなさい。英語は一度だけ読まれます。

Part A：Listen to the question and then choose the best answer.

1. A. The teacher said it would be next week.
   B. Yes, I got a bad score.
   C. I have to study hard for the test.
   D. You will get your test results today.
2. A. She looks very upset. B. She had a fight with Bobby.
   C. Because she is happy. D. I think she is crying.
3. A. For one hour. B. Monday to Friday.
   C. It depends on the day. D. The store is closed.
4. A. No, she's my older sister.
   B. I don't have any sisters.
   C. All of my family members were here before.
   D. I have two brothers and one sister.
5. A. I brought an umbrella, of course. B. It won't be sunny.
   C. Maybe it will rain. D. I'll probably stay inside.

Part B : Listen to the conversation and the question, and then choose the best answer.

6. A. \$5 B. \$15 C. \$10 D. \$20
7. A. He is her teacher. B. She was his student.
   C. He is her principal now. D. She was his teacher.
8. A. They will play in the morning.
   B. They will play in the afternoon.
   C. They will go to the theater in the morning.
   D. They will go to the theater in the afternoon.
9. A. Somebody took his money. B. His wallet is missing.
   C. He picked up the wrong wallet. D. He spent all his money.
10. A. Green > Blue > Red B. Red > Green > Blue
    C. Green > Red > Blue D. Blue > Green > Red

Part C : Listen, look at the picture, and then choose the best answer.

11.

A.

B.

C.

D.

12.

A.

B.

C.

D.

Part D：Listen to the dictation. Write the missing words on the script.

"English is seen as difficult by a lot of Japanese school students, so it is important for teachers to (13)_________ for ways to make the lessons fun and interesting. If English classes are limited to only textbooks, vocabulary and grammar, many students will switch off and become (14)_________. English is an active subject, not a passive one. Teachers need to give students a chance to use their English in fun (15)_________, and to understand how it can be useful in their daily lives."

7 リスニングスクリプト

PART A: Listen to the question and then choose the best answer.

1. Don't you have a test today?
2. Why does she look sad?
3. What time does the store open?
4. Is that your sister over there?
5. What will you do if the weather is bad?

PART B: Listen to the conversation and the question, and then choose the best answer.

6. A: May I help you?
   B: Yes, I would like two tickets for the performance
   A: Ok. Two adult tickets will be 20 dollars.
   B: Actually, my daughter is only 16 years old.
   A: Oh, excuse me! In that case the total price is 15 dollars.
   Q: How much does a child's ticket cost?

7. A: Suzie?
   B: Mr. Smith! Long time no see.
   A: Yea, I haven't seen you since you graduated.
   B: Are you still at the school?
   A: Yes, but no longer teaching, I'm the principal now!
   Q: What is Mr. Smith's relationship with Suzie?
8. A: Are you free Thursday?
   B: Around what time?
   A: In the morning?
   B: Perhaps. Why do you ask?
   A: I was thinking maybe we could see a play.
   B: Sounds good, but how about having lunch first?
   A: OK.
   Q: What is their plan?
9. A: Oh, no!
   B: What's the matter?
   A: I can't find my wallet.
   B: Is that your wallet over there, on the floor?
   A: Yes! That's mine. Oh, great, we found it!
   B: But wait a minute, did you have any money inside?
   A: Yea, 30 dollars.
   B: Sorry, but there is nothing inside. It's empty now.
   A: Oh, no...
   Q: What is the problem?
10.A: Which shirt is more expensive, the red or the green?
   B: The green one. But it's not as expensive as the blue shirt.
   Q: What is the sequence, from most expensive to cheapest?

PART C: Listen, look at the picture, and then choose the best answer.

11.A: Are you ready to order?
   B: Yea, I'll take the cheeseburger please, but take out the vegetables.
   A: Do you want that with fries?
   B: And onion rings.
   A: No problem.
   B: Actually, make that a double cheeseburger.
12.A: So, what was your favorite place in Japan Billy?
   B: I loved the Temples in Kyoto, and Tokyo Tower.
   A: Tokyo Tower? But Tokyo SkyTree is much taller.
   B: You're right. But none of those are as good as the beaches in Okinawa.

PART D: Listen to the dictation. Write the missing words on the script

"English is seen as difficult by a lot of Japanese school students, so it is important for teachers to search for ways to make the lessons fun and interesting. If English classes are limited to only textbooks, vocabulary and grammar, many students will switch off and become bored. English is an active subject, not a passive one. Teachers need to give students a chance to use their English in fun situations, and to understand how it can be useful in their daily lives."

問二　――線部1「ゐる」を現代仮名遣いに改めなさい。

問三　――線部2「ははあどうりで見付かった」と見付かったことに納得しているが、なぜ納得したのか答えなさい。

五　次のⅠ・Ⅱの漢文を読んで、それぞれ後の設問に答えなさい。

Ⅰ　一目之網、不レ可ニ以得レ鳥。（『淮南子』）

【現代語訳】（網の目は何百とあるが、鳥がかかるのはそのうちのたった一つの目である。しかし、）一つしか目のない網では、鳥を捕らえることはできない。

問一　右の漢文の――線部を書き下し文（漢字・平仮名交じり文）に改めなさい。

問二　右の漢文の内容に最も近い四字熟語を次から選び、記号で答えなさい。

ア　無用之用　　イ　一網打尽　　ウ　岡目八目　　エ　一石二鳥

Ⅱ　与人不求感徳、無レ怨便是徳。（『菜根譚』）

【書き下し文】人に与へて徳に感ずることを求めざれ、怨み無きは便ち是れ徳なり。

問一　右の漢文の――線部に書き下し文を参考にして返り点を付けなさい。（読み仮名・送り仮名は不要）

六　次の各設問に答えなさい。

問一　次の(1)・(2)と最も近い意味のことわざをそれぞれ後から選び、記号で答えなさい。

(1)　河童の川流れ

(2)　禍福は糾える縄のごとし

ア　塞翁が馬　　イ　馬の耳に念仏　　ウ　弘法筆を選ばず

エ　弘法も筆の誤り　　オ　獅子身中の虫　　カ　獅子の子落とし

問二　次の文の――線部1～3の語の文法的説明として正しいものをそれぞれ後から選び、記号で答えなさい。

自分が優等の成績を以て卒業しながら、仏蘭西語の研究を1続けて、暫く国に留まっていたのは、自信があり抱負があっての事であった。学士や博士に2なることはあまり希望し3ない。（森鷗外「青年」）

ア　五段活用動詞の未然形　　イ　五段活用動詞の連用形

ウ　五段活用動詞の連体形　　エ　五段活用動詞の終止形

オ　上一段活用動詞の未然形　　カ　上一段活用動詞の連用形

キ　上一段活用動詞の連体形　　ク　上一段活用動詞の終止形

ケ　下一段活用動詞の未然形　　コ　下一段活用動詞の連用形

サ　下一段活用動詞の連体形　　シ　下一段活用動詞の終止形

ス　形容詞の未然形　　セ　形容詞の連用形

ソ　形容詞の連体形　　タ　形容詞の終止形

チ　助動詞の未然形　　ツ　助動詞の連用形

テ　助動詞の連体形　　ト　助動詞の終止形

問三　軍記物語を次から一つ選び、記号で答えなさい。

ア　『方丈記』　　イ　『伊勢物語』　　ウ　『古事記』

エ　『竹取物語』　　オ　『平家物語』

知してください」とあるが、妻の気持ちの説明として最も適切なものを次から選び、記号で答えなさい。

ア　夫に何か頼んでも聞いてもらえないことばかりで、無力感に苛まれている気持ち。

イ　今まで夫に合わせて信仰してきたが、もうこれ以上合わせるのはごめんだという気持ち。

ウ　自分を見下してきた夫の見方を、改めさせるきっかけにしたいという気持ち。

エ　自分の必死な訴えに対しても、茶化して答える夫のことが許せないという気持ち。

オ　夫の命を守るために、自分の言い分をなんとしても通すつもりだという気持ち。

問十一　本文についての説明として最も適切なものを次から選び、記号で答えなさい。

ア　カトリックを信仰しても、若いお手伝いさんの命を救えなかったことが、「妻」の心に信仰に対する決定的な不信感を植えつけることになった。

イ　「私」は、迷信に心を奪われてしまった「妻」を少しでも理解するために評判の占師のもとを訪れたのだが、納得はできなかった。

ウ　結婚してカトリックの洗礼を受けた「妻」が、今でも観音さまを大切に思っているという事実は「私」にとって思いがけない告白だった。

エ　「妻」は、自分に対して日頃から見下した態度をとる「私」に、いつか自分の思いをぶつけようと長い間機会をうかがっていた。

オ　「私」は頑固に信仰を守ろうとするのだが、「妻」は日常生活のなかで迷信を気楽に取り入れながら生活したいと考えていた。

カ　どうしても「妻」が自分の言い分を通そうとするので、「私」は信頼する友人に「妻」を説得してもらおうと考えた。

四　次の古文を読んで、後の設問に答えなさい。（本文の表記を一部改めた）

忍の*指南所といふ看板［A］見て、弟子入に行けば、師匠［B］いふには、「拙者の術は七日では*丈夫に、忍ばれます、まづ一廻り稽古なされ」といわれ、七日通へば、「もうこれでは、どこへ忍んでもよふござるが、*とても事に、もう一廻り稽古なされば、どこへ忍ばれても、見付かる事ではござらぬ」といわれ、又七日通ひ、二廻りの稽古だから、人［C］見付かる事ではあるまいと、隣の柿をぬすみにはいり、柿の木へのぼって、さっさっさと取って[1]ゐると、男が見付け、「やれどろぼうよ」と呼び立て、さんざんぶちのめされ、かの男肝をつぶし、「これほどの忍術を稽古したから、見付からぬはづだが、何でも聞いて見やう」と、かの見付けた男に「もしお前は、まあどなたでござります」と聞けば、かの男「おれは此やしきの見廻りの者だ」

「[2]ははあどうりで見付かった、おれは二廻りだった」　（『華えくぼ』）

*指南所…教える所。　*丈夫…一人前。

*とても事に…いっそのこと。どうせ同じ事なら。

問一　［A］～［C］にあてはまる語として最も適切なものをそれぞれ次から選び、記号で答えなさい。（同じ記号は一度しか使えない）

ア　「の」　イ　「を」　ウ　「に」　エ　「へ」

らの弱さを克服しようとしている。

問二　――線部2「そう言われ私は一瞬たじろいだ。」とあるが、なぜか。理由として最も適切なものを次から選び、記号で答えなさい。

ア　妻が占師を訪ねた理由と、自分の体のことがつながるとは思っていなかったから。

イ　妻が素直に自分の非を認めず、「私」に責任転嫁をして弁解したのがショックだったから。

ウ　妻が苦し紛れにしても関係のない理由を口にしたのは、あまりにも身勝手だったから。

エ　妻が他者のために行動しようとするのは、信者として間違っているとは言えないから。

オ　妻が理由として挙げた事柄は理屈の通ったことなので、反論のしようがなかったから。

問三　――線部3「恥ずかしくないかね。」とあるが、「私」の「妻」に対する考え方として最も適切なものを次から選び、記号で答えなさい。

ア　「私」は妻のことを日頃から稚拙な考え方の持ち主だと捉えていた。

イ　「私」は妻が自分と同じ価値観を持っているはずだと考えていた。

ウ　「私」は妻の信仰心が足りないことを日頃から不満に思っていた。

エ　「私」には妻の行動をどうしても理解できないことがよくあった。

オ　「私」はカトリック信者の先輩として今まで妻を導こうとしてきた。

問四　――線部4「その臭いには家にこもっている臭気だけではなく、別の何かが含まれているような気がした。」とあるが、「別の何か」の説明に当たる語句を本文中から二十字以内（句読点を含む）で抜き出し、始めの三字を答えなさい。

問五　［Ⅰ］～［Ⅲ］にあてはまる語として最も適切なものをそれぞれ次から選び、記号で答えなさい。（同じ記号は一度しか使えない）

ア　しっかり　　イ　やっと　　ウ　よほど
エ　なぜか　　オ　はっきり　　カ　まったく

問六　――線部5「さえ」と同じ意味用法のものを次から一つ選び、記号で答えなさい。

ア　ろくに挨拶さえしない。

イ　素直に謝りさえすれば許されたのだ。

ウ　道に迷ったところで雨さえ降り出した。

エ　貸した金さえ返してもらえば良い。

問七　〰〰線部①「【　】を括った」は「相手をみくびった」、〰〰線部②「【　】嫌いしている」は「理由もなく感情的に嫌っている」という意味になるように、それぞれの【　】にあてはまる最も適切な漢字一字ずつを答えなさい。

問八　――線部6「志賀直哉」の代表作を次から一つ選び、記号で答えなさい。

ア　暗夜行路　　イ　金閣寺　　ウ　破戒　　エ　舞姫　　オ　鼻

問九　――線部7「一度、足を入れるともがけばもがくほど、這いあがれなくなる」とはどのようなことのたとえか、三十字以内（句読点を含む）で具体的に説明しなさい。

問十　――線部8「ほかの事はもう頼みませんから、このことだけは承

「お願い。鳥取に行ってください」

二日間、この言葉をくりかえして私の承諾を得ようとした。私は返事をしない。まったく黙殺しようとする。

友人のMに相談した。Mは私と同じようにカトリックだったからである。

「女房が馬鹿になったんだ。閉口をしている」

私のうち明け話をきいてMは、

「断然、拒絶するんだ。そういうことを許すと奥さんは今後もその占師にすべて相談に行くようになる」

と反対した。私もまったく同感だった。

別の友人のAはカトリックを②【　】嫌いしている男だったが、これもMと同意見だった。

「6志賀直哉はねある日、虫の居どころが悪く、道のお地蔵さまを蹴倒したそうだ。その後すぐ座骨神経痛を患い、子供を亡くしたので夫人がお地蔵さまにお詫びしたいと言われたが、絶対に許さなかったってな。迷信を一度信じると泥沼に足を入れたようになる。Mの言う通りだ」

彼等は長年の友人だから他人の眼にはおそらく滑稽で愚劣にちがいない私たち夫婦の争いを笑いもせず、親身になって考えてくれた。そして二人の意見はまた私の気持でもあった。

「MもAも、あれは泥沼にはまるようなものだと言っていたぞ。7一度、足を入れるともがけばもがくほど、這いあがれなくなる」

そう教えても、妻は私の顔をじっと見て、

「鳥取に行ってください」

と半ば泪ぐんだ。

「Mはたとえその迷信通り、何もせず十一月に俺が死んだって、かまわんじゃないかと言っていたさ。そうなりゃ、これも*殉教だからな」

私は妻を笑わそうとしてそんな話を伝えたのだが、彼女はにこりともせず、

「8ほかの事はもう頼みませんから、このことだけは承知してください」

それだけを繰りかえした。

*カトリック…キリスト教の一教派。ここではそれを信仰している者のこと。
*方たがえ…目的地の方向が凶方とされる場合、いったん別の方向に出かけて違う方向から目的地に移動すること。
*殉教…信じる宗教のため命を捧げること。

問一　――線部1「そのことをどう心のなかで処理していいのか考えつづけた。」とあるが、その態度の説明として最も適切なものを次から選び、記号で答えなさい。

ア　信仰心の厚い自分がなぜこんな目に遭うのか、そのことの意味を求めようとしている。
イ　自分がもっと早く気づくべきだったのではないかと、自責の念を持ちつづけている。
ウ　自分が直面している理不尽なことに対して、なんとか納得できる理屈をつけようとしている。
エ　生きていくために、大事な人との別れに区切りを付けるための術を探ろうとしている。
オ　自分がどんなに嘆いても病状が良くならないと認めることで、自

「ごめんなさいね」

と彼女はその夜［Ⅰ］あやまった。

「あんなところに行って」

あやまられたことで、不快は少しずつとけたので、

「それはね、君の不安な気持もわかるさ……」

「わかってくださるのなら……私と一緒に鳥取に行ってください」

突然、思いがけないことを彼女が口にしたので、その意味がよく理解できず、私はきょとんと妻の顔を見た。

「鳥取？　鳥取になぜ行くんだい」

「十一月にあなたに良くない事が起らないためには……吉方のお水と砂を取ってこなくちゃいけないんです。その水を飲んでもらい、砂を家の庭にまくんです」

私は黙ったまま彼女を睨みつけていた。長年、生活を共にしたこの女が一瞬見知らぬ別の女になったような恐怖5さえ感じ、

「お前……お前だってカトリックだろう」

妻は私と結婚したあと、カナダ人の神父さんから洗礼を受けた。もっともそれは、私への義理と妻としての義務感から行ったものだったかもしれない。だが二十五年間、一緒に教会に行ったり、知人の冠婚葬祭に出ても彼女はすっかり信者になりきっているように私には見えた。

「ええ、そうですよ。でも私はあなたとは違うんです」

「どう違うんだ」

「あなたみたいにカトリック以外の宗教を無視する育ちかたはしていないんです。実家の父も母も観音さまの信者だったから、私も観音さまを今でも拝む気持は捨てられません。*方たがえだって迷信だ、迷信だと思えないんです」

「それじゃお前は多神教じゃないか」

「多神教か何か、むつかしいことはわかりません。でも皆が拝むものに、頭をさげたっていいじゃありませんか」

妻が宗教のことでこんなに開きなおり、逆ったのは始めてである。私はさっきと同じように茫然として彼女の顔を見ていた。

「ねえ、鳥取に行ってください」

「馬鹿を言うな」

「お願い。鳥取に一緒に行ってください」

妻の表情は必死であり、真剣だった。彼女がそんな顔をするのは、その占師が［Ⅱ］悪い予想を口に出したに違いなかった。

「俺が鳥取に行かなければ、どうなるんだ」

「それは……悪いことが起るんです」

「悪いことって何だね。俺が死ぬのか」

［Ⅲ］そう言うと妻は眼をそらせたまま、何も返事をしない。その眼のそらせかたで、彼女が聞いたことが何かが、私にもよくわかった。怒りがこみあげてきた。これは最も悪辣な詐欺だと思った。他人の不安や心配を利用して金をとる詐欺にちがいなかった。その詐欺に妻はひっかかったのだと私は考えた。

その日だけでなく翌日も翌々日も私は妻にものを言わなかった。こちらがこれほど怒っているのを見せれば彼女も折れるだろうと①【　】を括ったのである。

しかし何時になく妻は気持を変えず、

「俺の体が心配だったからと言って、そんな占師の言う迷信などを信じるのか」

「だって、次々と悪いことが続くでしょう。だからAさんがよくあたる占師のところで見てもらおうって……」

「曲りなりにも俺たちは基督教信者だろ。3恥ずかしくないかね。そんな男にだまされて」

やりこめられた時、いつもそうするように妻は唇を少しとがらせて黙りこんだ。しかし不服であるのはその表情でよく私にはわかっていた。

十五年ほど前、ある婦人雑誌にたのまれて下町にあるよく当るという老女の占師を取材したことがあった。

午後の小さな暗い玄関に、女性の靴や下駄が何足か散乱していた。それはこの老女をたずねてきた客のものらしかった。私たちもその履物と履物との間に自分の靴をぬいだ。

「臭いね」

私は同行した雑誌社の人にそっと囁いた。4その臭いには家にこもっている臭気だけではなく、別の何かが含まれているような気がした。

待ち部屋になっている六畳に入ると三人の先客が待っていた。いずれも女性で、二人は中年の婦人であり、一人は水商売らしい化粧をした若い女だった。若い女は咽喉にでも何かできたのかよごれた包帯を首にまき、煙草をすっていた。中年の女たちは私をちらと見ると、そのまま視線を西陽のさす窓のほうに向け、それぞれ物思いにふけっていた。

廊下を隔てた部屋からひくい陰気な声がかすかに聞えてきた。呪文でも唱えているようなその声はやがて占師のお狐さまへの祈禱だとわかった。

西陽が暑かった。その暑い光線のなかにさっきのあの臭いが更に強くなった。

やがて一人の女が（彼女も中年の主婦だった）戻ってくると、入れ代りに煙草を喫っていた若い女性が待ち部屋から姿を消した。残った二人の中年の女たちは相変らず窓のほうにぼんやりと眼を向けて何かを考えこんでいる。

何とも言えぬ遣切なさが胸にこみあげてきた。その遣切なさは自分の悩みや苦しみの解決をこのような迷信じみた祈禱に求めるこの女性たちの顔を見ているうちに起ってきた。何だか悲しくさえなってきた。

妻と口論をしながら十五年前のその夕暮のことを急に思いだした。西陽の照りつけていたあの女占師の部屋と、そこで待っていた三人の女たちの表情、そして部屋全体にこもっていた臭いまで甦ってきた。

妻も、今日、同じような顔をしながら占師の家で自分の順番を待っていたのだな、と思った。その顔は我々の持つ最も愚かな面と最も低級な意識のあらわれのような気がした。そして妻がその愚かな、低級な部分をむき出しにしたと考えると、言いようのない疲労感が胸に拡がった。

その日、彼女に口をきかなかった。きかぬことで私かこのような迷信を本当はどんなに嫌っているのかを見せようとした。私は雑誌社に頼まれて占師の家に行ったがそれはあくまで好奇心のためであり、好奇心以上の何ものでもなかった。

食卓でもテレビを一緒に見ている時でも眉のあたりに不機嫌な影を漂わせている私に妻は当然、気づいた筈だった。

オ　多くの場合、深い表記を持つ言語を学ぶ子どもの方が、浅い表記を持つ言語よりも言語への関心の度合いが高い。

三　**次の文章は、遠藤周作「夫婦の一日」の一節で、「私」の家のお手伝さんが今年になって突然、発病した場面から始まる。読んで、後の設問に答えなさい。**

「即刻、大学病院に入院させなさいって」
妻から出先の場所に至急電話がかかってきた時、私は即座に悪い予感にかられた。受話器を握りしめたまま、こみあげてきたその不吉な予感を急いでのみこんだ。癌という文字を頭にうかべることが、怖しかったのである。

三ヵ月半、妻も私も病人に嘘ばかり言いつづけた。今は苦しいけれども三月の終りにはきっと恢復して退院できるのだ、とさえ言った。三月の終りといったのは、それが彼女の若い生命が尽きる頃として医師の言った時期だったのである。

何もわるいことをしていない娘がこんな病気にかかり、こんな風に死んでいく。それを思うとたまらなかった。夜、目をさまし、1そのことをどう心のなかで処理していいのか考えつづけた。目を闇にあけていると、妻もたびたび寝がえりをうった。

妻が病人のために茶断ちをすると言うので、私も三十五年間、喫いつづけてきた煙草をやめることにした。そんなことが効果がないにせよ、せめて彼女の苦しみをわかちあいたい気持だったのである。

悪いことには悪いことが重なる。

三月、ながい間、蓄膿症だった私の鼻から不快な出血がつづき、病人の入院している大学病院で診てもらうと癌になる怖れがあるから手術せよと奨められた。むかし大きな手術を三度もうけた私だったから一時間ほどのオペは何でもなかったが入院の病人二人をかかえた妻は大変だったろう。

私が手術を受けて三日目に、お手伝さんは息を引きとった。今年の春のことは思い出すのも辛い。

「馬鹿、言うな」
と私は久しぶりに妻に荒々しい声をだした。夕食を一緒にとっている時から彼女がいつになく沈んだ顔をして口数も少いのを訝しく思い、二人きりになってから問いただしてみた。そして妻が女友だちに連れられ中野の占師を訪れたことを知った。
「なぜ、そんなところに行く。俺たちが*カトリックだということを忘れたのか」
「でも、色々と悪いことがあるし……それにあなたの体が心配だったから」
妻は私から眼をそらせて弁解した。
2そう言われ私は一瞬たじろいだ。

たしかに手術したあとも私の体は調子が悪かった。鼻のほうは一応は直ったが、五十数歳の体にそんな一時間程度の手術でもかなりの衝撃を与えたようで、四ヵ月たっても衰弱が一向に恢復しなかった。体重がめっきり減り、頬がげっそりこけただけでなく、夏だというのに下肢に異常な冷たさを感じたり、関節に痛みを感じた。医師は私に糖尿病が悪化し、ホルモンのバランスが崩れたのだと言った。

スムーズに進む。日本語の場合、多くの子どもたちが、小学校へ入学する以前に音と仮名とを結びつけることができるようになっている。しかし、日本語の表記は仮名だけではない。漢字は数も多いし、日本語の漢字は複数の発音を持つものが大部分を占めるので、その習得には長い時間がかかる。視覚的にも複雑で音との結びつきも複雑な漢字の習得には、マルチメディアは強みを発揮できそうだ。

（バトラー後藤裕子『デジタルで変わる子どもたち　学習・言語能力の現在と未来』）

＊次章…次章は本文では省略。

問一　（Ⅰ）～（Ⅳ）にあてはまる最も適切な語をそれぞれ次から選び、記号で答えなさい。（同じ記号は一度しか使えない）

ア　あたかも　イ　一方　ウ　したがって
エ　たとえば　オ　まず

問二　――線部１「『読解』」とは何か、その説明を含む一文を本文中から抜き出し、始めの三字（句読点を含む）を答えなさい。

問三　――線部２「音韻認識が読む時にも大切なのはなぜだろう。」とあるが、その理由を「～から。」に続くように、本文中から四十字以内（句読点を含む）で抜き出し、始めの五字を答えなさい。

問四　――線部３「図３－１」とあるが、「図３－１」の A ～ C にあてはまる最も適切な語をそれぞれ次から選び、記号で答えなさい。（同じ記号は一度しか使えない）

ア　意味　イ　音韻　ウ　言語　エ　会話
オ　黙読　カ　文字

問五　D ・ E にあてはまる最も適切な語をそれぞれ次から選び、記号で答えなさい。（同じ記号は一度しか使えない）

ア　意識　イ　感覚　ウ　自動　エ　絶対　オ　不偏

問六　――線部４「音素と呼ばれる単位への認識が重要である。」とあるが、なぜ重要なのか、三十五字以内（句読点を含む）で説明しなさい。

問七　空欄 F にあてはまる最も適切な語を次から選び、記号で答えなさい。

ア　絵本と音　イ　音と綴り　ウ　音とライム
エ　子音と母音　オ　ライムと音節

問八　――線部５「複雑さ」とあるが、なぜ複雑なのか、その理由を「～から。」に続くように本文中から二十一字以上二十五字以内（句読点を含む）で抜き出し、始めの三字を答えなさい。

問九　本文の内容と合致するものを次から一つ選び、記号で答えなさい。

ア　自国語と異なる言語の読み書きを学ぶ際に、自分がどのような言語体系に触れてきたかを知ることは何よりも大切である。

イ　テクストを理解するためには、非言語情報を排除することで文字をすばやく解読し、単語を理解する能力が重要である。

ウ　日本語を用いる人々も、音韻符号化経路を経て心的語彙にアクセスすることを行っており、音と表記の関係を理解することが重要である。

エ　アルファベットを使う言語においては、ライムとモーラへの理解が必要であるが、子どもたちに絵本を通して伝えることに苦慮している。

前のページの図3－2で示したように、bigもpigも1音節からなる単語で、それぞれオンセットと呼ばれる部分とライムと呼ばれる部分に分けられる。オンセットは、音節内の母音の前にくる子音を指し、音節の残りの部分がライムだ。このbigとpigは、ライムの部分が同じで、最初のオンセットの部分/b/と/p/の音だけが違うことで、違う意味（単語）になっている。つまり、/b/と/p/の音をしっかり区別することがbigとpigを識別するために重要なのである。このようにその言語で意味の違いをもたらすような最小の音の単位を音素という。

　英語圏の子どもの絵本や歌にはライムを踏んでいるものが多いが、それはライムを踏んだ絵本や歌に触れることで、音素への認識を促すことができるからである。表3－1（表省略）で見たように、デジタル絵本・物語本で、文字にハイライトをしながら、その部分の音声を一緒に流す（読み上げる）ような機能がついているものは、子どもの音韻認識を高め、［ F ］との関係性の理解の促進を狙っているものと考えられる。

（ Ⅲ ）、日本語の仮名（ひらがな・カタカナ）の場合はモーラ（拍）を基礎単位としている。モーラは、リズムやイントネーションなど音律的特徴に注目した時の単位で、音素の組み合わせである音節とは厳密にいうと同じではないのだが、ほぼ似たようなものと考えてよい。日本語の「ぶた」は2音節の単語で、「ぶ」と「た」という2つの仮名文字で表記される。日本語の仮名表記は、このように音節と文字が一対一で対応しているのが基本だ。例外は拗音・促音・撥音・長音のケースで、たとえば、拗音の「おもちゃ」の「ちゃ」は一音節だが、2モーラで、表記上も「や」を小さくして2文字で書く。こうした特殊音節の例外はあるものの、基本的には正書情報と音韻情報がかなり高い割合で一致しているので、日本語の仮名表記は正書深度（音と表記の不一致の度合い）が浅い表記（shallow orthography）だといわれる。

　英語は音と綴りとの関係性が複雑で、正書情報と音韻情報の一致度が相対的に低いので、深い表記（deep orthography）といわれる。

　英語のアルファベットは26文字から成るが、英語は（二重母音といわれる特殊なものも含めて）43の音素を持つ。音素の数に比べて、文字の数が圧倒的に少ないのだ。そのため、ウルトラ技が必要となる。2つ以上の文字で同じ音を表したり（たとえば、sea, see, seize, ceiling, cease, sexyもアンダーラインを引いた部分は綴りは違うが発音は同じ）、同じ文字の組み合わせなのに違う発音を表したり（cough, ought, bough, dough, though, thoughでもoughの部分の発音はみな違う）など、（ある程度のルールはあるものの）複雑である。この5複雑さは、フランス語や、ギリシャ語、ラテン語、ドイツ語などからの影響を受けた英語の歴史とも深く関わっている。ちなみに、先にでてきたヘブライ語も英語と同じく深い表記を持つ言語である。

　一般に英語など深い表記を持つ言語を学ぶ子どもは、浅い表記を持つ言語を学ぶ子どもに比べて、音と表記の関係性を把握するのに時間がかかる。英語圏では、読みに問題を持つ子どもの多くが、まず、この音韻符号化のプロセスで躓いてしまうといわれている。（ Ⅳ ）、子どもが文字を見ながら、その発音を聞けるような機能のついているデジタル絵本・物語本は、読みの第一歩である音と文字との結びつきを体得するのに効果的だと期待されてきた。

　一方、浅い表記を持つ言語では、音と文字との関係性の習得は比較的

会話など、耳から入ってくる音声言語を処理するのに音韻認識が大切なのは理解しやすいが、[2]音韻認識が読む時にも大切なのはなぜだろう。その理由を解明するのにいくつかのアプローチが提唱されているが、ここでは、一番よく知られている二重経路説を紹介しよう。二重経路説では、心的語彙にアクセスする方法として、視覚から入ってきた情報から直接意味にアクセスする方法（視覚符号化経路）と、いったん音韻情報に変換してから、意味にアクセスする方法（音韻符号化経路）の二つがあると考えられている。実は、二重経路説の中にもいろいろバリエーションがあるのだが、基本的な考え方を単純化すると[3]図3－1のように表せる。

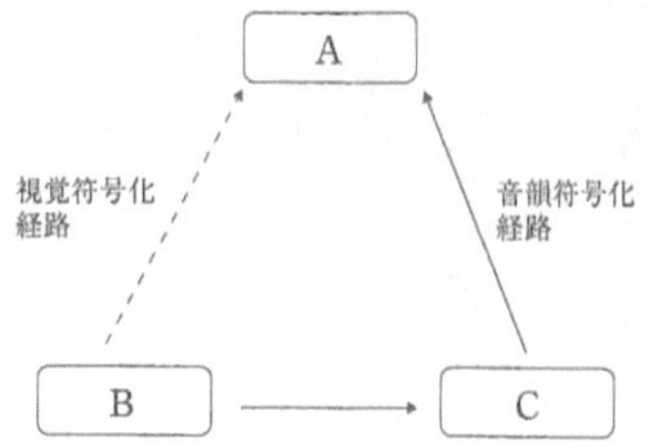

A

視覚符号化経路

音韻符号化経路

B

C

図3－1　A へのアクセス・ルート

英語圏を中心に進められてきた研究によると、読む際にも、大部分の場合は、この音韻符号化経路を経て心的語彙にアクセスしているという。読者の中には、文字を習いたての子どもが音読するのはわかるが、大人が黙読する際には音韻化などしていないと思う人も多いだろう。しかし、この音韻化のプロセスは、大人の場合は D 化しているので、無意識で行われているにすぎないのである。

でも、日本語ではどうなのだろう。アルファベットは音を表すが、漢字とは異なり、それ自体は意味を持たない。英語の読みなら音韻符号化も重要かもしれないが、漢字を使う中国語や日本語では違うのではないか。実は興味深いことに、読む際の音韻化のプロセスは、英語のようなアルファベットを使う言語だけでなく、中国語や日本語など漢字を使う言語でも、基本的にはあてはまるようなのである（ただ、日本語の場合、漢字と仮名を併用するため、事情が少し複雑になる）。だから読むためのステップとして、音と表記との関係を習得することが大切になってくる。

音と表記の関係は、言語によって違う。（ Ⅱ ）、英語のようなアルファベットを使う言語では、[4]音素と呼ばれる単位への認識が重要である。音素という用語に馴染みがない読者でも、子音とか母音という言葉は聞いたことがあるだろう。音素は子音と母音に分かれる。つまり、子音と母音は音素の種類である。一方、日本語のひらがな・カタカナの読みではモーラ（拍）と呼ばれる音節に近い、少し大きい単位への認識が重要となる。ちなみに、音節は音素が一定の規則に従って形成された音の単位の一つで、私たち日本語話者が E 的に一つの音の単位として感じているものだと考えてよい。

音素と音節の概念をすっきりさせるために、英語のケースをまず見てみよう。たとえば、子どもがbigとpigの二つの単語を聞いたとしよう。

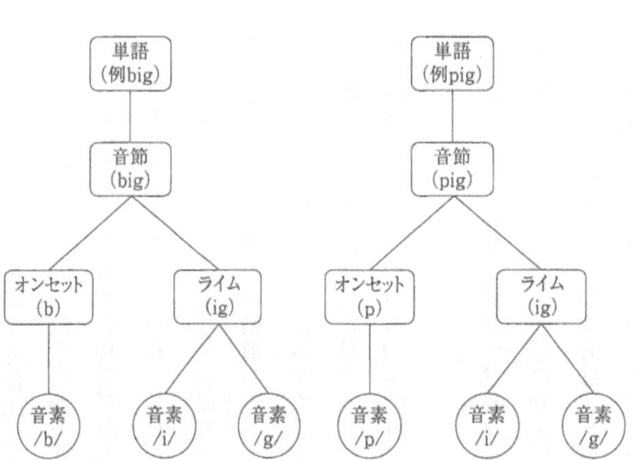

図3－2　英単語 big と pig の音韻構造

【国　語】（五〇分）〈満点：一〇〇点〉

【注意】解答に字数制限がある場合は、句読点等も字数に含まれます。

一　次の各文の――線部について、(1)～(5)の片仮名をそれぞれの文意に合うように漢字に改めなさい。また、(6)～(10)の漢字は読み方を平仮名で記しなさい。

(1) 都心の道はオウライが激しいので、十分気をつけよう。

(2) 厳しい目標を達成するために、ハイスイの陣を敷いて取り組んだ。

(3) いつもは温厚な上司が、部下に対し「堪忍袋のオが切れた」と言っている。

(4) 思いがけない状況で、自らの弱点をロテイしてしまった。

(5) 酒にヨった勢いで、思いの丈を述べようとする。

(6) 最近は、読書の際にも電子手帳を重宝するようになった。

(7) 母は、いつも私に時宜に適ったアドバイスをしてくれる。

(8) 部署ごとに進捗状況を確認しながら作業を進めていく。

(9) 悪い評判が世間に流布して、売り上げが急落する事態に直面した。

(10) 手芸用の針と糸があるなら、ズボンの綻びを繕ってあげます。

二　次の文章を読んで、後の設問に答えなさい。（本文の表記を一部改めた）

従来の言語心理学の分野では、読むという力を大きく2つの能力からとらえてきた。一つは、文字をすばやく解読化（decoding）し、単語を認知する能力、もう一つはテクストから意味を構築する能力である。（　Ｉ　）、目から文字情報が入ってきた時に、その言語の音韻や正書の規則にのっとり、どの語彙（意味）にあたるかを判断する必要がある。これが「単語レベルの読み」といわれるものである。しかし、これだけではテクストを理解したことにはならない。この上、文法や談話などの言語知識、さらには背景知識などの非言語的な知識を総動員して、テクストから意味を構築するプロセスがある。このプロセスにはテクストで実際には言及されていない情報を穴埋めしたり、推測したりする認知行為も含まれる。こうした一連の認知行為を総合したものが1「読解」である。

ここから少し専門的な話になるが、視覚と聴覚を結びつけるマルチメディアの特徴と読みとの関係を理解するために、読みのプロセスに関して重要な点を、もう少しだけ詳しく見ておこう（この部分は、ＳＮＳに関する*次章の理解にも必要な基礎知識になるので、押さえておいてほしい）。

子どもは日常生活の中で、多くの音声言語のインプットを得ながら、その言語では、どんな音が使われ、どんな音と音とが組み合わされているかなど、音韻システムへの気づき（これを音韻認識と呼ぶ）を深める。そして、どんな音の組み合わせが、どんな意味を持つのかを理解する。音と意味とのマッピングを行うことで、子どもは長期記憶の中に語彙（心的語彙などと呼ばれる）を蓄積していく。さらに生活の中で、言語音と一緒に文字にも徐々に触れていくことで、音と綴りとの関係も習得する。音、綴り、意味の総合マッピングは、心的語彙の量と質を向上させ、これが単語の認識、ひいては読解力に影響を及ぼしていくのである。

2022年度

解　答　と　解　説

《2022年度の配点は解答欄に掲載してあります。》

＜数学解答＞

[1] 問1　$x=\dfrac{1\pm\sqrt{5}}{2}$　　問2　$2\sqrt{5}$　　問3　$13\sqrt{5}$

[2] 問1　(60, 19, 21)　　問2　(62, 5, 33), (64, 5, 31), (66, 5, 29)

[3] 問1　A(−2, 4)　　問2　$x=-\dfrac{1}{2}$　　問3　$b=-2-\sqrt{2}$

[4] 問1　$\dfrac{2}{9}$　　問2　$\dfrac{4}{27}$

[5] 問1　断面図　右図　　答え　$r=\dfrac{\sqrt{3}}{4}a$

問2　計算過程　$\dfrac{4}{3}\pi\times\left(\dfrac{\sqrt{3}}{4}a\right)^3\times2\div a^3=\dfrac{\sqrt{3}}{8}\pi$

答え　66%[65%]

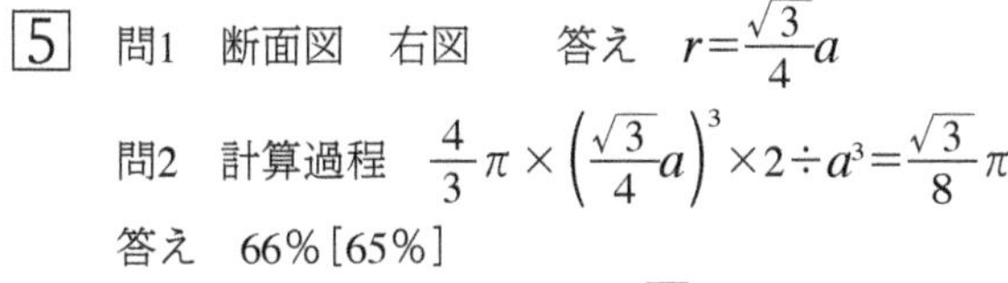

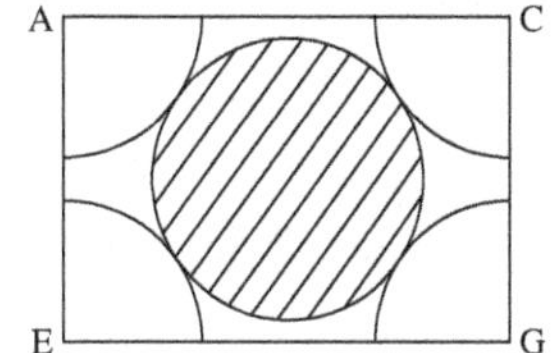

[6] 問1　60°　　問2　$3\sqrt{2}-\dfrac{3\sqrt{6}}{2}$

○配点○

[1] 問1・問2　各6点×2　　問3　8点　　[2] 問1　6点　　問2　10点

[3] 問1・問2　各6点×2　　問3　8点　　[4] 問1　6点　　問2　8点

[5] 問1　各4点×2　　問2　各4点×2　　[6] 問1　6点　　問2　8点　　計100点

＜数学解説＞

[1] (2次方程式, 式の値)

基本　問1　$x^2-x-1=0$　　解の公式を用いて，$x=\dfrac{-(-1)\pm\sqrt{(-1)^2-4\times1\times(-1)}}{2\times1}=\dfrac{1\pm\sqrt{5}}{2}$

問2　$\alpha+\beta=\dfrac{1+\sqrt{5}}{2}+\dfrac{1-\sqrt{5}}{2}=1$　　$\alpha-\beta=\dfrac{1+\sqrt{5}}{2}-\dfrac{1-\sqrt{5}}{2}=\sqrt{5}$　　$(\alpha^2-\beta^2)+(\alpha-\beta)=(\alpha+\beta)(\alpha-\beta)+(\alpha-\beta)=1\times\sqrt{5}+\sqrt{5}=2\sqrt{5}$

問3　$\alpha^3-\beta^3=2\sqrt{5}$　　$\alpha^{n+2}-\beta^{n+2}=(\alpha^{n+1}-\beta^{n+1})+(\alpha^n-\beta^n)$…④　　$n=2$を④に代入して，$\alpha^4-\beta^4=(\alpha^3-\beta^3)+(\alpha^2-\beta^2)=2\sqrt{5}+\sqrt{5}=3\sqrt{5}$　　$n=3$を④に代入して，$\alpha^5-\beta^5=(\alpha^4-\beta^4)+(\alpha^3-\beta^3)=3\sqrt{5}+2\sqrt{5}=5\sqrt{5}$　　$n=4$を④に代入して，$\alpha^6-\beta^6=(\alpha^5-\beta^5)+(\alpha^4-\beta^4)=5\sqrt{5}+3\sqrt{5}=8\sqrt{5}$　　$n=5$を④に代入して，$\alpha^7-\beta^7=(\alpha^6-\beta^6)+(\alpha^5-\beta^5)=8\sqrt{5}+5\sqrt{5}=13\sqrt{5}$

[2] (推理)

問1　A国の化石燃料，原子力，自然エネルギーの割合をそれぞれa%，b%，c%とすると，①より，$a+b+c=100$…(i)　　$c=b+2$…(ii)　　$a=b+c+20$…(iii)　　(ii)を(iii)に代入して，$a=2b+22$…(iv)　　(ii)，(iv)を(i)に代入して，$(2b+22)+b+(b+2)=100$　　$4b=76$　　$b=19$　　これを(ii)，(iv)にそれぞれ代入して，$c=21$，$a=60$　　よって，(60, 19, 21)

問2　B国とC国の原子力の割合をそれぞれd%，e%とすると，②より，$3d+2e=19$…(v)　　(v)を満たすd，eの値は，$(d, e)=(1, 8), (3, 5), (5, 2)$の3通りある。ここで，B国の原子力の割合は奇数であり，③より，自然エネルギーの割合も奇数であるから，化石燃料の割合は偶数になる。よって，④より，C国の化石燃料の割合は偶数であり，③より，自然エネルギーの割合は奇数であるから，原子力の割合は奇数になる。したがって，$(d,\ e)=(3,\ 5)$

C国の化石燃料の割合が62％のとき，B国の化石燃料の割合は62＋8＝70(％)であるから，自然エネルギーの割合は，C国が100－62－5＝33(％)，B国が100－70－3＝27(％)で適する。

C国の化石燃料の割合が64％のとき，B国の化石燃料の割合は72％，自然エネルギーの割合は，C国が100－64－5＝31(％)，B国が100－72－3＝25(％)で適する。

C国の化石燃料の割合が66％のとき，B国の化石燃料の割合は74％，自然エネルギーの割合は，C国が29％，B国が23％で適する。

C国の化石燃料の割合が68％のとき，B国の化石燃料の割合は76％，自然エネルギーの割合は，C国が27％，B国が21％で，A国と同じになるから，不適。

以上より，C国の発電供給割合は，(62，5，33)，(64，5，31)，(66，5，29)

3 (図形と関数・グラフの融合問題)

基本 問1　$y=x^2$に$x=1$を代入して，$y=1$　よって，C(1，1)　直線ACの式を$y=-x+a$とすると，点Cを通るので，$1=-1+a$　$a=2$　$y=x^2$と$y=-x+2$からyを消去して，$x^2=-x+2$　$x^2+x-2=0$　$(x+2)(x-1)=0$　$x=-2,\ 1$　$y=x^2$に$x=-2$を代入して，$y=4$　よって，A(－2，4)

重要 問2　2点A，Cは$y=x^2$上の点だから，$A(s,\ s^2)$，$C(t,\ t^2)$とすると，直線ACの傾きは，$\dfrac{t^2-s^2}{t-s}=\dfrac{(t+s)(t-s)}{t-s}=t+s$　よって，$t+s=-1$…①　また，Mは線分ACの中点だから，点Mのx座標は$\dfrac{s+t}{2}$と表せるが，①より，点Mのx座標は$-\dfrac{1}{2}$

重要 問3　点Dのx座標をdとすると，Mは線分BDの中点でもあるから，$\dfrac{b+d}{2}=-\dfrac{1}{2}$　$d=-b-1$

点Dは$y=x^2$上の点だから，y座標は$(-b-1)^2=(b+1)^2$　よって，$D(-b-1,\ (b+1)^2)$　ひし形の対角線は直角に交わり，直角に交わる2直線の傾きの積は－1だから，直線BDの傾きは1で，点Bを通るから，直線BDの式は$y=x-b$　点Dは直線BD上の点でもあるから，$(b+1)^2=(-b-1)-b$　$b^2+4b+2=0$　$(b+2)^2=2$　$b+2=\pm\sqrt{2}$　$b=-2\pm\sqrt{2}$　$b<-2$より，$b=-2-\sqrt{2}$

4 (確率)

問1　さいころの目の出方の総数は，6×6＝36(通り)　題意を満たすのは，(1回目，2回目)＝(1，2)，(1，5)，(2，3)，(2，6)，(4，2)，(4，5)，(5，3)，(5，6)の8通りだから，求める確率は，$\dfrac{8}{36}=\dfrac{2}{9}$

問2　さいころの目の出方の総数は，6×6×6＝216(通り)　1回目に2または5の目を出して㋐に戻るとき，(2回目，3回目)の目の出方が問1と同じであれば，題意を満たすから，2×8＝16(通り)　1回目に1または4の目を出して㋑に止まったとき，(2回目，3回目)＝(1，3)，(1，6)，(3，2)，(3，5)，(4，3)，(4，6)，(6，2)，(6，5)のとき，題意を満たすから，2×8＝16(通り)　よって，求める確率は，$\dfrac{16+16}{216}=\dfrac{4}{27}$

5 (空間図形の計量)

重要 問1　断面図は右のようになる。ここで，CE$=\sqrt{a^2+a^2+a^2}=\sqrt{3}a$だから，$4r=\sqrt{3}a$　$r=\dfrac{\sqrt{3}}{4}a$

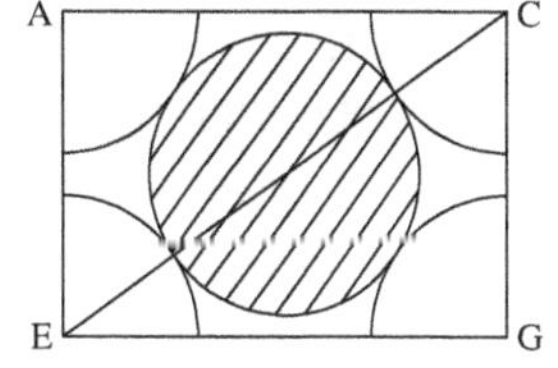

問2　鉄の密度は，$\dfrac{4}{3}\pi\times\left(\dfrac{\sqrt{3}}{4}a\right)^3\times2\div a^3=\dfrac{\sqrt{3}}{8}\pi$　$\sqrt{3}=1.7$，$\pi=3.1$として計算すると，$1.7\times3.1\div8=0.65875$　よって，有効数字2桁で%表示すると，四捨五入で66%，切り捨てで65%となる。

6 (平面図形の計量)

基本 問1　EB＝ECだから，∠EBC＝(180−30)÷2＝75(°)　よって，∠EBD＝∠EBC−∠DBC＝75−15＝60(°)

重要 問2　△EBQは内角が30°，60°，90°の直角三角形であるから，BQ$=\dfrac{1}{2}$EB$=\dfrac{\sqrt{6}}{2}$，EQ$=\sqrt{3}$BQ$=\dfrac{3\sqrt{2}}{2}$　よって，CQ＝EC−CQ$=\sqrt{6}-\dfrac{3\sqrt{2}}{2}$　$\overset{\frown}{BC}$の円周角だから，∠BDC＝∠BEC＝30°　よって，△DCQも内角が30°，60°，90°の直角三角形であるから，DQ$=\sqrt{3}$CQ$=\sqrt{3}\left(\sqrt{6}-\dfrac{3\sqrt{2}}{2}\right)=3\sqrt{2}-\dfrac{3\sqrt{6}}{2}$

★ワンポイントアドバイス★

1の問3や5など見慣れない問題だが，問題文をよく読めば解ける問題である。2は従来から出題されているタイプであるが，これも決して難問ではない。しっかりと考えて解こう。

<英語解答>

1　問1　ア　問2　A　ア　B　オ　問3　ウ　問4　4—Ⅰ　カ　4—Ⅱ　ア　4—Ⅲ　オ　問5　イ　問6　しかし，どうやって銃を持った男からカバンを取ればよいのだろうか？　問7　(例)　大声で自分のサッカーチームの名前を叫び，男に向かって走った。　問8　イ，ウ　問9　(Because) he could buy a new uniform and shoes.　問10　エ，カ

2　問1　朝起きた時，寝ている間に頭の中で起きたことをいつも思い出せるわけではない。　問2　ア　問3　(例)　現実で目覚まし時計が鳴っても，電話やドアベルが鳴って起き，それに答える夢を見るということ。　問4　A　キ　B　ウ　問5　エ　問6　イ

3　1　ウ　2　イ　3　エ　4　イ　5　エ　6　ア　7　ウ　8　ア

4　1　be, built　2　It, of　3　couldn't, because [as]　4　won't [can't], good　5　number, who [that]

5　1　hungry　2　electricity

6　1　A　キ　B　カ　2　C　エ　D　ウ　3　E　オ　F　イ

7　1　A　2　B　3　C　4　B　5　D　6　A　7　B　8　D　9　A　10　D　11　C　12　B　13　search　14　bored　15　situations

○配点○
1 問1，問3，問4，問5，問8，問10 各2点×9(問8完答) 問2 3点(完答)
問6，問7，問9 各4点×3 2 問1，問3 各6点×2 問2，問5，問6 各2点×3
問4 3点(完答) 3 各1点×8 4 各2点×5(各完答) 5 各2点×2
6 各3点×3(各完答) 7 各1点×15 計100点

＜英語解説＞

1 (長文読解問題・物語文：語句補充，語句整序，内容吟味，英文和訳)

(全訳) アリが何よりも欲しかったのは，彼のチームのサッカーユニフォームだった。しかし，それは彼にとって高すぎるので，自分がそれを持つことは決してないことを知っていた。彼はまた，新しいサッカーシューズが欲しかったが，それも買うことができなかった。それでその代わりに，彼は家に帰る途中毎日スポーツショップの中を見るだけだった。

ある日，シューズを見た後，彼はベンチに座っているこじきを見た。理由はわからなかったが，そのこじきは奇妙に見えた。こじきは黒いカバンを下ろし，変な様子で左右を見た。こじきは何かを待っているようだった。または誰かを。

バスが通りかかった。さて，アリはベンチが空であるのを見た。しかし，驚いたことに，カバンはまだそこにあった。彼は周りを見回したが，その男は(1)いなくなっていた。

彼はカバンを拾いに行ったが，そうできる前に別の男がカバンを手に取った。自分の安全を考えずに，アリは彼を追いかけた。彼はカバンをこじきに戻さねばならなかった。

その泥棒は黒い服を着ていた。アリは彼について行った。男は市場に入った。彼が店に入ったとき，アリはお茶のディスプレイの後ろに隠れた。店の奥のカーテンが開き，外国人の店員が現れた。

「よし，カバンを手に入れたな」と彼は言い，黒い服の男に何かを与えた。

彼はそれを上着にしまった。それは銃だった。アリは心配になった。

2これはもはや貧しい男のカバンを返す話ではなかった。これはもっと大きく，悪いことだった。

「あいつらがお前を待っている」と外国人は続けた。「フェリーに乗って街へ行け。あいつらはフラワーショップでお前に会うだろう。」

アリは警察に教えねばならないことを知っていた！ しかし突然，鼻がかゆくなった。彼は我慢することができなかった。彼は大声でくしゃみをし，お茶の箱が地面に落ちた。二人の男は怒った様子で彼を見た。逃げ場はなかった！

「母さんのためにお茶を買いたかっただけなんです」とアリは言った。

「おや，そうかい？」外国人は「(3)じゃあお母さんはどこだ？」と言った。

アリのポケットは空だった。

外国人はアリに「お前は自分が賢いと思うか？ だが，人が朝のゴミと一緒にお前の体を拾うとき，お前は自分がそれほど賢いとは思わないだろうさ！」と言った。

スカーフがアリの口を覆った。彼らはアリの手を背中の後ろにしてロープで縛った。外国人はアリを空中に持ち上げ，頭を先にしながら大きなゴミ箱に捨て，蓋を閉めた。アリは一生懸命呼吸しようとした。すべてが暗く，匂いはひどいものだった。アリは声を上げようとしたが，音が出なかった。彼はゴミ収集車に飲み込まれることを想像した。彼の家族は彼を見つけることは決してないだろう。(4—Ⅰ)涙が彼の目を満たした。

そのとき彼は父親の声を聞いた。「決してあきらめるな。常にゴールを目指せ！」

アリは手をゆるめようと一生懸命に努力した。ついに彼はそれができた。彼は口からスカーフを取り出し，ゴミ箱から登り出た。彼はフェリー港に行き，男を捕まえなければならなかった。彼がずっと走って行くとしても，まだ十分な時間があるだろう。

彼が港に着いてフェリーを見ると，一番上の甲板に黒い服の男が立っていた。アリはフェリーに駆け寄ろうとしたが，チケットのお金がないことを思い出した。アリはその男を見つけたのに，手が届かなかった！　男はフェリーから見下ろし，二人の目が合った。ボートは動き始めた。男は微笑んで手を振った。

アリは一層怒った。男を止められるのは彼だけだった。彼は深呼吸をしてフェリーに向かって走り，ジャンプして甲板に着地して転んだ。人々は彼を見た。アリは「銃を持った男がいる！」と叫んだ。

誰も彼を助けなかった。代わりに，彼らは嫌悪感を持って彼から離れた。彼らはゴミで覆われた少年のことを信じなかった。アリは一人ぼっちだった。その日，二度目に，(4―Ⅱ)<u>涙が自分の目を満たしているのを感じた</u>。

再び彼は父親の声を聞いた。「(5)<u>自分を奮い立たせて，正しいことを行え。</u>」アリは立ち上がって一番上の甲板まで階段を上った。そこには誰もいなかった。男は見えなかったが，アリは彼がそばにいると感じた。陰の中から，暗い形が動いているのが見えた。アリはすぐにこじきのカバンを見つけた！　(6)<u>しかし，どうやって銃を持った男からカバンを取ればよいのだろうか？</u>　突然，彼はサッカーのコーチの言葉を思い出した。「敵を驚かせろ！」(7)<u>それだった！</u>

アリはもう一度深呼吸をし，サッカーチームの名前を叫び，男に向かって走った。彼は男の顔に驚きを見た。彼は銃を手にしようとしたが，アリはあまりに速かった。彼は下から男の足をつかんでタックルした。銃は甲板を横切りながらぐるぐる回った。アリは男の背中に飛び乗って叫んだ。

「こいつはフラワーショップで誰かに会うんだ！　そいつらも捕まえないといけない！」

突然，警備員が走ってきた。そのうちの一人が銃を手に取り，男は連れ去られた。アリは突然，家族が家で待っていると思った。(4―Ⅲ)<u>彼の涙はついに落ちた</u>。

ボートが着いて，彼は警察が男を連れ去るのを見た。警官がアリのところにやってきた。彼はカバンを持っていた。

「よくやった！　私たちは長い間彼らを追っていたんだ。おかげさまで彼ら全員を捕まえたよ！」

アリは指さして，「そのカバンをこじきに返しますか？　彼らは彼からそれを盗んだんだ」と尋ねた。

警官は笑ってカバンを開けた。アリは目にしたものに驚いた。それはお金でいっぱいだった。

「それはこじきではなかったんだ」と警官は言った。「彼は(8)<u>あいつら</u>の一味だったんだ」そして彼は「それで君には素晴らしい報酬があるだろう」と付け加えた。

「新しいサッカーユニフォームを買えるくらい？　それからシューズは？」とアリは尋ねた。

「サッカースタジアム全体でも大丈夫だよ！」警官は微笑んだ。そして(9)<u>アリはこれまでで一番大きい笑顔になった！</u>

問1　〈be gone〉で「行ってしまった，無くなってしまった」という意味を表す。

問2　並べ替えると This was <u>no</u> longer about <u>returning</u> a poor man's bag. となる。〈no longer ～〉で「もはや～ではない」という意味になる。

問3　アリは「母さんのためにお茶を買いたかった」と言った。外国人はその言葉を信じなかったために，アリをからかう言葉を投げつけたので，ウが答え。ア「そこで何を手に入れたのか？」，イ「誰のためにそのお茶を買ったのか？」，エ「いつそれを手に入れたのか？」

問4　(4―Ⅰ)　アリは手を縛られてゴミ箱の中に入れられてしまったので，カが答え。

(4―Ⅱ)　フェリーにおいてアリは誰からも協力を得られなかったので，アが答え。

（4―Ⅲ）　悪い男たちが捕まえられた後なので，オが答え。

やや難　問5　〈pick ～ up〉で「～を元気づける，奮い立たせる」という意味を表す。

問6　〈how S V〉で「SがどのようにVするか」という意味を表す。

問7　直後の段落の第1文と第4文の内容を使ってまとめる。

問8　悪い男たちについて表すものを選ぶ。ア「アリ」は主人公なので誤り。イ「黒い服を着た男」は，アリが最初に見つけた男なので，答え。ウ「外国人の店員」はアリを捕まえた男なので，答え。エ「警備員」は男たちを捕まえたので，誤り。オ「警官」は悪い人たちではないので，誤り。

問9　「下線部9には『アリはこれまでで一番大きい笑顔になった』とあるが，彼はなぜそれほどうれしくなったのか。英語10語程度で答えを書きなさい。」　アリは，彼のチームのサッカーユニフォームとサッカーシューズが欲しかったが，買うことができなかった。しかし，今大金をもらえることになって，それらが買えるとわかったので，大きい笑顔を見せた。

問10　ア　アリがこじきを見たのは初めてだったので，誤り。　イ　アリはこじきにカバンを戻そうとしたので，誤り。　ウ　アリはゴミ箱の中で声を出せなかったので，誤り。　エ　アリが着いた後フェリーは出ているので，正しい。　オ　アリを助ける人はいなかったので，誤り。
カ「それはお金でいっぱいだった」とあるので，正しい。

2　（長文読解問題・説明文：英文和訳，語句補充，語句整序，指示語，内容吟味）

（全訳）　私たちは睡眠とは何かについて多くのことを知っているが，何が睡眠を引き起こすのかは知らない。睡眠は休息の状態である。私たちが眠るとき，私たちの体はその日の活動によって引き起こされた疲労から回復する。ぐっすり眠った後，私たちは再び活動的になり，日々の活動の準備が整う。

科学者たちは，睡眠は学習の過程においても重要であることを発見した。私たちが眠るとき，脳は私たちが日中に得た新しい情報を受け取り，それを保存するエリアに運ぶ。そして情報はさらなる永久記憶装置へと移され，記憶の中に深く保持される。

(1)私たちが朝起きたとき，眠っていたときに私たちの心の中で何が起こったのかを思い出すことはいつも可能であるとは限らない。私たちは夢を覚えているかもしれないが，私たちの睡眠の残りの部分は一種の暗闇であり，何も起こらなかったように思われる。

私たちが深く眠りにつくと，私たちの体の中ではいくつかのことが起こる。私たちの筋肉は安らぐ。心拍はより遅くなる。私たちの体温と血圧は下がる。脳も遅くなるので，意識的に考えたり行動したりすることができなくなる。しかし，私たちは夢を見ることができる。私たちが最初に目覚めたとき，私たちの体温と血圧は(2)正常な状態まで上昇する。私たちの心拍と呼吸も(2)正常な状態になり，より十分に目覚める。そうすると，寝ている間に見た夢のほとんどを忘れてしまうことがよくある。

夢とは何か？　眠っているときに起こる心の活動だ。夢はいくつかの理由で重要であるように思われる。一つは，(3)夢は私たちが騒音の中でも眠るのを助けることができるということだ。たとえば，目覚まし時計が鳴るが，私たちの心は，電話やドアベルが鳴っていて，起きていてそれに応答していることを夢見させる。夢はまた，人が持つ問題について多くのことを明らかにし，それらに解決策を提供することができる。

現実的な夢もあればそうでない夢もある。4つまり，夢の中で起きることは，目が覚めている時にも起こりうる。そうでないものは起こりえない。しかし，私たちは(5)1つのことを覚えておく必要がある。夢は未来を伝える方法として使うことはできない。夢は単に未来を語ることはできない。

問1　〈it is ～ for S to …〉で「Sが…することは～である」という意味になる。また，〈not always ～〉は「いつも～とは限らない」という意味を表す。

問2　低い状態にあった体温や血圧，また心臓の鼓動や呼吸が，目覚めたときにどのようになるかを表すので，アが答え。イ「共通の」，ウ「速い」，エ「活動的な」

問3　直後の文の内容を使ってまとめる。

問4　並べ替えると（This means that）some of the things that happen in dreams（could happen when we are awake）となる。関係代名詞の that 以下が things を修飾している。

問5　エ「夢は決して未来を教えない。」は直後の部分の内容に合うので，答え。ア「夢のいくつかは現実のようだ」，イ「他の夢は現実的でない」，ウ「夢は未来を告げるのに使われる」は，いずれも直後の内容に合わないので，誤り。

重要 問6　ア 「翌日の活発な運動」は疲労回復には関係がないので，誤り。　イ　第2段落の内容に合うので，答え。　ウ　夢を見ていない時の内容なので，誤り。　エ　最後から2つ目の段落の最後にある「夢はまた，人が持つ問題について多くのことを明らかにし，それらに解決策を提供することができる」という内容に合わないので，誤り。

3 （語句補充問題：動名詞，前置詞，受動態，過去形，動詞，慣用句，名詞，発音）

1. 「あなたは昼食を食べる前に手を洗うべきだ。」 前置詞の目的語として動詞を置く時には動名詞にする。

基本 2. 「私は大阪にいる間に多くの有名な場所を訪問した。」「～の間に」という意味は〈during ＋名詞〉で表すことができる。

3. 「ボブの誕生日パーティーには何人の子供が招待されましたか。」 子供たちは「招待される」立場にあるので，受動態を使う。

4. 「ルーシーは先月日本語を学び始めました。」「ああ，そうですか。」 相手が言ったことを受けて答えている。did she start to learn Japanese last month? と繰り返さず，did she と簡潔に述べている。

5. 「ラベルには『台湾製』と書いてある。」 ラベルや看板に「～と書いている」という意味を表す時には，動詞の say を使う。

6. A「どうぞケーキをご自由に食べてください。」 B「ありがとう。おいしそうです！」〈help yourself to ～〉で「(飲食物を)自由に取って食べて(飲んで)ください」という意味を表す。

7. 「他のものと関係がないのはどれか。」 ア「足」，イ「ひざ」，ウ「腕」，エ「脚」なので，ウが答え。

8. 「どの下線部の発音が異なる音を持っているか。」 ア [hwʌ́t]，イ [fæt]，ウ [grǽf]，エ [lǽf] なので，アが答え。

4 （書き換え問題：受動態，不定詞，助動詞，接続詞，命令文，関係代名詞）

1. 「私たちの町の新しい鉄道駅をいつ建てるのですか。」→「私たちの町の新しい鉄道駅はいつ建てられるのですか。」「駅」は建てられるものなので，受動態で表す。

2. 「私の宿題を手伝ってくれてありがとう。」→「あなたは私の宿題を手伝ってくれて親切でした。」〈it is ～ of S to …〉で「Sが…することは～である」という意味になる。

3. 「私の祖父はかぜをひくことを恐れすぎて，医師にみてもらえなかった。」〈too ～ to …〉で「…するには～すぎる」という意味を表す。

4. 「あなたはもし熱心に練習すれば，英語を上手に話せるようになります。」→「熱心に練習しなさい，そうしないとよい英語の話者にはなれません。」〈命令文，or ～〉で「…しろ，そうしないと～」という意味になる。

5. 「今日新聞を読む人はどんどん少なくなっている。」→「今日新聞を読む人の数は減りつつある。」 read the newspaper が people を修飾するので，主格の関係代名詞を使う。

5 （語彙問題：形容詞，名詞）

1. 「これは，あなたが長い間何も食べたり飲んだりしていない場合のあなたの感じ方です。これの1つの印は胃からの音です。その単語は『H』で始まります。」
2. 「これは私たちが日常生活で必要としているものですが，通常は見ることができません。それは多くのものを動かす力です。たとえば，テレビ，洗濯機，ヘアドライヤー，さらには一部の車もそれで走っています。その単語は『E』で始まります。」

6 （語句整序問題：間接疑問文，動名詞，比較）

1. (The teacher) spoke loud enough for all the students to hear(.) 〈~ enough for A to …〉で「Aが…するくらい～」という意味になる。
2. (I came here) not to play with you but to take the examination(.) 〈not A but B〉で「AでなくB」という意味になる。
3. A lot of interesting classes make my school life enjoyable(.) 〈make A B〉で「AをBにする」という意味になる。

7 （リスニング）

（全訳） PART A：質問を聞き，最も適した答えを選びなさい。

1. あなたは今日はテストが無いのですか？
   A. 先生がそれは来週になると言いました。
   B. はい，私は悪い点数を取りました。
   C. 私はテストのために一生懸命勉強しなくてはいけません。
   D. あなたは今日テストの結果を受け取るでしょう。
2. 彼女はなぜ悲しそうなのですか？
   A. 彼女はとても動揺しているように見えます。 B. 彼女はボビーとけんかをしました。
   C. なぜなら彼女は幸せだからです。 D. 私は彼女は泣いていると思います。
3. そのお店は何時に開きますか？
   A. 一時間です。 B. 月曜日から金曜日です。
   C. その日によって違います。 D. そのお店は閉まっています。
4. あそこにいるのはあなたの姉(妹)ですか？
   A. いいえ，彼女は私の姉です。
   B. 私には姉妹はいません。
   C. 以前は私の家族は全員ここにいました。
   D. 私は兄弟が2人と姉(妹)が1人います。
5. 天気が悪かったら，あなたは何をするつもりですか？
   A. もちろん，私は傘を持ってきました。 B. 晴れにはならないでしょう。
   C. たぶん雨が降るでしょう。 D. 私はたぶん屋内にいるでしょう。

PART B：会話と質問を聞き，最も適した答えを選びなさい。

6. A：何かお探しですか？
   B：はい，その演奏のチケットを2枚下さい。
   A：かしこまりました。大人2枚のチケットで20ドルになります。
   B：実は，私の娘はまだ16歳です。
   A：まあ，失礼致しました！その場合は合計15ドルになります。
   質問：子供のチケット代はいくらか？
   A. 5ドル B. 15ドル C. 10ドル D. 20ドル

7. A：スージー？
B：スミス先生！お久しぶりです。
A：ええ，あなたが卒業してから会っていませんでしたね。
B：まだ学校にいらっしゃるのですか？
A：ええ，でももう教えてはいません。私は今は校長です。
質問：スミス氏とスージーはどのような関係か？
A. 彼は彼女の先生である。　B. 彼女は彼の生徒だった。
C. 彼は今彼女の校長である。　D. 彼女は彼の先生だった。

8. A：あなたは木曜日は暇？
B：何時ころ？
A：午前中は？
B：たぶん。どうして聞くの？
A：私達，お芝居を見られるかもしれないと思ったの。
B：いいね，でもまずランチを食べるのはどう？
A：いいわよ。
質問：彼らの計画は何か？
A. 彼らは午前中に遊ぶだろう。
B. 彼らは午後に遊ぶだろう。
C. 彼らは午前中に劇場に行くだろう。
D. 彼らは午後に劇場に行くだろう。

9. A：なんてことだ！
B：どうしたの？
A：財布が見つからないんだ。
B：あそこの，床の上にあるのがあなたの財布じゃない？
A：そうだ！僕のだ。やった，見つけたぞ！
B：でも待って，あなたはお金を入れていた？
A：うん，30ドル。
B：残念だけど，中には何もないわ。空っぽよ。
A：なんてことだ…
質問：問題は何か？
A. 誰かが彼のお金を取った。　B. 彼の財布が行方不明だ。
C. 彼は違う財布を拾った。　D. 彼はお金を全て使った。

10. A：赤と緑，どちらのシャツの値段が高いですか？
B：緑です。でも，青いシャツほど高くはないです。
質問：値段が高いものから安いものまで並べると，順番はどうなるか？
A. 緑＞青＞赤　B. 赤＞緑＞青
C. 緑＞赤＞青　D. 青＞緑＞赤

PART C：絵を見て，最も適した答えを選びなさい。

11. A：ご注文をお伺いします。
B：はい，チーズバーガーを野菜抜きでお願いします。
A：ご一緒にフライドポテトはいかがですか？
B：それと，オニオンリング。

A：かしこまりました。

B：やっぱり，ダブルチーズバーガーにして下さい。

12. A：ビリー，日本で一番好きだった場所はどこですか？

B：京都のお寺と東京タワーが気に入りました。

A：東京タワー？でも東京スカイツリーの方がずっと高いです。

B：そうですね。でも，どこよりも沖縄のビーチが良いです。

PART D：指示を聞きなさい。文中の欠けている単語を書きなさい。

“英語は多くの日本の学生には難しく見えるので，教師にとって授業を楽しく面白くする方法を探すことが重要である。もし英語の授業が教科書や語彙や文法だけに限定されていたら，たくさんの生徒は興味をなくして退屈してしまうだろう。英語は受動的ではなく，能動的な科目である。教師は生徒に英語を楽しんで使う場や，彼らの日常生活に英語がどれだけ役に立つかを理解できるような機会を与えなくてはいけない。”

★ワンポイントアドバイス★

④の3の〈too ~ to …〉は〈so ~ that S can't …〉で書き換えられる。この文を書き換えると My grandfather was so afraid of catching a cold that he couldn't see the doctor. となる。that の後では主語を補う必要がある。

<国語解答>

一　(1) 往来　(2) 背水　(3) 緒　(4) 露呈　(5) 酔(った)
(6) ちょうほう　(7) じぎ[しぎ]　(8) しんちょく　(9) るふ
(10) ほころ(び)

二　問一　Ⅰ オ　Ⅱ エ　Ⅲ イ　Ⅳ ウ　問二　一つは　問三　読む際にも
問四　A ア　B カ　C イ　問五　D ウ　E イ　問六　(例) その言語で意味の違いをもたらすような最小の音の単位を音素というから。(34字)　問七　イ
問八　音素の　問九　ウ

三　問一　ウ　問二　ア　問三　イ　問四　我々の[最も愚]　問五　Ⅰ イ　Ⅱ ウ
Ⅲ オ　問六　ウ　問七　① 高　② 毛　問八　ア　問九　(例) 迷信を一度信じてしまうと，次からも信じ続けるようになること。　問十　オ　問十一　ウ

四　問一　A イ　B ア　C ウ　問二　いる　問三　(例) 自分は二廻りしか稽古していないが，相手は三廻り稽古したと思ったから。

五　Ⅰ 問一　以て鳥を得べからず。　問二　ア　Ⅱ 問一　与レ人不レ求レ備レ焉

六　問一　(1) エ　(2) ア　問二　1 コ　2 ウ　3 ト　問三　オ

○配点○

一　各1点×10　二　問一　各1点×4　問四・問五　各2点×5　問六　6点　問9　4点
他　各3点×4　三　問五・問八　各1点×4　問六・問七　各2点×3　問九　6点
問十一　4点　他　各3点×5　四　問一・問二　各1点×4　問三　3点　五　各2点×3
六　各1点×6　計100点

＜国語解説＞

一 (漢字の読み書き)

(1) 行ったり来たりすること。「往」を使った熟語には，他に「往生」「往時」などがある。
(2) 「ハイスイの陣」で，一歩も退くことのできない立場で必死の覚悟でことにあたるという意味になる。 (3) 音読みは「ショ」「チョ」で，「由緒」「情緒」などの熟語がある。 (4) よくない事柄があらわれ出ること。「露」の他の音読みは「ロウ」で，「披露」という熟語がある。
(5) 音読みは「スイ」で，「陶酔」「酔狂」などの熟語がある。 (6) 便利なものとしてよく使うこと。「重」を「チョウ」と読む熟語には，他に「慎重」「重複」などがある。 (7) 時期がちょうどよいこと。「宜」を使った熟語には，他に「適宜」「便宜」などがある。 (8) 物事が進み，はかどること。 (9) 世間に広まること。「流」を「ル」と読む熟語には，他に「流転」「流罪」などがある。 (10) 音読みは「タン」で，「破綻」などの熟語がある。

二 (論説文一大意・要旨，内容吟味，文脈把握，接続語の問題，脱文・脱語補充)

問一 Ⅰ 後で「この上」と付け加えているので，はじめに，という意味を表す語があてはまる。
Ⅱ 前の「音と表記の関係は，言語によって違う」例を，後で「英語のようなアルファベットを使う言語」と挙げているので，例示の意味を表す語があてはまる。 Ⅲ 「英語のようなアルファベットを使う言語では，音素と呼ばれる単位への認識が重要である」という前に対して，後で「日本語の仮名……の場合はモーラ(拍)を基礎単位としている」と関連するもう一つの話題を提示しているので，対比の意味を表す語があてはまる。 Ⅳ 「英語圏では，読みに問題を持つ子どもの多くが，まず，この音韻符号化のプロセスで躓いてしまう」という前から当然予想される内容が，後に「子どもが文字を見ながら，その発音を聞けるような機能のついているデジタル絵本・物語本は，読みの第一歩である音と文字の結びつきを体得するのに効果的だと期待されてきた」と続いているので，順接の意味を表す語があてはまる。

問二 同じ文の「こうした一連の認知行為を総合したもの」に相当する一文を抜き出す。冒頭の文の「読むという力」が「読解」と同様の意味を持つので，その後の「一つは，文字をすばやく解読化……し，単語を認知する能力，もう一つはテクストから意味を構築する能力である」という説明に着目する。

問三 ――線部2「音韻認識が読む時にも大切な」理由を，「その理由を解明するには」で始まる直後の文以降で図を挙げて説明している。その説明に基づき，直後の段落で「英語圏を中心に進められてきた研究によると，読む際にも，大部分の場合は，この音韻符号化経路を経て心的語彙にアクセスしているという」と述べており，ここから「音韻認識が読む時にも大切な」理由を述べている部分を抜き出す。

問四 ――線部3「図3－1」は同じ文の「二重経路説」を表している。「二重経路説」について，同じ段落で「二重経路説では，心的語彙にアクセスする方法として，視覚から入ってきた情報から直接意味にアクセスする方法(視覚符号化経路)と，いったん音韻情報に変化してから，意味にアクセスする方法(音韻符号化経路)の二つがある」と説明している。「視覚から入ってきた情報から直接意味にアクセスする方法(視覚符号化経路)」から，[A]にはアの「意味」があてはまり，[B]には「視覚から入ってきた情報」に通じる，カの「文字」があてはまる。さらに，「音韻情報に変化してから意味にアクセスする方法(音韻符号化経路)」から，[C]にはイの「音韻」があてはまる。

問五 D 「音韻化のプロセスは，大人の場合は[D]化しているので，無意識で行われているにすぎない」という文脈から，特別に意識しなくても自然にそうなるという意味の語があてはまる。
E 「日本語のひらがな・カタカナの読みではモーラ(拍)と呼ばれる音節」が重要であるが，「私たち日本語話者」がこの「音節」をどのように感じているのかを考える。理性ではなく感じ取るという意味を表す語があてはまる。

やや難 問六 「英語のようなアルファベットを使う言語」において，——線部4「音素」が重要である理由を読み取る。直後の段落で，英語では「/b/と/p/の音をしっかり区別することがbigとpigを識別するために重要」という例を挙げ，その後で「このようにその言語で意味の違いをもたらすような最小の音の単位を音素という」と説明している。この内容を言い換えて，「音素」が重要である理由となるようにまとめる。

問七 同じ文の「文字にハイライトをしながら，その部分の音声を一緒に流す(読み上げる)ような機能」は，何と何との「関係性の理解」につながるのかを読み取る。「文字」と「音声」を意味する語があてはまる。

問八 ——線部5の「複雑さ」は，直前の文の「2つ以上の文字で同じ音を表したり……同じ文字の組み合わせなのに違う発音を表したり」することを言っている。その理由となる部分を探すと，同じ段落に「音素の数に比べて，文字の数が圧倒的に少ないのだ」とあるのに気づく。

重要 問九 「でも，日本語では」で始まる段落の「読む際の音韻化のプロセスは……中国語や日本語など漢字を使う言語でも基本的にはあてはまる」とウが合致する。アの「自分がどのような言語体系に触れてきたかを知ること」の重要性や，イの「非言語情報を排除すること」については述べていない。エは「英語圏の子どもの」で始まる段落の内容に合致しない。「一般に」で始まる段落に「英語など深い表記を持つ言語を学ぶ子どもは，浅い表記を持つ言語を学ぶ子どもに比べて，音と表記の関係性を把握するのに時間がかかる」とあるが，オの「言語への関心の度合い」については述べていない。

三 (小説一大意・要旨，情景・心情，内容吟味，文脈把握，脱文・脱語補充，ことわざ・慣用句，品詞・用法，文学史)

基本 問一 ——線部1の「そのこと」は，一つ前の文「何もわるいことをしていない娘がこんな病気にかかり，こんな風に死んでいく」ことを指示している。この内容を「理不尽なこと」と言い換え，「どう心の中で処理して」を「なんとか納得できる理屈をつけようとして」と説明しているウが最も適切。「そのこと」の内容に，エは合わない。お手伝いさんのことを考えているので，「信仰心の厚い自分が」とあるアは適切ではない。「理屈をつけようとして」に，イの「自責の念」やオの「自らの弱さを克服しようとして」もそぐわない。

問二 「たじろぐ」は，相手の勢いにひるむ様子を表す。——線部2の「そう」は，前の「あなたの体が心配だったから」という妻の言葉を指示している。占師のところへ行った妻を「なぜ，そんなところに行く」と問い質したところ，自分の体のことを持ち出されて「たじろいだ」のだとわかる。「あなたの体が心配だったから」という妻の言葉に，イの「責任転嫁」はそぐわない。エの「信者として間違っている」やオの「理屈の通ったこと」とは読み取れない。妻は真剣に「私」を心配しており，ウにあるように「関係のない理由を口にした」わけではない。

問三 直前で「曲りなりにも俺たちは基督教信者だろ」と「私」は言っているので，妻の信仰について述べている部分に着目する。後の「お前……お前だってカトリックだろう」と言う「私」の言葉の後に「妻は私と結婚したあと……二十五年間，一緒に教会に行ったり，知人の冠婚葬祭に出ても彼女はすっかり信者になりきっているように私には見えた」とあるのに着目する。ここから，「私」は妻が自分と同じように基督教を信仰しているはずだと考えていたことがわかる。信仰を「価値観」と言い換えているイを選ぶ。

問四 ——線部4の「その臭い」は，「私」が以前に取材した占師の家で感じたものである。その占師の家では女性たちが順番を待っており，自分の妻も同じように占師の順番を待っていたと想像した「私」の心情が描かれている場面に着目する。「妻も，今日」で始まる段落で「妻も，今日，同じような顔をしながら占師の家で自分の順番を待っていたのだな，と思った。その顔は我々の持つ最も愚かな面と最も低級な意識のあらわれのような気がした」とあり，ここから「別の何か」の説明に当たる語句を抜き出す。

問五　Ⅰ　前に「その日，彼女に口をきかなかった」とあるように，「私」は占師の所へ行った妻に腹を立てている。妻が夜に「あやまった」というのであるから，時間がかかってようやく，という意味を表す語があてはまる。　Ⅱ　直後の「悪い」を修飾している。程度のはなはだしいという意味を表す語があてはまる。　Ⅲ　直前の会話の「俺が死ぬのか」を受けている。あいまいなところがない，という意味を表す語が適切。

問六　前の「黙ったまま彼女を睨みつけていた」からは，「私」の怒りが感じられる。怒りの上に「恐怖さえ感じ」というのであるから，――線部5の「さえ」は，すでにあるものの上にさらに付け加える意味用法で，同じ意味用法のものはウ。アはある事柄を挙げて他は当然であると類推させる，イとエはその条件が満たされれば十分な結果を表す意味用法。

基本　問七　①　ここでの「高」は，まあこの程度だろうと見当をつけるという意味。　②　獣が相手の毛並みによって好き嫌いをするという意味からできた慣用句。

基本　問八　志賀直哉の作品には，他に「城の崎にて」などがある。イは三島由紀夫，ウは島崎藤村，エは森鷗外，オは芥川龍之介の代表作。

重要　問九　同じ会話の「あれ」は，妻の信じる占師を意味している。占師について反対する「そういうことを許すと奥さんは今後もその占師にすべて相談に行くようになる」というMの言葉や，「迷信を一度信じると泥沼に足を入れたようになる。Mの言う通りだ」という「私」の言葉をもとにまとめる。

問十　――線部8の「このこと」は，「私」が死なないように鳥取に行くことを指示している。前の「彼女はにこりともせず」や，後の「それだけを繰り返した」という妻の様子から，夫の命を守るために，自分の言い分をなんとしても通そうとする気持ちが読み取れる。何度も繰り返す様子からは，アの「無力感」やイの「もうこれ以上合わせるのはごめんだという気持ち」は読み取れない。夫の命を守りたいという気持ちに，ウの「改めさせるきっかけ」やエの「許せない」はそぐわない。

重要　問十一　「あなたみたいにカトリック以外の宗教を無視する育ち方はしていないんです……観音さまを今でも拝む気持ちは捨てられません」という妻の言葉に対して「それじゃお前は多神教じゃないか」と「私」が驚く様子にウが適切。アとエに関する叙述は見られない。「私」が占師のもとを訪れたのは十五年前の取材のためなので，イは適切ではない。占師の言葉を信じる妻の様子に，オの「気楽に」はそぐわない。「私」は友人に相談はしているが，妻を説得してもらおうとはしていないので，カも適切ではない。

四　**(古文―文脈把握，品詞・用法，仮名遣い)**

〈口語訳〉　忍術の指南所という看板を見て，(ある男が)弟子入りをしようと行くと，師匠が言うには，「私の忍術では七日あれば一人前に，人目につかないように隠れることができます。まず一廻り稽古をしなさい」と言われ，七日通うと，(師匠は)「もうこれで，どこへ忍び込んでもよろしゅうございますが，いっそのこと，もう一廻り稽古なさると，どこへ忍び込んでも，見つかる事はございません」と言われ，もう七日通うと，二廻りの稽古をしたから，人に見つかることはないだろうと，隣の柿を盗みに入り，柿の木へ登って，さっさっさと取っていると，(隣の家の)男が見つけ，「おいどろぼうよ」と呼びつけて，さんざんぶちのめされ，その(柿を取っていた)男は胆をつぶし，「これほど忍術を稽古したので，見つからないはずだが，どうやって(見つけたのか)聞いてみよう」と，その(自分を)見つけた男に「もうしあなたは，まあどなたでございますか」と聞くと，その男は「おれはこの屋敷の見回りの者だ」「ははあ道理で見つかった(わけだ)，おれは二廻り(しか稽古していない者)だった」

問一　A 「看板」を「見て」とつながる。　B 「師匠」が「いふ」という文脈になる。主語を表す「の」が入る。　C 「人」に「見付かる」という文脈になる。

基本 問二 「ゐ」は，現代仮名遣いでは「い」に改める。

やや難 問三　直前の「見付けた男」の言葉「おれは此やしきの見廻りの者だ」に注目する。——線部2の後に「おれは二廻りだった」と言っていることから，「見廻り」を三廻りの意味にとって，自分は二廻りしか稽古していないが，相手は三廻り稽古したから自分より上手だったと思って「納得」したのだとわかる。この内容を簡潔にまとめる。

五 (漢文・漢詩)

やや難 Ⅰ　問一　一二点にはさまれた部分を最初に読むが，「不」「得」の下にレ点があるので，最初に読むのは返り点のついていない「以」。次に，「鳥」を読んでから「得」を読む。その後に，二点のついた「可」を読み，レ点のついた「不」に返る。漢文を書き下し文に改めるときには，助動詞をひらがなに直す。

問二　鳥がかかるのはたった一つの網の目だが，何百という網の目がなければ鳥を捕らえることはできないというのであるから，役に立たないように見えるものがかえって役に立つという意味の四字熟語を選ぶ。アは「むようのよう」，イは「いちもうだじん」，ウは「おかめはちもく」，エは「いっせきにちょう」と読む。

Ⅱ　問一 「人」→「与」→「徳」→「感」→「求」→「不」の順に読むように返り点を付ける。「人」→「与」とするために「与」にレ点を付ける。「徳」→「感」とするために，「感」にレ点をつけ，「感」→「求」とするために，「求」にレ点も加える。「求」→「不」とするために，「不」にもレ点も加える。

六 (ことわざ・慣用句，品詞・用法，文学史)

基本 問一　(1)　その道の名人でも失敗することがあるという意味で，最も近い意味のことわざはエ。

(2)　幸福と不幸は交互にやってくるという意味で，近い意味のことわざはア。

問二　1　基本形は「続ける」で，「け／け／ける／ける／けれ／けろ」と活用するので，カ行下一段活用。「て」に接続するのは，連用形。　2　基本形は「なる」で，「ら・ろ／り・っ／る／る／れ／ろ」と活用するのでラ行五段活用。「こと」に接続しているので，連体形。　3　前の「希望し」を打ち消しているので，打消しの意味を表す助動詞。「。」がついているので終止形。

基本 問三　軍記物語は，中世の文学で合戦の様子を描いた物語。アは随筆，イは歌物語，ウは歴史書。エは物語。

★ワンポイントアドバイス★

読解問題で，傍線部や傍線部の前後に指示語が含まれている場合は，その指示内容を明らかにした上で，選択肢を判断しよう。

2021年度

★★★★★★★★★★★★★★★★★★★★★★★★★

入　試　問　題

2021年度

中央大学高等学校入試問題

【数　学】（50分）　＜満点：100点＞

【注意】 定規　分度器・電卓は使えません。

1　次の問に答えなさい。

問１．２次方程式 $2x^2+3x-1=0$ を解きなさい。

問２．$\dfrac{\sqrt{7}-\sqrt{3}}{\sqrt{21}}-\dfrac{\sqrt{2}-\sqrt{56}}{\sqrt{14}}-\dfrac{\sqrt{14}-\sqrt{24}}{\sqrt{42}}$ を簡単にしなさい。

問３．下図のように，斜辺AB＝c，BC＝a，CA＝b である直角三角形ABCの頂点Cから，線分ABに下ろした垂線の足をDとします。このとき，以下の文章の空欄に入る数式を，a，b，c を用いて答えなさい。

△ACD∽△ABCよりAD＝［ア］，△CBD∽△ABCよりBD＝［イ］となる。さらに，AD＋BD＝ABの両辺に［ウ］を掛けると，三平方の定理「$a^2+b^2=c^2$」が成り立つ。

（注．以降の2～6で三平方の定理を利用して問題を解いてよい。）

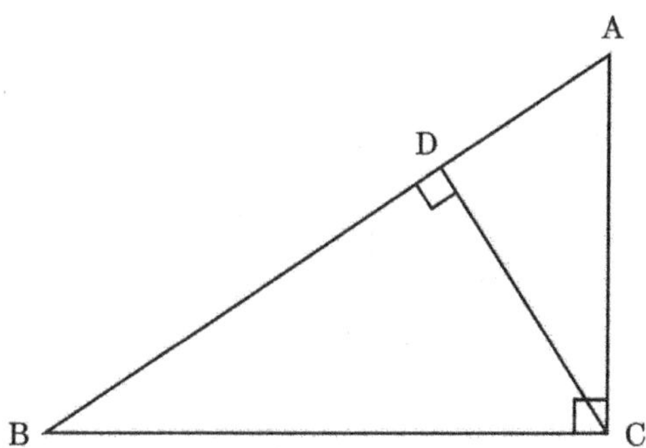

2　あめ，ガム，チョコの３種類のお菓子がお店に15個ずつあり，あめは10円，ガムは30円チョコは50円になっています。Aさん，Bさん，Cさんの３人はそれぞれ300円を持って，お店で３種類のお菓子を買いました。３人ともすべての種類のお菓子を買い，おつりがでることはありませんでした。Aさんはチョコを３個買い，Cさんはあめを10個買いました。このとき，以下の問に答えなさい。ただし，消費税は考えないことにします。

問１．Aさんが買ったあめ，ガムの個数をそれぞれ求めなさい。例えば，あめ２個，ガム４個のとき，解答欄に（2，4）の形で答えなさい。

問２．Bさんが買ったあめ，ガム，チョコの個数をそれぞれ求めなさい。例えば，あめ２個，ガム４個，チョコ１個のとき，解答欄に（2，4，1）の形で，考えられるすべての場合を答えなさい。

3 図のように，放物線C：$y=\dfrac{1}{6}x^2$上に点A$\left(-3,\ \dfrac{3}{2}\right)$があり，直線OAと直線$l$：$x=6$との交点をBとします。また，点Pは，点Bを出発して，l上をy軸正の方向に動きます。このとき，以下の問に答えなさい。

問1．点Bの座標を求めなさい。

問2．点Pの座標が（6, 3）のとき，直線APとCとの交点Qの座標を求めなさい。

問3．△ABPが二等辺三角形になるときの点Pの座標をすべて求めなさい。

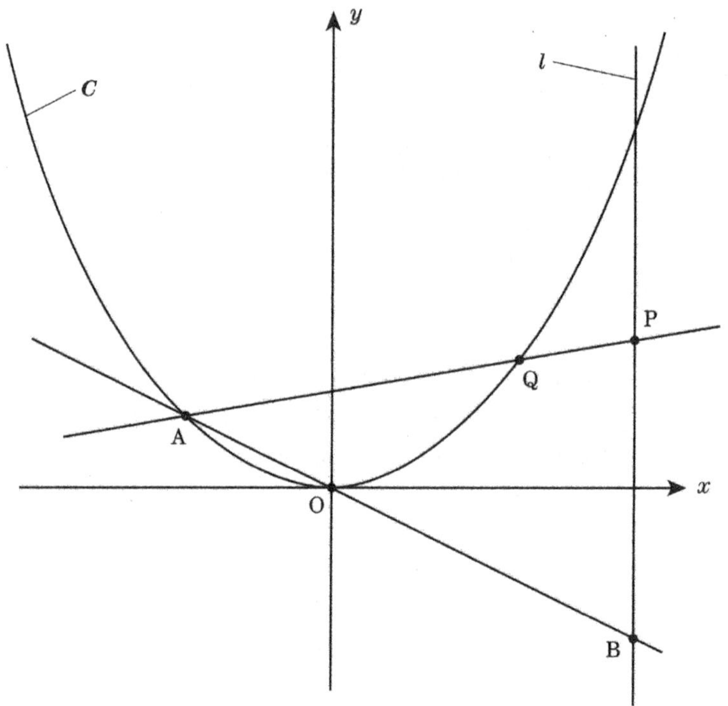

4 右図は半径3の円であり，円周上の点は，円周を6等分しています。このとき，斜線部分の面積を求めなさい。ただし，円周率をπとし，解答欄の図に補助線を書き込み，途中過程を残すこと。

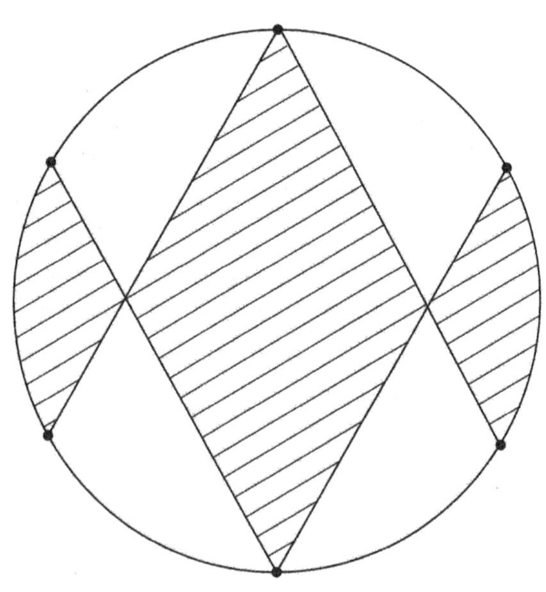

5　大，中，小３つのさいころを振り，出た目の数を順に a，b，c とし，座標平面上に点A$(a,\ b)$をとります。このとき，以下の問に答えなさい。

問１．大，中２つのさいころのみを振ったとき，点Aが直線 $y=\frac{1}{2}x$ 上にある確率を求めなさい。

問２．大，中，小３つのさいころを振ったとき，点Aが直線 $y=\frac{1}{2}x+\frac{3}{2}c$ 上にある確率を求めなさい。

6　図のように，点Oを中心とする円周上に，点A，B，C，Eがあり，CD＝２，BD＝$2\sqrt{5}$を満たしています。このとき，以下の問に答えなさい。ただし，円周率を π とします。

問１．辺ODの長さを求めなさい。

問２．点Eにおける円の接線と直線OBとの交点をFとします。直線OFを軸にして，△OEFを回転したときにできる立体の体積を求めなさい。

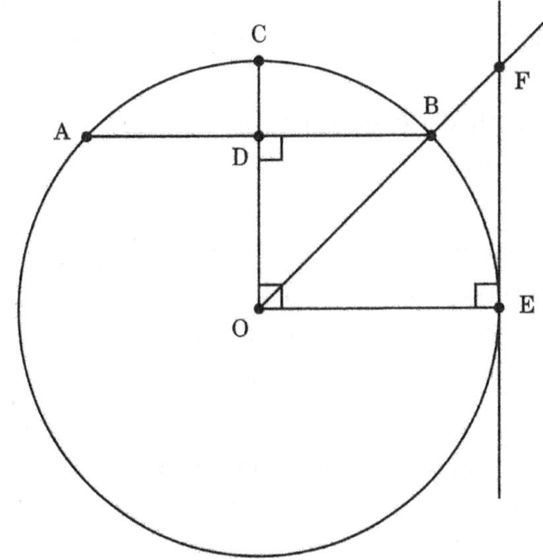

【英　語】（60分）　＜満点：100点＞

【注意】 筆記問題（1～6）は50分で，そのあとすぐにリスニング問題（7約10分）が放送されます。

1 次の英文を読んで，問に答えなさい。[＊をつけた語（句）には註があります]

Early one morning, Farmer Francis walked to his small *barn to feed his *turkeys. He was the owner of a small turkey farm. He was the poorest man in all the land, but he was happy. He had lots of work to do every day, especially feeding turkeys. When he went into the barn, he noticed something very strange.

One of his turkeys was very flat. It was like a pancake. (1)He thought that the other turkeys were stealing his food. So, Farmer Francis put the flat turkey into a separate room so that he could eat by himself.

The next day, when he arrived at the barn, he noticed that the flat turkey was even flatter! "I'm going to call you, Mr. Pancake Turkey," said Farmer Francis to the flat turkey. "But I'm also going to make sure you're all *plump and ready for *Thanksgiving."

"*Gobble, gobble," replied Mr. Pancake Turkey.

Farmer Francis gave twice as much food to Mr. Pancake Turkey, and walked away to take care of the other turkeys.

The next day, he went in to check on Mr. Pancake Turkey. To Farmer Francis' surprise, Mr. Pancake Turkey was still flat, but all the food was (2). "Why aren't you getting plump?" Farmer Francis said.

"Gobble, gobble," replied Mr. Pancake Turkey.

Farmer Francis decided to take Mr. Pancake Turkey to (3)the doctor. "My turkey won't get plump," said Farmer Francis to the doctor.

"Well," replied the doctor, "there is one thing you can do. You can eat with your turkey, to make sure he is eating all of his food."

"Good idea," replied Farmer Francis.

That evening, Farmer Francis brought Mr. Pancake Turkey inside his house to eat with him. Mr. Pancake Turkey ate everything that Farmer Francis fed him, but he still didn't get any plumper.

"What am I going to do with you?" asked Farmer Francis.

"Gobble, gobble," replied Mr. Pancake Turkey.

Farmer Francis thought he should take Mr. Pancake Turkey to the zoo. He didn't have any other kinds of animals on his small farm. He thought he should show him how plumper animals lived. He hoped that (4)this would change his mind. He showed him the *hippos, the elephants, the pigs, and the largest bird in all the land, the *ostrich.

"You need to get nice and big, like these animals," said Farmer Francis.

"Gobble, gobble," replied Mr. Pancake Turkey.

Mr. Pancake Turkey still didn't get any bigger, so Farmer Francis decided to take him to a Cherry Pie Eating contest. [5] The biggest man in all the land was there, and he ate 15 cherry pies.

"You need to eat like him," said Farmer Francis.

"Gobble, gobble," replied Mr. Pancake Turkey.

However, Mr. Pancake Turkey just wouldn't get any bigger. Farmer Francis didn't know what to do.

One day Farmer Francis' wife *suggested taking the turkey to the *circus. Farmer Francis thought it was a great idea, and decided to take Mr. Pancake Turkey to the circus. Everyone was amazed to see such a strange looking turkey. Soon, many people started coming from all over the country to see him. Farmer Francis became the most famous man in all the land.

"I'm going to be rich!" he said.

"Gobble, gobble," replied Mr. Pancake Turkey.

Farmer Francis made so much money that he decided to sell his farm and all of his turkeys. (6)<u>He began traveling around the country to show everyone how special his turkey was.</u> He bought himself a new truck, an airplane and a boat so that he could go everywhere. Farmer Francis became the richest man in the world. He bought a mansion for his wife and a big barn for his flat turkey.

"I have everything I want!"

"Gobble, gobble," replied Mr. Pancake Turkey.

But people started getting bored of seeing a flat turkey. Farmer Francis tried hard to put him on TV shows, in the movies or in commercials, but (7). He soon had to sell his truck, his airplane, his boat, the big mansion and the big barn. Farmer Francis had nothing.

"What am I going to do?" cried Farmer Francis.

"Gobble, gobble," replied Mr. Pancake Turkey.

Farmer Francis realized his *greed. He was trying to be somebody he was not. (8)<u>He was also trying to turn Mr. Pancake Turkey into (　　)(　　)(　　)(　　).</u> He was a farmer, and that was all he knew how to be. He decided to go back to his small farm, and to try to start over again. Farmer Francis didn't need to make Mr. Pancake Turkey plump, and he didn't need to make a lot of money. He just needed to be (9), and being a farmer was what he knew best, and that made him (9).

By Thanksgiving Day, Farmer Francis owned his farm again, and instead of having turkey for dinner, he decided to invite all the turkeys for Thanksgiving dinner.

"This is best Thanksgiving ever!" sang Farmer Francis.

"Gobble, gobble," replied Mr. Pancake Turkey.

註）barn：納屋　turkey(s)：七面鳥　plump：太った　Thanksgiving (Day)：感謝祭

gobble, gobble：《七面鳥の鳴き声》　hippo(s)：カバ　ostrich：ダチョウ
suggested < suggest：～を提案する　circus：サーカス　greed：欲張り

問1　下線(1)のように考えたFarmer Francisは，どのような行動をとったか。20字以内の日本語で説明しなさい。

問2　空所（2）に入る語として最も適切なものを1つ選び，記号で答えなさい。
ア．gone　イ．stolen　ウ．ready　エ．full

問3　下線(3)はFarmer Francisにどのような助言をしたか。40字以内の日本語で説明しなさい。

問4　下線(4)の内容として最も適切なものを1つ選び，記号で答えなさい。
ア．Farmer Francisが大きな農場を持ちたいと思うこと
イ．Farmer FrancisがMr. Pancake Turkeyを大きく育てたいと思うこと
ウ．Mr. Pancake Turkeyが大きな農場で過ごしたいと思うこと
エ．Mr. Pancake Turkeyが大きくなりたいと思うこと

問5　[5] には以下の英文が入ります。[　] 内を並べかえて，「彼らは，人々ができる限りたくさんのチェリーパイを食べているのを見た」という意味を表すようにしなさい。ただし，文頭に来る語も小文字にしてある。
[they / they / as / as / cherry pie / people / could / eating / watched / much].

問6　下線(6)を日本語に訳しなさい。

問7　空所（7）に入る語として最も適切なものを1つ選び，記号で答えなさい。
ア．it didn't make sense　イ．they surely got better
ウ．it didn't work　エ．they never gave up

問8　下線(8)の空欄に入る英語4語を本文より抜き出しなさい。

問9　2ヶ所の空所（9）に共通して入る語として最も適切なものを1つ選び，記号で答えなさい。
ア．rich　イ．happy　ウ．flat　エ．plump

問10　本文の内容に合うものを2つ選び，記号で答えなさい。
ア．Mr. Pancake Turkeyの名は，パンケーキのような柔らかさに由来する。
イ．Mr. Pancake Turkeyに2倍のえさを与えると，体重が少しだけ増えた。
ウ．Farmer Francisは大食い大会で，チェリーパイを15個食べて優勝した。
エ．Mr. Pancake Turkeyはサーカスがきっかけとなり，大きな注目を集めた。
オ．Farmer Francisは自分の行動を反省し，農家としてやり直すことにした。
カ．Farmer Francisは例年の感謝祭と同様に，夕食で全ての七面鳥を食べた。

2　次の英文を読み，以下の設問に答えなさい。[＊をつけた語には註があります]

About one billion people live in India. Many people live on small farms. Their lives are quiet and simple. The family takes care of the farm and the animals. The most important animal on the farm is the cow. The cow helps on the farm in two ways. It gives milk to the family, and it works on the farm.

(1) The farmers don't make a lot of money. They can't buy machines to help them do their work, but they don't need much money to keep cows. Cows don't need *gasoline or repairs like machines do. Also, the weather is a problem in

India. In June, July, August and September, there's a lot of rain. When the ground gets very wet, it also gets soft. A machine cannot work on soft ground, but a cow can.

Cows are *sacred animals. One Indian poem, written over 1,600 years ago, says that when people in India didn't get food because of the bad weather, the king tried to tell the Earth to give them food. Soon a God looking like a cow appeared and gave them milk. The poem probably means that people (2) their lifestyle from hunting to farming. Since then, Indian people have believed that cows are sacred. Two times a year, there are special *religious *celebrations for cows. The farmers *decorate their cows and take them to the temple. In their *religion, the Gods protect the cows. People have to take good care of cows and protect them. (3), they cannot kill cows.

The cows are also protected by the government. In India, it's against the law to kill a cow. So (4)when cows get too old to work, farmers send them away from the farm. The cows walk freely in the streets. People give them food, and drivers are careful not to hit them. There are also special animal hospitals for old or sick cows. The government (and some rich people) give money to these hospitals. [5]

People in India care for over 200 million cows every year. They have respected cows as a religious symbol for a long time. It's a tradition that is thousands of years old.

註) gasoline：ガソリン　sacred：神聖な　religious：宗教の　celebration(s)：祭典
decorate：～を飾る　religion：宗教

問１　(1)の段落から，インドの農家が農作業に牛を使い，機械を導入しない理由を２つ，30字程度の日本語で説明しなさい。

問２　空所（２）に入る語として最も適切なものを１つ選び，記号で答えなさい。

ア．moved　イ．broke　ウ．helped　エ．changed

問３　空所（３）に入る語句として最も適切なものを１つ選び，記号で答えなさい。

ア．By the way　イ．Of course　ウ．At once　エ．Unfortunately

問４　下線(4)を日本語に直しなさい。

問５　[5] には以下の英文が入ります。[　] 内を並べかえて「他国の人々には，インド政府が牛にお金を使う理由を理解できない」という意味を表すようにしなさい。

People in other countries [why / money / do / the Indian government / cows / on / not / spends / understand].

問６　本文の内容に合うものを１つ選び，記号で答えなさい。

ア．農家は牛を飼う費用を乳製品の販売でまかなっている。

イ．インドでは牛のための祭典が２年に一度開かれる。

ウ．インドには政府やお金持ちが援助する牛の病院がある。

エ．２億頭以上の牛がインドの象徴として祭られている。

3 答えとして最も適切なものを選び，記号で答えなさい。

1．Which one <u>doesn't</u> go with the others?
　ア．subway　イ．airplane　ウ．bicycle　エ．butterfly

2．(　　) will it take if we walk to the station from here?
　ア．How far　イ．How many　ウ．How long　エ．How much

3．My brother is old (　　) to drive a car.
　ア．so　イ．enough　ウ．too　エ．very

4．Do you want (　　) more coffee?
　ア．any　イ．many　ウ．no　エ．some

5．When (　　) to France?
　ア．will you be　イ．have you been
　ウ．did you go　エ．have you gone

6．If you like those socks, why don't you try them (　　)?
　ア．with　イ．in　ウ．on　エ．up

7．The (　　) to the girls were very beautiful.
　ア．given flowers　イ．flowers given
　ウ．flowers gave　エ．giving flowers

8．Which underlined part has a different sound?
　ア．<u>ch</u>orus　イ．<u>ch</u>est　ウ．<u>ch</u>ocolate　エ．<u>ch</u>urch

9．(　　) did you visit the city hall for?
　ア．Why　イ．How　ウ．Which　エ．What

10．We have to leave before the sun (　　) tomorrow morning.
　ア．rises　イ．stands　ウ．sets　エ．closes

4 各組の英文がほぼ同じ意味を表すように（ ）に適切な語を１語ずつ入れなさい。

1．He continued to play the guitar.
　He didn't (　　)(　　) the guitar.

2．I think Tom is free today.
　I think Tom has (　　) to (　　) today.

3．How do you say this animal in English?
　What (　　) this animal (　　) in English?

4．We could not go fishing because of the heavy rain.
　We could not go fishing because it (　　)(　　).

5．While I was going to the bookstore, I met Tom.
　I met Tom (　　) my (　　) to the bookstore.

6．I said to her, "What are you doing?"
　I asked her what (　　)(　　) doing.

5 次の英文はある英単語を説明したものです。その単語を書きなさい。

1. This is a kind of plant you can eat. Lettuce, tomato, onion, and carrot are examples. You can make salad with it. The word begins with "V."

2. This is a musical instrument. It is usually round and played by hitting it with your hand or a stick. There are many types all over the world. The word begins with "D."

6 日本語の意味を表すように［ ］内を並べかえなさい。ただし，文頭に来る語も小文字にしてあります。

1. マイクはパーティーが開かれる時間を彼の友達に教えましたか。
   [his friends / held / tell / when / be / did / the party / Mike / would]?

2. 今日の夕方あなたを空港に迎えに行くのを楽しみにしています。
   [you / to / at / looking / the airport / forward / up / I'm / picking] this evening.

3. 健康は何物にも代えがたいと医者は彼女に忠告した。
   [important / than / her / nothing / advised / health / the doctor / is / more].

7 リスニング問題

ただいまからリスニング試験を行います。問題は Part A から Part C まであります。
全部で15問です。答えは全て記号で書きなさい。英語は一度だけ読まれます。

Part A : Listen to the question and then choose the best answer.

1. A. Yes, it was so tiring.
   B. I was sleeping until my alarm clock rang.
   C. I was studying late last night.
   D. You didn't stay awake after midnight.

2. A. I'm going to the park today. B. I'm going to meet my friend.
   C. You're going to park your car. D. You're going to play tennis.

3. A. Bob lives in Australia. B. He's Australian, I think.
   C. He lives with an Australian. D. Bob is from Australia.

4. A. You've watched it. B. No, I wasn't.
   C. Yes, it has. D. Once or twice.

5. A. Yes, he completely was. B. No, when exactly is it?
   C. Yes, I remembered it. D. No, he forgot it.

Part B : Listen to the conversation and the question, and then choose the best answer.

6. A. One of them. B. Both of them.
   C. Either of them. D. Neither of them.

7. A. At Julie's wedding. B. They don't remember at all.
   C. They never met before. D. At Julie's sister's wedding.

8. A. They will go to the Museum this weekend.
   B. They will go to the Museum Saturday afternoon.
   C. They will go bowling Saturday morning.
   D. They will go bowling Saturday afternoon.

9. A. Thursday.　B. Wednesday.　C. Tuesday.　D. Saturday.

10. A. It's between the park and post office.　B. It's opposite the post office.
    C. It's next to the bank.　D. It's far from the library.

Part C : Listen, look at the picture, and then choose the best answer.

11. A.

B.

C.

D.

12. A.

B.

C.

D.

13. A.

B.

C.

D.

14. A.

B.

C.

D.

15. A.

B.

C.

D.

7 リスニングスクリプト

PART A : Listen to the question and then choose the best answer.

1. Why do you look so tired today?
2. What are you going to do at the park?
3. Where is Bob's brother from?
4. Have you seen this movie before?
5. Didn't he remember your birthday?

PART B : Listen to the conversation and the question, and then choose the best answer.

6. A : May I help you?
   B : Yes, I would like two coffees please.
   A : Hot or Cold?
   B : Both hot. One without sugar please.
   A : Certainly, one moment please.
  Q : How many hot coffees have sugar?
7. A : Excuse me, do I know you from somewhere?
   B : I don't think so, why?
   A : Didn't we meet at Julie's wedding?
   B :Oh, now I remember you, but her sister was getting married, not Julie.
   A : Oh yea. My mistake!
  Q : Where did they meet?
8. A : Let's go bowling this weekend!
   B : Bowling? I'm not good at bowling.
   A : Oh. What would you like to do?
   B : Why don't we visit the museum?
   A : Ok. Are you free Saturday afternoon?
   B : Morning is better.
  Q : What will they do?
9. A : Are you ready for the test?
   B : The test? It's on Thursday right?
   A : No, It's today!
   B : Oh my God, I thought it was the day after tomorrow.
  Q : What day is it today?
10. A : Could you tell me where the library is?
   B : Sure. Go straight three blocks and turn right. It's on your right, between the post office and the bank. If you see the park, you've gone too far.
  Q : Where is the library?

PART C : Listen, look at the picture, and then choose the best answer.

11. A : Which person is your sister in this picture?
    B : The girl with glasses.
    A : Oh, this girl with curly hair?
    B : My sister's hair is straight. Oh! Now I remember, she wore contact lenses that day.
12. A : What are you doing this weekend? Playing soccer? Swimming?
    B : Swimming? Are you kidding me?
    A : Well, what do you like to do? Play tennis?
    B : Yea, I like to play tennis.
    A : And you like running.
    B : No, I hate running. But unfortunately I have to join the race on Saturday.
13. A : Thanks for looking after our children.
    B : No problem.
    A : How were the children?
    A : Well... your daughter has been a good girl, but your son didn't stop crying...
    B : Oh...sorry!
14. A : What time will we arrive into Paris?
    B : Well, we left London at seven, and the flight takes 2 hours.
    A : But we were delayed by half an hour.
    B : Right.
15. A : How was your fishing trip?
    B : It was great!
    A : Was it sunny?
    B : No, but it didn't rain and the wind was not strong.

五 **次のⅠ・Ⅱの漢文を読んで、それぞれ後の設問に答えなさい。**

Ⅰ　学者ハ学ニバントスル其ノ所一レヲ不レル能レハ学ブ也。（『荘子』）

〔現代語訳〕　学ぶ者は、とうてい自分で学ぶことのできないことを学ぼうとする。

問一　右の漢文の――線部を書き下し文（漢字・仮名交じり文）に改めなさい。

問二　右の漢文の内容に最も近い四字熟語を次から選び、記号で答えなさい。

ア　縁木求魚（えんぼくきゅうぎょ）　イ　曲学阿世（きょくがくあせい）　ウ　自家撞着（じかどうちゃく）　エ　能者多労（のうしゃたろう）

Ⅱ　仁言ハ不ル如カ仁声之入ルコトノ人ニ深キニ也。（『孟子』）

〔書き下し文〕　仁言は仁声の人に入ることの深きに如かざるなり。

問一　右の漢文の――線部に、書き下し文を参考にして返り点を付けなさい。（読み仮名・送り仮名は不要）

六 **次の各設問に答えなさい。**

問一　一九六九年に東大全共闘と行った討論のドキュメンタリー映画が二〇二〇年三月に上映された作家は、小説『金閣寺』や『潮騒（しおさい）』の作者でもある。この人物を次から一人選び、記号で答えなさい。

ア　坂口安吾　イ　安部公房
ウ　川端康成　エ　三島由紀夫
オ　太宰治

問二　次の文章中の――線部ア～エの「の」から一つだけ用法の違うものを選び、記号で答えなさい。

それは自然の花ァの素朴な美しさではなく、芸術家利休の心をくぐった芸術作品としてィの美しさであった。一輪の朝顔ゥの持っているものはもはや先刻まで露地で露を含んで咲いていた時の美しさではなく、周囲ェの空気をぴたりと押（おさ）えている凛（りん）とした美しさであった。（井上靖『利休の死』）

問三　次のア～オから直喩表現を含む文をすべて選び、記号で答えなさい。

ア　長い間、彼女は僕の光だった。
イ　水を得た魚のように生き生きとしていた。
ウ　疾風（はやて）のごとく走り抜けていった。
エ　二、三人のランドセルが真横を通り過ぎた。
オ　ひまわりが太陽に向かって立っていた。

勧められれば、一流企業でなくてもよいのだと将来を割り切って捉えている。

問五　——線部5「何かしら割り切れぬもの」と同じ内容を表した箇所を十五字以内で抜き出して、答えなさい。

問六　——線部6「こんなふうにして大学に入ってきた」とはどういうことか。最も適切なものを次から選び、記号で答えなさい。

ア　自分と同じように入学試験を受けたのではなく、あとで笑い話の種になるような面接試験を経験して入学してきたということ。

イ　幼いころから必死に勉強してきたのではなく、合格が保証された推薦入学の面接試験に不真面目な態度で臨み入学してきたということ。

ウ　一流大学に合格するため努力して受験勉強をしてきたのではなく、さらに明確な志望動機も準備しないまま面接試験を経て入学してきたということ。

エ　しっかりと試験に備えて準備をした結果大学合格を手に入れたのではなく、持ち前のユーモアと臨機応変な対応で合格し入学してきたということ。

問七　[Ⅰ]・[Ⅱ]に入る漢字をそれぞれ答えなさい。

問八　この話を時間の流れに沿って三つの場面に分けたとき、二つ目の場面の始めの五字を抜き出して、答えなさい。

問九　「洋子」とのやりとり全般を通じて、浩行にはどのような内面的変化が生じたと考えられるか。二十字以内で説明しなさい。

四　次の古文を読んで、後の設問に答えなさい。（本文の表記を一部改めた）

ある所[a]、法花寺と浄土寺と並びてありけるが、法花寺に飼い置きたる犬を、*法然（ほうねん）と名[b]付けて呼びければ、隣の浄土寺[c]僧たち、「さてさて[1]憎き事かな。大事の祖師を犬にする事こそ遺恨なり」とて、浄土寺にも犬を飼いて*日蓮（にちれん）と名を付け、物も食はせず、痩せおきて、あたりの子供を招きよせて、「隣の法然と、こちの日蓮とを嚙（か）み[2]あはせてくれ」と頼みければ、子供むらがり寄りて、「日蓮来い、法然来い」と喚（よ）びて嚙み合はせければ、何が日蓮は痩せ犬の事なれば、法然に嚙み伏せられければ、「日蓮が負けて法然が勝ちたり」とはやしければ、法花寺はこれを立腹して、[3]やがて法然を追ひ出だされた。

（『当世はなしの本』）

*法然…浄土宗の開祖。
*日蓮…日蓮宗（法花宗）の開祖。

問一　[a]～[c]にあてはまる語として最も適切なものをそれぞれ次から選び、記号で答えなさい。（同じ記号は一度しか使えない）

ア「が」　イ「の」
ウ「に」　エ「を」

問二　——線部1「憎き事かな。」とあるが、憎く思った理由を簡潔に説明しなさい。

問三　——線部2「あはせてくれ」を現代仮名遣いに改めなさい。

問四　——線部3「やがて法然を追ひ出された。」とあるが、法然を追い出した理由を簡潔に説明しなさい。

＊ムッソリーニ…イタリア王国の政治家。第四十代イタリア王国首相。

問一　――線部１「『俺、あのころの方が充実してた』」と浩行が感じる理由として最も適切なものを次から選び、記号で答えなさい。

ア　期待していた大学生活が思っていた通りのものではなくつまらないと感じたため。

イ　世間的評価の高い学校に入学できたものの変化の乏しい生活に飽きているため。

ウ　様々なことを知ることができた受験勉強は楽しいもので辛くはなかったため。

エ　小さいころからの努力の結果手に入れた今の生活に満足感を得られないため。

問二　洋子が――線部２「言い訳のように答えた」理由として最も適切なものを次から選び、記号で答えなさい。

ア　推薦入学だった洋子は本格的な受験勉強をしてこなかったことで、受験時代の方が充実していたという浩行の思いに共感できずきまりが悪かったため。

イ　推薦入学の面接試験で上手に質問に答えられなかったことを思い出した洋子は、受験生だった頃を懐かしむ浩行にそのことを知られたくないと思ったため。

ウ　受験勉強を頑張ったことを良い思い出としている浩行の話を聞いて、推薦入学を選択した自分は学力的に劣っていると恥ずかしく思ったため。

エ　受験勉強を通して様々な知識を身に付けたことを誇らしく思っている浩行の様子見て、実質的な勉強をせず入学したことを後悔しているため。

問三　――線部３「浩行は利口であった」とはどういうことか。最も適切なものを次から選び、記号で答えなさい。

ア　自分の本心を隠して生活した方が、満足のいく大学生活を送れるのだとわかっているということ。

イ　自分の内面から目をそらし周りにも悟られないことで、大学生活の不満をやり過ごすことができるとわかっているということ。

ウ　自分が今抱えている大学生活での悩みは、周りの人間には到底理解できないものであるとわかっているということ。

エ　自分のあらゆる感情を押し殺していた方が、余計なことを考えたりしないで人生を歩めるのだとわかっているということ。

問四　――線部４「頭の中にシグマやベクトルが浮かんだ」とあるが、この時の浩行の心情として最も適切なものを次から選び、記号で答えなさい。

ア　シグマやベクトルを学んだおかげでこれからも就職などがスムーズに進むだろうと考え、学びが無駄ではなかったと言い聞かせて納得している。

イ　今後も自分は平凡な人生を歩むと思っているが、必死で学んだ数学の知識などは自分にとっていつまでも大切な意味をもつであろうことを期待している。

ウ　これから予想される自分の人生には、一生懸命学んで身につけてきた学習内容が、実質的な意味をもたないと感じて虚しくなっている。

エ　好きな学問分野の内容を仕事に活かすことのできるような会社に

「今思えば、いろいろ考えつくんだけど、そのときはもう頭ン中パニックでさ」
「答えられなかったの？」
洋子は首を振って、もう笑い出していた。
「あたし、『はあ、＊ＬＰです』だって」
何と根性の坐った答だろう。音楽家の好きな曲を問われて「ＬＰ」と答えるような奴はそういない。
浩行は目尻に涙さえ溜めて笑いながら言った。
「そんなんで、よく受かったよなあ」
「うん、あたしもそう思う。これは落ちるなって、そのとき確信したもん。でも推薦で落ちるなんて、恥ずかしいじゃない。結果出るまで、生きた心地がしなかった」
「落ちたらどうするつもりでいた？」
「就職よオ」
浩行は笑うのを止めて、真顔になって洋子を見た。
「だってあたし、受験勉強なんて全然してなかったしさ、面接は十月だったから、それからやっても間に合うわけないじゃん」
「そりゃそうだけど」
「浪人なんて、ウチは絶対許してくれないし、家に帰って親に『落ちると思う』って話したら、親もその気でいたわよ」
「じゃあ……」
浩行は言いかけて口ごもった。胸がつかえた。
今までにたぶん、見過ごしてきたのであろうたくさんのもの、たくさんの人間のことを思った。現に今、浩行は一年以上も洋子と同じクラスにいながら、これまで知らなかった洋子のある部分を、はじめて見たという気がしている。
洋子は紅茶のカップを口もとに運ぶ途中で手を止め、「じゃあ」の続きを待っている。浩行はにこりと笑って言った。
「じゃあ、受かって良かったよな、ほんとに」
「ホントホント」
洋子はそう答えてカラカラと笑った。受かって良かったと、しみじみ感じたことが俺はあっただろうかと浩行は思った。
腕時計に目をやった洋子が、「え、もうこんな時間」と言ってカップを置いた。
「何かあるの」
「うん。六時から家庭教師なんだ、すっかり忘れていた」
「家庭教師やってるんだ」
「そう、すごいバカな子でね。中三だっていうのに、こないだなんか『先生、筆記体のＴの大文字ってどう書くんでしたっけ』だって」
「それは大変だな……」
「植木屋の息子なの。将来何になりたいのって訊いたら、植木職人って言うのよ」
「へえ……、カッコいいじゃない」
「まあ、あたしが教えるんだから、あんまし頭いい子でも困るのよ」
浩行は笑いながら、伝票を取って立ちあがった。

（鷺沢萠『カミン・サイト』）

＊シグマやベクトル…数学で用いる記号や用語。
＊ＬＰ…音楽や音声を記録したレコード盤の一種。

んとなく裏切られたような気持ちになるのだった。

しかし3浩行は利口であったから、そんな胸の内などおくびにも出さず、とにかく自分は生活を充分に楽しんでいます、というふりをする技術を身につけていた。そうしていないとやりきれないという部分があった。

世間で一流と呼ばれている私大にストレートで入ったし、それはそれで積み重ねてきたものは無駄にはしていないと思えたけれど、自分はたぶん、普通の会社に就職して普通のサラリーマンになるのだろうな、と考えるとき、4頭の中に*シグマやベクトルが浮かんだ。

受験勉強は浩行にとって、一般的に思われているほど辛いものではなかった。何につけ、物を知るというのは楽しいことなのだ。

「すべての学問は生活の向上のためにある」と言った哲学者の名は忘れたが、浩行はそのことばに出あったとき「そう、そう」と叫びたいような気持ちにかられたものだ。

そういう浩行がストレートで合格したのは、だから当然だとも言えるのだが、他人が見れば「とりあえず結構」な人生を歩みはじめている浩行は、立ち止まってみた自分の中に5何かしら割り切れぬものを見つけるのである。

「でね」

洋子は推薦入学の面接試験のときのことを話している。浩行は頷いて話の続きを促した。

「どうしてイタリア語を学ぼうと思ったのですか、って訊かれたの。絶対訊かれるって判ってたから、あたしちゃんと答を用意してたのに、マンションの件で笑われて気が動転しちゃってさ。用意してた答がスーッと吹っ飛んじゃったのよ」

「焦った？」

「そりゃ焦ったわよ、でも何か言わなくちゃなんないって、それで頭一杯で、『はあ、イタリア音楽に興味がありまして……』って、大ウソ言っちゃったの、あたし」

「あーあ」

「それで終われば良かったんだけどさ、じゃあイタリアの作曲家では誰が好きですかって、突っこまれちゃったわけ」

「どうしたの、それで」

「あたし、すんでのところで*ムッソリーニって言いそうになっちゃった」

今度は浩行も声を立て笑った。6こんなふうにして大学に入ってきた奴もいるんだな、と思った。それは浩行にとって、爽快さすらおぼえるひとつの新しい発見だった。

「で、答えられたの？」

「うん、一瞬のうちに頭をめまぐるしく働かせてさ。プッチーニって名前が出てきたときは、神さまありがとうって感じ」

「はは……」

「それがさ、さらに突っこまれちゃって」

「え？」

「プッチーニでは何を聴きますかって……」

何を聴きますかと問われても、プッチーニという名前をひねり出すのにさえ[I]苦[II]苦した洋子である。その洋子が何を答えたのかは興味があった。

問四　——線部2「『非在の現前』」の例として、〰〰線部a～dについて正しいものには○を、誤っているものには×を答えなさい。

a「相手の考え」　b「蜜がここにある」

c「空飛ぶ馬」　d　過去・未来

問五　——線部3「動物は、その時点ごとに外界からの刺激に反応して生きている。かれらは、つねに現在を生きているにとどまる。」とあるがなぜか。人間との違いを踏まえてその理由を三十字以上四十字以内で説明しなさい。

問六　［Ⅰ］～［Ⅲ］にあてはまる最も適切な語をそれぞれ次から選び、記号で答えなさい。(同じ記号は一度しか使えない)

ア　すなわち　イ　しかし　ウ　また　エ　そして

オ　もちろん

問七　——線部4「特定の行動プログラムがオンになる」を具体的に述べている箇所を、本文中から十五字以内で抜き出して、答えなさい。

問八　本文の内容に合致するものを次から一つ選び、記号で答えなさい。

ア　言葉を使うことができる人間は、口には出されない他者の思いを正確に理解して生活している。

イ　パーツを組み合わせて言語を用いることができない動物は、過去を後悔することはない。

ウ　蜂が8の字に飛んだり動物が冬眠したりするのは言葉による意思疎通が不可能だからである。

エ　人間の合目的な協業は、動物のそれとは異なり、必ず言葉を使って行われる。

三　**次の文章を読んで、後の設問に答えなさい。**

「書類をじろじろ見てさ、住所ンとこ見て、あ、あなたはアパートに住んでるのね、って言われたわけよ」

「それで?」

「あたし反射的に『いえ、マンションです』とか言っちゃってさ。もう一同爆笑」

浩行も、そこで少し笑った。

あんまり寒かったので、ジャケットの中で身体を揺らしながら交差点を渡りかけると、同じクラスの洋子の後ろ姿を見つけた。それが十五分ほど前である。呼びとめられた洋子は、何かをつまみ食いしているところを見とがめられた子どものような顔で振り向いた。浩行は洋子をお茶に誘った。別に深い意味があったわけではない。ただ寒かったのだ。

近くの喫茶店に入って、クラスの連中の噂話(うわさばなし)などしているうちに、受験時代の話になった。「[1]俺、あのころの方が充実してた」と浩行がポツリと言うと、洋子がへえ、と物珍しそうな声を出した。不可解そうな表情の洋子をちらりと見ると、「あたしは推薦だったから」と[2]言い訳のように答えた。

推薦入学者は出身高校から推薦された時点で、半ば合格が決まった形になるので、実質的な受験勉強はほとんど必要なかったことになる。

浩行は大学生活というものに、説明しがたい不条理な感じを持っていた。それは具体的に面白くないとか、下らないとかいう感情ではなかった。ただ、小学校のときから教育熱心だった母親にのせられて、なんだかもの凄く(すご)ハードに「勉強」というものを続けてきた最終的な結果がこれだったのか、と思うと、それは妙に安っぽいような虚(むな)しいような、な

今、目の前で実際には起きてはいないこと。そうしたものごとは、多種多様である。しかし、まず第一に重要なのは、もはやないものごと、いまだないものごと、すなわち過去・未来のものごとである。[3]動物は、その時点ごとに外界からの刺激に反応して生きている。かれらは、つねに現在を生きているにとどまる。〔　Ⅰ　〕動物でも過去の記憶は働いている。しかし動物は、「あのとき、こうだったのだ」と回想したり、「あのとき、ああしていたら、こうはならなかっただろう」と過去にはありえた可能性について考えることはない（少なくとも、考えているといえるだけの証拠はない）。

未来にかんしても、同様である。動物も、未来を予知する働きをもってはいる。〔　Ⅱ　〕、そうした予知は、ちょうど秋の深まりいく気配に接したら冬眠の準備行動がはじまる、というように、自然の因果関係の一こまにすぎない。そうした動物たちにあっては、日照時間や気温などをつうじて秋が深まる気配に接したら、[4]特定の行動プログラムがオンになるのであって、そこには選択の余地はない。ありうる未来・ありえない未来を想像し、そうした未来のどれかに焦点を合わせて計画を練る、というのは、きわめて人間的な働きである。

このように「非在の現前」としての言葉を操れることによって、私たち人間は、[d]過去・未来のものごとについて、共に考えることができる。これができるおかげで私たち人間は、現在を、過去の選択の帰結としても捉えるとともに、そのように捉えた現在において、将来への影響を考えながら、ある選択肢を選びとる。

このようにして人間は、現在を、過去の自分たちの選択から将来の可能性につながる結節点として引き受ける。〔　Ⅲ　〕人間は、動物のようにたんに現在を生きるのではなく、過去から未来への歴史を生きている。この点で、動物の活動と人間の活動は、根本的に異なっている。したがってまた、同じく役割を分担し合うといっても、動物の協業と人間のそれとのあいだには決定的な違いが存在する。

（大庭健『いま、働くということ』）

問一　――線部1「動物は、うそがつけない。」の説明として最も適切なものを次から選び、記号で答えなさい。

ア　動物は協業の効率をあげるため、周囲の仲間を欺く行動を取ることができないということ。

イ　動物は記号を用いて意思疎通するため、相手の意図をくむことができないということ。

ウ　動物は一定の対象への反応が決められているため、特定の行動しかできないということ。

エ　動物は記号でコミュニケーションをするため、事実と異なる行動をとる必要がないということ。

問二　［　　］にあてはまる言葉を本文中から十二字で抜き出して、答えなさい。

問三　［A］～［C］には「真」または「偽」という語が入る。その組み合わせとして最も適切なものを次から選び、記号で答えなさい。

ア　A真　B真　C偽

イ　A真　B偽　C真

ウ　A偽　B偽　C真

エ　A偽　B真　C偽

オ　A真　B偽　C偽

ションが、記号の役割をになう行動と、それへの反応とのあいだの因果関係によって成り立っているかぎり、そこには、そのように体を動かした相手の思いや意図を推測する、というプロセスが介在する余地はない。この点でもまた、動物のコミュニケーションは、人間のコミュニケーションとは根本的に異なっている。

そもそも動物の記号は、語を組み合わせた文ではない。なるほど、「文」という概念を使って説明するなら、ミツバチの8の字飛行という記号は、b「蜜がここにある」という文を省略した一語文であり、群のはしにいる個体が発する天敵の警戒記号は「敵が接近中だ」という一語文とみなすこともできる。しかし、動物のコミュニケーションで用いられる記号は、パーツを組み合わせて作られた文ではないし、また記号をさらに組み合わせて、新たな記号列が作られることもない（ただし、ごく少数の類人猿は、初歩的なこうした記号操作を行っているようだが、ここでは立ち入らない）。

ところが人間の言語は、そうではない。なるほど、「テキ」という語は、敵を指示しはする。しかし、たんに「テキ」と呟いただけでは、いまだ確定した意味をもちえない。「いる／いない」、「来る／来ない」、「多い／少ない」という別の語（述語）と組み合わせられて文が形作られたとき、「テキ」という語は、はじめて確定した意味をもつ。すなわち人間の言葉は、文というまとまりの中で、はじめて確定的な意味をもつ。

しかるに文というまとまりは、人間の言語においては、語を自由に組み合わせて、任意の文を作ることができる。その結果、□を述べる文も、つぎつぎに作ることができる。いま一頭の小ぶりの天敵が近づいている、としよう。このとき、「テキ、いない」、「テキ、多い」、「テキ、大きい」といった多くの文は、すべて A となる。これらの文は、目下の状況では B である。しかし、私たちは、それらの文の意味を理解できる。それは他でもない、それらの文が C となるような状況を考えることができるからである。このように私たち人間は、語を自由に組み合わせて、任意の文を作りうるがゆえに、実際には起きていないことについて考えることもできる。いや、考えざるをえないのである。

「果実」という語と「木に生る」という語を組み合わせて、「果実が木に生る」という文を作れば、これは、われわれの世界で真な文だが、「金」という語と組み合わせた「金が木に生る」という文は偽である。しかし、「金が木に生る」という文が意味をもつかぎり、「金の生る木」という語も意味をもつ。このように偽な文の意味を理解できるなら、c「空飛ぶ馬」・「下半身が魚の女性」から「最大の素数」にいたるまで、実際にはないもの・ありえないものについて、私たちは語ることができ、そうした語りを理解することができる。

このように、言語を用いた人間のコミュニケーションにあっては、言葉は、現にないものについてメッセージをつくるためにも用いられる。人間の言葉は、実際には存在しないものを、思考の対象として、いわば呼び出す、という意味で（丸山圭三郎の言葉を借りれば）2「非在の現前」である。

人間の言語は、実際には存在しないものについての思考を可能にし、そうした思考の交換を可能にする。こうした言語によってコミュニケーションが進行することによって、人間の協業の仕方は、動物たちの協業とはまったく異なるあり方をしている。このことが、人間としての協業の根幹に、きわめて固有の刻印を与えている。

【国　語】（五〇分）〈満点：一〇〇点〉

【注意】 解答に字数制限がある場合は、句読点等も字数に含まれます。

一 **次の各文の――線部について、⑴～⑸の片仮名をそれぞれの文意に合うように漢字に改めなさい。また、⑹～⑽の漢字は読み方を平仮名で記しなさい。**

⑴　時間のケイカで変化があるかを観察する。
⑵　電車のチエンが原因で予定時刻に間に合わなかった。
⑶　人気の商品がヨソオいを新たにして再販された。
⑷　薬の副サヨウで眠くなってしまう。
⑸　シイタげられてきた民族の歴史を学ぶ。
⑹　人は誰でも戦争を憎悪する心を持つ。
⑺　目的地までの詳細な地図を渡してくれた。
⑻　長期休暇に帰省しようと思っている。
⑼　資金の工面に苦労している。
⑽　電話口で用件を承ります。

二 **次の文章を読んで、後の設問に答えなさい。**

動物たちの協業は、さまざまなコミュニケーションをつうじて遂行されている。餌を求めていっせいに巣から出発した働きバチは、蜜をみつけると、まず上空にあがって「8」の字を描くように旋回し続ける。すると付近を飛んでいた仲間のハチは、いっせいに「8」の字のパターンを描いて飛んでいるハチのところへ集まってくる。この場合、「8」の字のパターンは、「餌がここにある」ということを意味する記号の役割を果たしており、そのメッセージを解読した仲間は、いちはやく餌のあるところに集まることによって、餌を探索する手間を大幅に短縮し、労働の効率をあげることになる。

これは、動物のあいだでのさまざまなコミュニケーションと、それにもとづく合目的な協業のほんの一例にすぎない。そのかぎりにおいて、記号を用いたコミュニケーションをつうじて協業するということは、なにも人類の専売特許ではない。にもかかわらず、言語を用いた人間のコミュニケーションは、記号による動物のコミュニケーションにはない重要な特質がある。

ミツバチは、蜜の存在に気づいたら、8の字の飛行をはじめる他はない。動物のコミュニケーションにあっては、ある対象（蜜）に接したことが原因となって、その結果として必然的に、それを指示する記号の役割を果たす行動が生じる。そして、仲間のそうした行動に接したなら、そのことが原因となって、それに反応する行動が生じる。ここには、飛んでいる虫が光源にむかって旋回しながら近づいていくのと同様の、因果関係（原因と結果のつながり）があるにすぎない。

長い進化の過程で、かれらには、一定の対象を認知したら、ある定まった行動をするというプログラムがインストールされており、動物における記号的行動もまた、そうしたプログラムにしたがって、いわば自動的に生じる。蜜が存在しないのに8の字の飛行をはじめたりすることはない。つまり、[1]動物は、うそがつけない。この点で動物は、人間とは根本的に異なっている。

したがってまた、動物の記号的なコミュニケーションにあっては、[a]「相手の考え」、「相手の意図」という概念は登場しない。コミュニケー

2021年度

解　答　と　解　説

《2021年度の配点は解答欄に掲載してあります。》

＜数学解答＞

1　問1　$x=\dfrac{-3\pm\sqrt{17}}{4}$　　問2　2　　問3　(ア)　$\dfrac{b^2}{c}$　　(イ)　$\dfrac{a^2}{c}$　　(ウ)　c

2　問1　(3, 4)　　問2　(1, 3, 4), (2, 1, 5), (2, 6, 2)

3　問1　B(6, −3)　　問2　$Q\left(4,\ \dfrac{8}{3}\right)$　　問3　(6, 6), $\left(6,\ \dfrac{33}{4}\right)$, $\left(6,\ \dfrac{9\sqrt{5}}{2}-3\right)$

4　$3\pi+3\sqrt{3}$（途中過程は解説参照）

5　問1　$\dfrac{1}{12}$　　問2　$\dfrac{1}{27}$

6　問1　4　　問2　$\dfrac{96\sqrt{5}}{5}\pi$

○配点○

1　問1・問2　各6点×2　　問3　(ア)・(イ)　各3点×2　　(ウ)　2点　　2　問1　4点
問2　8点　　3　問1　4点　　問2　8点　　問3　16点　　4　14点　　5　問1　4点
問2　8点　　6　問1　6点　　問2　8点　　計100点

＜数学解説＞

基本　1　（二次方程式，平方根，三平方の定理）

問1　$2x^2+3x-1=0$　　解の公式を用いて，$x=\dfrac{-3\pm\sqrt{3^2-4\times2\times(-1)}}{2\times2}=\dfrac{-3\pm\sqrt{17}}{4}$

問2　$\dfrac{\sqrt{7}-\sqrt{3}}{\sqrt{21}}-\dfrac{\sqrt{2}-\sqrt{56}}{\sqrt{14}}-\dfrac{\sqrt{14}-\sqrt{24}}{\sqrt{42}}=\dfrac{1}{\sqrt{3}}-\dfrac{1}{\sqrt{7}}-\left(\dfrac{1}{\sqrt{7}}-2\right)-\left(\dfrac{1}{\sqrt{3}}-\dfrac{2}{\sqrt{7}}\right)=2$

問3　△ACD∽△ABCより，AD：AC＝AC：AB　　$AD=\dfrac{AC^2}{AB}=\dfrac{b^2}{c}$(ア)　　△CBD∽△ABCより，BD：BC＝BC：BA　　$BD=\dfrac{BC^2}{AB}=\dfrac{a^2}{c}$(イ)　　AD＋BD＝ABより，$\dfrac{b^2}{c}+\dfrac{a^2}{c}=c$　　両辺にc(ウ)をかけて，$a^2+b^2=c^2$

2　（推理）

問1　Aさんが買ったあめとガムの個数をそれぞれx個，y個とすると，代金について，$10x+30y+50\times3=300$　　$x+3y=15$…①　　ここで，Cさんがあめを10個買ったので，xの値は15−10＝5以下となる。よって，①を満たす自然数x，yの値は，$(x,\ y)=(3,\ 4)$である。

やや難　問2　Bさんが買ったあめ，ガム，チョコの個数をそれぞれa個，b個，c個とすると，$10a+30b+50c=300$　　$a+3b+5c=30$…②　　問1より，aの値は15−10−3＝2以下となる。$a=1$のとき，②より，$3b+5c=29$…③　　③を満たす自然数b，cの値は，$(b,\ c)=(8,\ 1)$，(3, 4)　　ここで，Cさんが買ったガム，チョコの個数をそれぞれd個，e個とすると，$10\times10+30d+50e=300$　$3d+5e=20$…④　　④を満たす自然数d，eの値は，$(d,\ e)=(5,\ 1)$である。すると，bの値は15−4−5＝6以下となるので，$b=8$は不適。$a=2$のとき，②より，$3b+5c=28$…⑤　　⑤を満たす自然数b，cの値は，$(b,\ c)=(6,\ 2)$，(1, 5)　　よって，Bさんの個数は，(1, 3, 4)，(2, 1,

5), (2, 6, 2)

3 (図形と関数・グラフの融合問題)

基本 問1 直線OAの式を$y=ax$とすると, $A\left(-3,\ \frac{3}{2}\right)$を通るので, $\frac{3}{2}=-3a$　$a=-\frac{1}{2}$　$y=-\frac{1}{2}x$に$x=6$を代入して, $y=-\frac{1}{2}\times6=-3$　よって, B(6, −3)

基本 問2 直線APの式を$y=bx+c$とすると, 2点A, Pを通るから, $\frac{3}{2}=-3b+c$, $3=6b+c$　この連立方程式を解いて, $b=\frac{1}{6}$, $c=2$　よって, $y=\frac{1}{6}x+2$　$y=\frac{1}{6}x^2$と$y=\frac{1}{6}x+2$からyを消去して, $\frac{1}{6}x^2=\frac{1}{6}x+2$　$x^2-x-12=0$　$(x+3)(x-4)=0$　$x=-3,\ 4$　$y=\frac{1}{6}x^2$に$x=4$を代入して, $y=\frac{1}{6}\times4^2=\frac{8}{3}$　よって, $Q\left(4,\ \frac{8}{3}\right)$

重要 問3 AP=ABのとき, Aから線分BPにひいた垂線をAHとすると, $H\left(6,\ \frac{3}{2}\right)$であり, PH=BH　よって, 点Pの$y$座標を$p_1$とすると, $p_1-\frac{3}{2}=\frac{3}{2}-(-3)$　$p_1=6$　したがって, P(6, 6)　PA=PBのとき, 点Pのy座標をp_2とすると, $PA^2=PB^2$　$(6+3)^2+\left(p_2-\frac{3}{2}\right)^2=(p_2+3)^2$　$81+p_2{}^2-3p_2+\frac{9}{4}=p_2{}^2+6p_2+9$　$-9p_2=-\frac{297}{4}$　$p_2=\frac{33}{4}$　よって, $P\left(6,\ \frac{33}{4}\right)$　BP=BAのとき, 点Pのy座標をp_3とすると, $BP^2=BA^2$　$(p_3+3)^2=(6+3)^2+\left(-3-\frac{3}{2}\right)^2$　$(p_3+3)^2=\frac{405}{4}$　$p_3+3=\pm\frac{9\sqrt{5}}{2}$　$p_3=-3\pm\frac{9\sqrt{5}}{2}$　$p_3>-3$より, $p_3=\frac{9\sqrt{5}}{2}-3$　よって, $P\left(6,\ \frac{9\sqrt{5}}{2}-3\right)$

重要 4 (平面図形の計量)

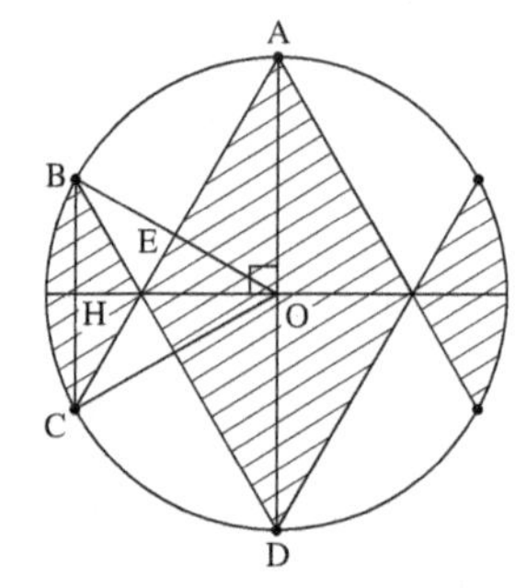

右の図のように点O, A～Eをとる。直線ADを軸として線対称であるから, 左半分の斜線部分の面積を求めて2倍する。円周を6等分したので, $\angle AOB=\angle BOC=\angle COD=360^\circ\times\frac{1}{6}=60^\circ$　$AO\perp OE$　よって, $\angle BOE=\angle COE=30^\circ$　△OAEは内角が30°, 60°, 90°の直角三角形であるから, $OA:OE=\sqrt{3}:1$　OA=3より, $OE=\frac{3}{\sqrt{3}}=\sqrt{3}$　また, 線分BCと直線OEとの交点をHとすると, $BH=\frac{1}{2}BC=\frac{3}{2}$　図形BCEの面積は, (おうぎ形OBC)−△OBE−△OEC$=\pi\times3^2\times\frac{60}{360}-\left(\frac{1}{2}\times\sqrt{3}\times\frac{3}{2}\right)\times2=\frac{3}{2}\pi-\frac{3\sqrt{3}}{2}$　$\triangle AED=\frac{1}{2}\times6\times\sqrt{3}=3\sqrt{3}$　よって, 斜線部分の面積は, $\left(\frac{3}{2}\pi-\frac{3\sqrt{3}}{2}+3\sqrt{3}\right)\times2=3\pi+3\sqrt{3}$

5 (確率)

基本 問1 さいころの目の出方の総数は, 6×6=36(通り)　点A$(a,\ b)$は$y=\frac{1}{2}x$上にあるから, $b=\frac{1}{2}a$　これを満たすa, bの値の組は, $(a,\ b)=(2,\ 1)$, $(4,\ 2)$, $(6,\ 3)$の3通りだから, 求める確率は, $\frac{3}{36}=\frac{1}{12}$

重要 問2　さいころの目の出方の総数は，$6\times6\times6=216$（通り）　点A$(a,\ b)$は$y=\frac{1}{2}x+\frac{3}{2}c$上にあるから，$b=\frac{1}{2}a+\frac{3}{2}c$　$2b=a+3c$…①　左辺は偶数だから，a，cの値はともに偶数かともに奇数である。$a=1$から6まで順に調べると①を満たすa，b，cの値の組は，$(a,\ b,\ c)=(1,\ 2,\ 1)$，$(1,\ 5,\ 3)$，$(2,\ 4,\ 2)$，$(3,\ 3,\ 1)$，$(3,\ 6,\ 3)$，$(4,\ 5,\ 2)$，$(5,\ 4,\ 1)$，$(6,\ 6,\ 2)$の8通りだから，求める確率は，$\frac{8}{216}=\frac{1}{27}$

重要 6　（平面図形・空間図形の計量）

問1　$\mathrm{OD}=x$とすると，$\mathrm{OB}=\mathrm{OC}=x+2$と表せる。△OBDに三平方の定理を用いて，$\mathrm{OB}^2=\mathrm{OD}^2+\mathrm{BD}^2$　$(x+2)^2=x^2+(2\sqrt{5})^2$　$x^2+4x+4=x^2+20$　$4x=16$　$x=4$

問2　△FOEと△OBDにおいて，$\angle\mathrm{OEF}=\angle\mathrm{BDO}=90^\circ$　DB//OEより，平行線の錯角は等しいから，$\angle\mathrm{EOF}=\angle\mathrm{DBO}$　2組の角がそれぞれ等しいから，$\triangle\mathrm{FOE}\backsim\triangle\mathrm{OBD}$　$\mathrm{FO}:\mathrm{OB}=\mathrm{OE}:\mathrm{BD}$　$\mathrm{FO}=\frac{\mathrm{OB}\times\mathrm{OE}}{\mathrm{BD}}=\frac{(4+2)^2}{2\sqrt{5}}=\frac{18\sqrt{5}}{5}$　EからOFにひいた垂線をEHとすると，直角三角形の斜辺と1つの鋭角がそれぞれ等しいから，$\triangle\mathrm{EOH}\equiv\triangle\mathrm{OBD}$　$\mathrm{EH}=\mathrm{OD}=4$　求める立体の体積は，$\frac{1}{3}\pi\times\mathrm{EH}^2\times\mathrm{FH}+\frac{1}{3}\pi\times\mathrm{EH}^2\times\mathrm{OH}=\frac{1}{3}\pi\times\mathrm{EH}^2\times\mathrm{FO}=\frac{1}{3}\pi\times4^2\times\frac{18\sqrt{5}}{5}=\frac{96\sqrt{5}}{5}\pi$

★ワンポイントアドバイス★

本校の特色である2をはじめ，途中過程を記述させる問題など出題構成，難易度は大きく変化していない。時間配分を考えながら，できるところから解いていこう。

＜英語解答＞

1　問1　平らな七面鳥を別の部屋に移動させた。　問2　ア　問3　全ての食べ物を食べているかを確かめるために，七面鳥と一緒に食事をする。　問4　エ
問5　They watched people eating as much cherry pie as they could.　問6　彼は自分の七面鳥がどれほど特別か皆に見せるために，国中を旅し始めた。　問7　ウ
問8　(… into) somebody he was not(.)　問9　イ　問10　エ，オ

2　問1　機械を買うお金がないことと，雨季に機械が使えなくなること。　問2　エ
問3　イ　問4　牛が年をとって働けなくなると，農夫たちは彼らを農業から離してあげる。
問5　(People in other countries) do not understand why the Indian government spends money on cows(.)　問6　ウ

3　1 エ　2 ウ　3 イ　4 エ　5 ウ　6 ウ　7 イ　8 ア　9 エ　10 ア

4　1 stop, playing　2 nothing, to　3 is, called　4 rained, heavily　5 on, way　6 she, was

5　1 vegetable(s)　2 drum(s)

6　1 Did Mike tell his friends when the party would be held(?)
2 I'm looking forward to picking you up at the airport (this evening.)
3 The doctor advised her nothing is more important than health(.)

7 1 C 2 B 3 B 4 D 5 D 6 A 7 D 8 A 9 C
10 C 11 A 12 D 13 B 14 B 15 C

○配点○
1 問1・問5・問8 各3点×3 問2・問4・問7・問9・問10 各2点×6
問3・問6 各5点×2 2 問1・問4 各5点×2 問2・問3・問6 各2点×3 問5 3点
3 各1点×10 4 各2点×6(各完答) 5 各2点×2 6 各3点×3 7 各1点×15
計100点

<英語解説>

1 (長文読解問題・物語文：内容吟味，語句補充，語句整序，英文和訳)

(全訳) ある朝早く，農夫フランシスは七面鳥に餌を与えるために小さな納屋に歩いて行きました。彼は小さな七面鳥農場の所有者でした。彼はすべての土地で最も貧しい人でしたが，彼は幸せでした。彼は毎日やるべき仕事がたくさんあり，特に七面鳥に餌を与えることでした。彼は納屋に入ったとき，非常に奇妙な何かに気づきました。

彼の七面鳥の一つは非常に平らでした。まるでパンケーキのようでした。(1)彼は他の七面鳥がそれの食べ物を盗んでいるのだと思いました。だから，農夫フランシスは，その平らな七面鳥が自分ひとりで食べることができるように，それを別の部屋に入れました。

翌日，彼が納屋に来たとき，彼は平らな七面鳥がさらに平らになっていることに気づきました！「私はお前をパンケーキ七面鳥と呼ぶことにするよ」と農夫フランシスは平らな七面鳥に言いました。「しかし，私はまた，お前が太って『感謝祭』の準備ができているようにもするつもりだ。」

「ガボ，ガボ」とパンケーキ七面鳥が答えました。

農夫フランシスはパンケーキ七面鳥に2倍の食べ物を与え，他の七面鳥の世話をするために立ち去りました。

翌日，彼はパンケーキ七面鳥を調べに入って来ました。農夫フランシスが驚いたことに，パンケーキ七面鳥はまだ平らでしたが，すべての食べ物は(2)なくなっていました。「どうしてお前は太らないのだろう。」と農夫フランシスは言いました。

「ガボ，ガボ」とパンケーキ七面鳥は答えました。

農夫フランシスは，パンケーキ七面鳥を(3)医者に連れていくことにしました。「私の七面鳥はふっくらしません」と，農夫フランシスは医者に言いました。

「ええと」と医者は答えました。「あなたができることが一つあります。七面鳥と一緒に食事をして，それが食べ物をすべて食べていることを確かめることができます。」

「良いアイデアですね」と農夫フランシスは答えました。

その日の夕方，農夫フランシスはそれと一緒に食事をするために彼の家の中にパンケーキ七面鳥を連れて来ました。パンケーキ七面鳥は，農夫フランシスが与えたすべてを食べましたが，それはまだふっくらしませんでした。

「お前はどうしたらいいのだろう」と農夫フランシスは尋ねました。

「ガボ，ガボ」とパンケーキ七面鳥は答えました。

農夫フランシスは，動物園にパンケーキ七面鳥を連れて行くべきだと思いました。彼は小さな農場の中に他の種類の動物を持っていませんでした。彼はそれに，もっと太った動物たちが生きていることを見せるべきだと思いました。(4)これによってそれの気持ちが変わることを望みました。彼はそれにカバ，象，豚そしてすべての土地で最大の鳥，ダチョウを見せました。

「お前はこれらの動物のように，素敵で大きくなる必要があるんだよ」と，農夫フランシスが言いました。

「ガボ，ガボ」とパンケーキ七面鳥は答えました。

パンケーキ七面鳥はまだ大きくならなかったので，農夫フランシスは彼をチェリーパイを食べるコンテストに連れて行くことにしました。

(5)彼らはできるだけ多くのチェリーパイを食べている人々を見ました。すべての土地で最大の男がそこにいました。そして彼は15個のチェリーパイを食べました。

「お前は彼のように食べる必要があるんだよ」と農夫フランシスは言いました。

「ガボ，ガボ」とパンケーキ七面鳥は答えました。

しかし，パンケーキ七面鳥はそれ以上大きくなりませんでした。農夫フランシスは何をすべきか分かりませんでした。

ある日，農夫フランシスの妻は七面鳥を「サーカス」に連れて行くことを提案しました。農夫フランシスは，それは素晴らしいアイデアだと思いました。そして，パンケーキ七面鳥をサーカスに連れて行くことにしました。誰もがこのような奇妙な見た目の七面鳥を見て驚きました。まもなく，多くの人々が彼に会うために全国から来始めました。農夫フランシスは，すべての土地で最も有名な男になりました。

「私は金持ちになるぞ」と彼は言いました。

「ガボ，ガボ」とパンケーキ七面鳥は答えました。

農夫フランシスは非常にお金を稼いだので，彼は彼の農場とすべての七面鳥を売却することを決めました。(6)彼は自分の七面鳥がどれほど特別であるかをみんなに見せるために，国中を旅行し始めました。彼はどこにでも行くことができるように，新しいトラック，飛行機，ボートを買いました。農夫フランシスは世界で最も裕福になりました。彼は妻のために大邸宅を買い，平らな七面鳥のために大きな納屋を買いました。

「私はほしいもの全部を持っている！」

「ガボ，ガボ」とパンケーキ七面鳥は答えました。

しかし，人々は平らな七面鳥を見ることに退屈し始めました。農夫フランシスは彼をテレビ番組，映画やコマーシャルに出そうと懸命に努力しましたが，(7)それはうまくいきませんでした。彼はすぐにトラック，彼の飛行機，彼のボートそして大邸宅と大きな納屋を売らねばなりませんでした。農夫フランシスは何も持っていませんでした。

「私は何をするつもりなんだろう」と農夫フランシスは叫びました。

「ガボ，ガボ」とパンケーキ七面鳥は答えました。

農夫フランシスは自分が欲張りであることに気づきました。彼は自分ではない誰かになろうとしていました。(8)彼はまた，パンケーキ七面鳥をそれではない誰かに変えようとしていました。彼は農夫でした。そして，それは彼がどうあるべきかを知っているすべてでした。彼は小さな農場に戻ることにして，またやり直すことを試みるのを決めました。農夫フランシスはパンケーキ七面鳥をふっくらさせる必要はなかったし，彼は多くのお金を稼ぐ必要はありませんでした。彼はただ(9)幸せになる必要があり，農家であることは彼が最もよく知っていたもので，それが彼を(9)幸せにしました。

感謝祭の日までに，農夫フランシスは再び彼の農場を所有し，夕食のために七面鳥を食べる代わりに，彼は感謝祭の夕食にすべての七面鳥を招待することを決めました。

「これは史上最高の感謝祭だ！」と農夫フランシスは歌いました。

「ガボ，ガボ」とパンケーキ七面鳥は答えました。

問1　直後の文の内容をまとめる。

問2　〈be gone〉で「なくなってしまった」という意味を表す。

問3　次の段落にある医者の発言の内容をまとめる。

問4　農夫フランシスは，平たい七面鳥により太っている様々な動物を見せれば，それの気持ちが変わるだろうと考えたので，エが答え。アとウは文中に書かれていない内容なので，誤り。イは七面鳥が気持ちを変えるという内容に合わないので，誤り。

問5　〈watch ～ …ing〉で「～が…しているのを見る」という意味を表す。また〈as ＋原級＋ as S can〉で「Sができるだけ～」という意味を表す。

問6　to show は不定詞の副詞的用法で「～するために」と，目的を表す。また，show A B ＝「AにBを見せる」という意味になり，ここではAが everyone，Bが how 以下になる。

問7　work は「うまくいく」という意味を表すので，ウが答え。アは「それは意味がなかった」，イは「それらは間違いなくよくなった」，エは「彼らはあきらめなかった」という意味で，文の意味に合わないので，誤り。

問8　also とあるので，直前の内容に関連した内容を表すとわかる。農夫フランシスは七面鳥を「特別なもの」にしようとしていたことに気づいたので，「それではない誰かに変えようとしていた」となる。

問9　農夫フランシスはお金を儲けたり多くの物を持つことではなく，自分が幸せに感じることが大切だと気づいた。

問10　ア　平たいからつけられた名前なので，誤り。　イ　体重は増えなかったので，誤り。　ウ　農夫フランシスが食べたわけではないので，誤り。　エ　農夫フランシスの行動に合うので，答え。　オ　農夫フランシスの考えに合うので，答え。　カ　農夫フランシスは七面鳥を食べるのを止めたので，誤り。

2　**（長文読解問題・説明文：内容吟味，語句補充，英文和訳，語句整序）**

（全訳）　インドには約10億人が住んでいます。多くの人々は小さな農場に住んでいます。彼らの生活は静かでシンプルです。家族は農場と動物の世話をします。農場で最も重要な動物は牛です。牛は2つの方法で農場で助けます。それは家族にミルクを与えます。そしてそれは農場で働きます。

(1)農民は大金を稼ぐことはありません。彼らは彼らの仕事を助けるために機械を買うことはできませんが，彼らは牛を保つために多くのお金を必要としません。牛はガソリンや機械のような修理を必要としません。また，インドでは天候が問題です。6月，7月，8月，9月には雨が多いです。地面が非常に濡れると，それはまた柔らかくなります。機械は柔らかい地面では動きませんが，牛は可能です。

牛は神聖な動物です。1,600年以上前に書かれたあるインドの詩は，インドの人々が悪天候のために食べ物を手に入れなかったとき，王は地球に対して彼らに食べ物を与えるよう言おうとしました。すぐに牛のように見える神が現れ，彼らにミルクを与えました。この詩は，人々が狩猟から農業にライフスタイルを(2)変えたことを意味しているのでしょう。それ以来，インドの人々は牛が神聖であると信じてきました。年に2回，牛のための特別な宗教的なお祝いがあります。農民は牛を飾り，寺院に連れて行きます。彼らの宗教では，神々は牛を守ります。人々は牛を大切にし，保護する必要があります。(3)もちろん，彼らは牛を殺すことはできません。

牛はまた，政府によって保護されています。インドでは，牛を殺すのは法律違反です。だから，(4)牛が働くのに年を取りすぎると，農家は農場からそれらを送り出します。牛は通りを自由に歩きます。人々は彼らに食べ物を与えます。そしてドライバーは牛をひかないように注意しています。また，古い牛や病気の牛のための特別な動物病院もあります。政府(そして一部の金持ち)はこれらの病院にお金を与えます。(5)他の国々の人々は，インド政府がなぜ牛にお金を費やすのか理解しません。

インドの人々は毎年2億頭以上の牛の世話をしています。彼らは長い間，宗教的なシンボルとして牛を尊敬してきました。それは何千年にわたる伝統です。

問1　第2段落の内容に注目する。「彼らは彼らの仕事を助けるために機械を買うことはできません」また「機械は柔らかい地面では動きませんが，牛は可能です」という二つの内容についてまとめる。

問2　文脈からエが答えとわかる。

問3　直前の内容からイが答えだと判断する。

問4　〈too ~ to …〉で「…するには～すぎる」という意味を表す。

問5　間接疑問文であることに注意する。〈why A B〉は〈なぜAはBなのか〉という意味を表す。

重要　問6　ア　文中に書かれていない内容なので，誤り。　イ　文中に書かれていない内容なので，誤り。　ウ　第4段落の内容に合うので，答え。　エ　「祭られている」とは書かれていないので，誤り。

3　(語句選択問題：名詞，疑問詞，不定詞，形容詞，助動詞，前置詞，分詞，発音，動詞)

1. 「他とは違うものはどれか。」　ア「地下鉄」，イ「飛行機」，ウ「自転車」，エ「蝶々」。エだけが乗り物ではない。
2. 「ここから駅まで歩いたらどれくらいかかりますか。」〈how long ~〉は「どれくらいの間～」という意味で，時間や期間の長さをたずねる時に用いられる。
3. 「私の兄は車を運転できるくらい年をとっている。」〈~ enough to …〉で「…するくらい～だ」という意味になる。
4. 「もう少しコーヒーをいかがですか。」〈some more ~〉で「もう少し～」という意味を表す。
5. 「あなたはいつフランスに行きましたか。」 when があるのでイとエは使えない。また，アは〈will you be to ~〉となるので意味にならない。
6. 「もしその靴下が好きなら，はいてみたらどうですか。」〈try ~ on〉で「～を着てみる」という意味を表す。
7. 「女の子たちに与えられた花はとてもきれいでした。」　過去分詞は「～された」という意味を表す。
8. 基本　「下線部の発音が違うものはどれか。」　ア「kɔ́rəs」，イ「tʃést」，ウ「tʃɔ́kəlit」，エ「tʃə́rtʃ」
9. 「あなたは何のためにその市役所を訪れたのですか。」　文末に for があることに注意する。for what で「何のために」という意味になる。
10. 「明日の朝太陽が昇る前に出発しなければなりません。」「朝」とあるので，ウとエは不適切。イは意味にならない。

4　(書き換え問題：動名詞，不定詞，受動態，動詞，熟語，間接疑問文)

1. 「彼はギターを弾き続けた。」→「彼はギターを弾くのを止めなかった。」〈stop ~ ing〉で「～することを止める」という意味を表す。
2. 「私はトムは今日はひまだと思います。」→「私はトムは今日何もすることがないと思います。」〈nothing to ~〉で「何も～ない」という意味になる。
3. 基本　「この動物は英語で何と言いますか。」→「この動物は英語で何と呼ばれますか。」　受動態の疑問文なので〈be動詞＋主語＋過去分詞〉という語順にする。
4. 「私たちは激しい雨のために釣りに行けませんでした。」→「雨が激しく降ったので，私たちは釣りに行けませんでした。」「雨が降る」という意味を表す時は，〈We have rain〉か〈It rains〉という表現を使う。
5. 「私は本屋に行くときにトムに会いました。」→「私は本屋に行く途中でトムに会いました。」

〈on ～'s way to …〉は「～が…へ行く途中に」という意味を表す。

6. 「私は彼女に『あなたは何をしているのですか』と言いました。」→「私は彼女に何をしているのかとたずねました。」 間接疑問文なので，〈疑問詞＋主語＋動詞〉の形になる。

5 **（語彙問題：名詞）**

1. 「これはあなたが食べる植物の一種です。レタス，トマト，タマネギそして大根が例です。あなたはそれでサラダを作ることができます。その単語は"V"から始まります。」
2. 「これは楽器です。それはふつう丸く，あなたの手かスティックで叩いて演奏されます。世界中に多くの種類があります。その単語は"D"から始まります。」

6 **（語句整序問題：間接疑問文，動名詞，比較）**

1. 間接疑問文なので，〈疑問詞＋主語＋動詞〉の形になる。
2. 〈look forward to ～ ing〉で「～を楽しみに待つ」という意味を表す。
3. 〈nothing is ～er than …〉で「何も…ほど～ではない」という意味になる。

7 リスニング問題解説省略。

★ワンポイントアドバイス★

1の問5には〈watch ～ …ing〉がある。これは see でも，動詞の原形でも使うことが多い。（例） I saw him cross the street.「私は彼が道路を横切るのを見た。」
受動態にすると不定詞を使う。He was seen to cross the street by me.

＜国語解答＞

一 (1) 経過 (2) 遅延 (3) 装(い) (4) 作用 (5) 虐(げられ)
(6) ぞうお (7) しょうさい (8) きせい (9) くめん
(10) うけたまわ(り)

二 問一 ウ 問二 実際には起きていないこと 問三 ウ 問四 a ○ b × c ○ d ○ 問五 （例） 動物は過去を回想したり未来を選択するための非在の現前を表す言葉を持たないから。(39字) 問六 Ⅰ オ Ⅱ イ Ⅲ ア 問七 冬眠の準備行動がはじまる(12字) 問八 イ

三 問一 エ 問二 ア 問三 イ 問四 ウ 問五 説明しがたい不条理な感じ(12字) 問六 ア 問七 Ⅰ 四 Ⅱ 八 問八 あんまり寒 問九 自分の大学生活の意味を考え直す変化。(18字)

四 問一 a ウ b エ c イ 問二 （例） 自分たちの大事な開祖の名を犬につけたから。 問三 あわせてくれ 問四 （例） 自分たちの開祖の名を持つ犬を噛み伏せたから。

五 Ⅰ 問一 其の学ぶ能はざる所を学ばんとするなり。 問二 ア
Ⅱ 問一 不ㇾ如二仁声之入ㇾ人深一也。

六 問一 エ 問二 ウ 問三 イ・ウ

○配点○

一 各1点×10 二 問四 各1点×4 問六 各2点×3 問五 8点 他 各3点×5
三 問五・問八 各4点×2 問七 2点(完答) 問九 6点 他 各3点×5

四 問一 3点(完答) 問三 1点 他 各4点×2	五 Ⅰ 各2点×2 Ⅱ 3点
六 問三 3点(完答) 他 各2点×2 計100点	

＜国語解説＞

一 (漢字の読み書き)

(1) 時間が過ぎること。「経」の他の音読みは「キョウ」。 (2) 予定の時刻に遅れること。「遅」の訓読みは「おく(れる)」「おそ(い)」。 (3) 音読みは「ソウ」「ショウ」で,「装置」「衣装」などの熟語がある。 (4) 他のものに力を及ぼして影響を与えること。「作」の他の音読みは「サク」。 (5) 音読みは「ギャク」で,「残虐」などの熟語がある。 (6) ひどく憎むこと。「悪」を「オ」と読む熟語は,他に「悪寒」などがある。 (7) 細部にいたるまで詳しいこと。「詳」の訓読みは「くわ(しい)」。 (8) 郷里に帰ること。「省」の他の音読みは「ショウ」で,訓読みは「かえり(みる)」「はぶ(く)」。 (9) 工夫して必要な金銭を集めること。 (10) 音読みは「ショウ」で,「承諾」「継承」などの熟語がある。

二 (論説文ー大意・要旨,内容吟味,文脈把握,接続語の問題,脱文・脱語補充)

問一 ——線部1の前に説明の意味を表す「つまり」とあるので,その前の「長い進化の過程で,かれらには,一定の対象を認知したら,ある定まった行動をするというプログラムがインストールされており……蜜が存在しないのに8の字の飛行をはじめたりすることはない」に着目する。アの「周囲の仲間を欺く」とは述べていない。イ「相手の意図をくむことができない」や,エの「事実と異なる行動をとる必要がない」は,——線部1の「うそがつけない」という表現に合わない。

問二 [　　]を含む文と同様の内容を,同じ段落で「このように私たち人間は,語を自由に組み合わせて,任意の文を作りうるがゆえに,実際には起きていないことについても考えることができる」と繰り返して述べている。ここから,[　　]に相当する部分を抜き出す。

問三 「いま一頭の小ぶりの天敵が近づいている」という状況を述べている。したがって,Aの前の「『テキ,いない』『テキ,多い』『テキ,大きい』」という文は「偽」となる。Bの前に「目下の状況では」とあるので,Bに入るのも「偽」。Cの前の「それらの文」は「『テキ,いない』『テキ,多い』『テキ,大きい』」を指し示しており,「『テキ,いない』『テキ,多い』『テキ,大きい』」「となるような状況を考えることができる」ので,Cに入るのは「真」。

問四 ——線部2「非在の現前」について,前で「実際には存在しないものを,思考の対象として,いわば呼び出す」と説明している。「実際には存在しないもの」に対して「思考」しているaの「相手の考え」や,cの「空飛ぶ馬」,dの「過去・未来」が「非在の現前」として正しい。bの「蜜がここにある」は,実際に存在しているので,「非在の現前」としては誤っている。

やや難 問五 動物が「つねに現在を生きているにとどまる」について,同じ段落で「動物は,『あのとき,こうだった』と回想したり,『あのとき,ああしていたら,こうはならなかっただろう』と過去にはありえた可能性について考える事は少ない」と説明している。一つ後の段落で,人間については「『非在の現前』としての言葉を操れることによって,私たち人間は,過去・未来のものごとについて,共に考えることができる」と述べており,ここから,動物が過去や未来を考えず「つねに現在を生きているにとどまる」のは,「非在の現前」を表す言葉を持たないからだという理由をまとめよう。

問六 Ⅰ 「動物は……つねに現在を生きているにとどまる」という前に対して,後で予想される反論を「動物でも過去の記憶は働いている」と付け加えているので,言うまでもない,当然,という意味を表す語があてはまる。 Ⅱ 「動物も，未来を予知する働きをもってはいる」という前に対して，後で「そうした予知は……自然の因果関係の一こまにすぎない」と相反する内容を述べているので，逆接の意味を表す語があてはまる。 Ⅲ 「人間は，現在を，過去の自分たちの選択から将来の可能性につながる結節点として引き受ける」という前を，後で「人間は……過去から未来への歴史を生きている」と言い換えているので，説明の意味を表す語が適切。

問七 直前の「動物たちにあっては，日照時間や気温などをつうじて秋が深まる気配に接したら」具体的にどうなるのかを考える。同じ段落で「動物も……秋の深まりいく気配に接したら冬眠の準備行動がはじまる」と同じ内容を述べており，ここから適当な部分を抜き出す。

重要 問八 「そもそも」で始まる段落と「今，目の前で」で始まる段落の内容にイが合致する。アの「人間は……他者の思いを正確に理解して生活している」やエの「人間の合目的的な協業は，必ず言葉を使って行われる」とは本文で述べていない。ウの「蜂が8の字に飛んだり動物が冬眠したりする」のは一定の対象を認知したらある行動をするというプログラムがインストールされているためで，言葉による意思疎通が不可能だからではない。

三 （小説一主題・表題・情景・心情，内容吟味，文脈把握，段落・文章構成，指示語の問題，熟語）

やや難 問一 ――線部1の「あのころの方が充実してた」の「あのころ」は受験時代を意味しているので，浩行は現在の大学生活に満足感を得ていないことが読み取れる。浩行の大学生活について述べている部分を探すと，一つ後の段落に「浩行は大学生活というものに，説明しがたい不条理な感じを持っていた……もの凄くハードに『勉強』というものを続けてきた最終的な結果がこれだったのか，と思うと，それは妙に安っぽいような虚しいような，なんとなく裏切られたような気持ちになるのだった」とあり，この心情に適切なものはエ。「浩行は大学生活」で始まる段落に，「それは具体的に面白くないとか，下らないとかいう感情ではなかった」とあるので，「面白くない」や「下らない」と同じ意味の「つまらない」とあるアは適切ではない。イの「飽きている」は本文からは読み取れない。ウは受験時代について述べているので適切ではない。

問二 ――線部2の「言い訳のように」という表現からは，洋子が気まずい様子でいることがうかがわれる。直後の「推薦入学者は……実質的な受験勉強はほとんど必要なかったことになる」から，洋子が気まずい様子でいる理由をとらえる。後で洋子が推薦入学の面接試験の話を自ら面白おかしく語っているので，イの「知られたくない」やウの「恥ずかしく思った」，エの「後悔」は適切ではない。

問三 直後の「そんな胸の内などおくびにも出さず，とにかく自分は生活を充分に楽しんでいます，というふりをする技術を身につけていた。そうしていないとやりきれないという部分があった」という心理描写に着目する。「そうしていないとやりきれない」を，「不満をやり過ごす」と言い換えているイを選ぶ。アの「満足のいく大学生活を送れる」は，「やりきれない」とは重ならない。ウの「周りの人間には到底理解できない」，エの「人生を歩める」とは述べていない。

問四 同じ段落の「世間で一流と呼ばれている私大にストレートで入った……積み重ねてきたものは無駄にはしていないと思えたけれど，自分はたぶん，普通の会社に就職して普通のサラリーマンになるのだろうな」という浩行の考えに着目する。「普通のサラリーマン」にとって「シグマやベクトル」は実質的な意味を持たず，浩行は虚しくなっていると述べているものを選ぶ。

問五 ――線部5の「何かしら割り切れぬもの」は，ストレートで合格した大学で浩行が「立ちどまってみた自分の中に」見つけたものである。「割り切れぬ」からは，釈然としないはっきりとしない思いが感じられる。同様の内容を述べている部分を探すと，「浩行は大学生活」で始まる段落に「浩行は大学生活というものに，説明しがたい不条理な感じを持っていた」とあるのに気づく。

問六　――線部6の「こんなふう」は，推薦入学の面接試験での洋子の受け答えを指し示している。「ちゃんと答を用意してたのに……用意してた答がスーッと吹っ飛んじゃったのよ」「そりゃ焦ったわよ……大ウソ言っちゃったの，あたし」と，洋子は面接試験の様子を笑い話にしている。「もの凄くハードに『勉強』というものを続けて」入学した浩行にとって，洋子の話はどのような印象をもたらしたのかについても想像する。

基本　問七　「Ⅰ苦Ⅱ苦」で，「シクハック」と読む四字熟語になる。

問八　一つ目の場面は洋子が面接試験を語るもので，「浩行も，そこで少し笑った」までとなる。その後の「あんまり寒かったので」から二つ目の場面が始まり，浩行が洋子をお茶に誘ったいきさつと，浩行の心情が描かれている。三つ目の場面は「『でね』洋子は推薦入学の面接試験のときのことを話している」から始まり，再び洋子が面接試験を語る場面に戻っている。

重要　問九　洋子の面接試験の話を聞いている浩行の様子と心情に着目する。「今度は浩行も声を立て笑った。こんなふうにして大学に入ってきた奴もいるんだな，と思った。それは浩行にとって，爽快さすらおぼえるひとつの新しい発見だった」や，「浩行は言いかけて口ごもった。胸がつかえた。今までにたぶん，見過ごしてきたのであろうたくさんのもの，たくさんの人間のことを思った」などの描写から，洋子とのやりとりを通じて，浩行には新たな考えを知り自分の大学生活の意味を考え直す変化が生じたことが感じられる。「発見」や「見過ごしてきた」ものに気づくという内容をふまえ，「変化」を問われているので，「考え直す変化。」や「～ようになった。」などの表現を用いてまとめる

四　**(古文―内容吟味，文脈把握，品詞・用法，仮名遣い)**

〈口語訳〉　ある所に，法花寺と浄土寺とが並んでいたが，法花寺で飼っていた犬を，浄土宗の開祖である法然と名前を付けて呼んだので，隣の浄土寺の僧たちは，「いやはや，気に入らない事だな。大事な(私たちの)開祖を犬(の名前)にするとは残念だ」と，浄土寺でも犬を飼って，(法花寺の開祖である)日蓮と名前を付けて，物を食べさせず，痩せたままにしておいて，近くの子供を呼び寄せて，「隣の法然と，こちらの日蓮とを噛み合わせてくれ」と頼んだので，子供たちはわらわらと集まって，「日蓮来い，法然来い」と呼んで噛み合わせたのだが，何せ日蓮は痩せ犬であったので，法然に噛み伏せられてしまい，「日蓮が負けて法然が勝った」と(子供たちが)はやし立てたので，法花寺(の僧たちは)このことに怒って，すぐに法然(と名付けた犬)を追い出しなさった。

問一　aには場所，　bには対象，cには連体修飾を表すものがそれぞれあてはまる。

問二　前の「法花寺に飼い置きたる犬を，法然と名b付けて呼びければ」が，浄土寺の僧たちが法花寺の僧たちを憎く思った理由にあたる。法然という名前が，浄土寺の僧にとってどのような意味を持つのかを考えてまとめる。

基本　問三　語頭以外のハ行は，現代仮名遣いではワ行に改める。

重要　問四　直前の「法花寺はこれを立腹して」の「これ」は，「日蓮が負けて法然が勝ちたり」と子供たちがはやしたてたことを指し示す。法花寺の僧にとっては，自分たちの飼い犬が勝ったわけではあるが，自分たちの開祖の名を持つ犬を噛み伏せたことになる。この内容を簡潔にまとめて理由とする。

五　**(漢文・漢詩―熟語，その他)**

やや難　Ⅰ　問一　一二点にはさまれた部分を最初に読むが，「所」「不」「能」の下にレ点があるので，「其の」の後は「学」「能」「不」「所」と続けて読み「学」に返り，最後に「也」を読む。漢文を書き下し文に改めるときには，助動詞をひらがなに直す。

問二　木に登って魚をとろうとすることから，方法が間違っていて成功しないという意味のアの「縁木求魚」が最も近い。イは真理をゆがめて世間におもねる，ウは同じ人の言動が矛盾してい

る，エは才能のある人は苦労が多い，という意味。

Ⅱ　問一　「仁声之」→「人」→「入」→「深」→「如」→「不」→「也」の順に読むように返り点を付ける。「人」→「入」とするために「入」にレ点を付ける。「深」→「如」とするために，「深」に一点をつけ「如」に二点を付ける。「如」→「不」とするために，「不」にレ点も加える。

六　（品詞・用法，表現技法，文学史）

基本　問一　『金閣寺』の作者は，エの三島由紀夫。アは『堕落論』，イは『砂の女』，ウは『雪国』，オは『人間失格』の作者。

問二　ア・イ・エは連体修飾の格助詞で，ウは主語を表す格助詞。

問三　「直喩表現」は，「ようだ」「ごとし」などの語を用いて喩える表現。アは「ようだ」「ごとし」の語を用いないで喩える隠喩表現，エは附属物で本体を代用する換喩法，オは擬人法を含む。

★ワンポイントアドバイス★

記述式の問題では，簡潔にまとめる力をつけておくことが大切だ。本文中の言葉を用いるだけではなく，内容を読みとったあと，自分の言葉で表現し直すような練習を重ねよう。

解答用紙集

○月×日　△曜日　天気（合格日和）

◆ご利用のみなさまへ
＊解答用紙の公表を行っていない学校につきましては、弊社の責任において、解答用紙を制作いたしました。
＊編集上の理由により一部縮小掲載した解答用紙がございます。
＊編集上の理由により一部実物と異なる形式の解答用紙がございます。

人間の最も偉大な力とは、その一番の弱点を克服したところから生まれてくるものである。──カール・ヒルティ──

東京学参株式会社

中央大学高等学校(一般)　2024年度

◇数学◇

※ 152%に拡大していただくと，解答欄は実物大になります。

1

問 1	$x =$
問 2	
問 3	

2

問 1	
問 2	

3

問 1	
問 2	$a =$
問 3	$a =$

4

問 1	
問 2	

5

問 1	
問 2	
問 3	

6

問 1	
問 2	
問 3	断面図

F E D

$S =$

中央大学高等学校（一般）　2024年度　◇英語◇

※ 143％に拡大していただくと，解答欄は実物大になります。

1

問1　問2　問3

問4

問5　A　B

問6

問7

問8

問9　（30）

問10

2

問1　（25）

問2

問3

問4　A　B

問5

3

1　2　3　4

5　6　7　8

4

1　2　3

4　5

5

1　2

6

1　A　B　2　C　D　3　E　F

7

1　2　3　4　5

6　7　8　9　10

11　12　13

14　15

中央大学高等学校（一般）　2024年度

◇国語◇

※ 156%に拡大していただくと，解答欄は実物大になります。

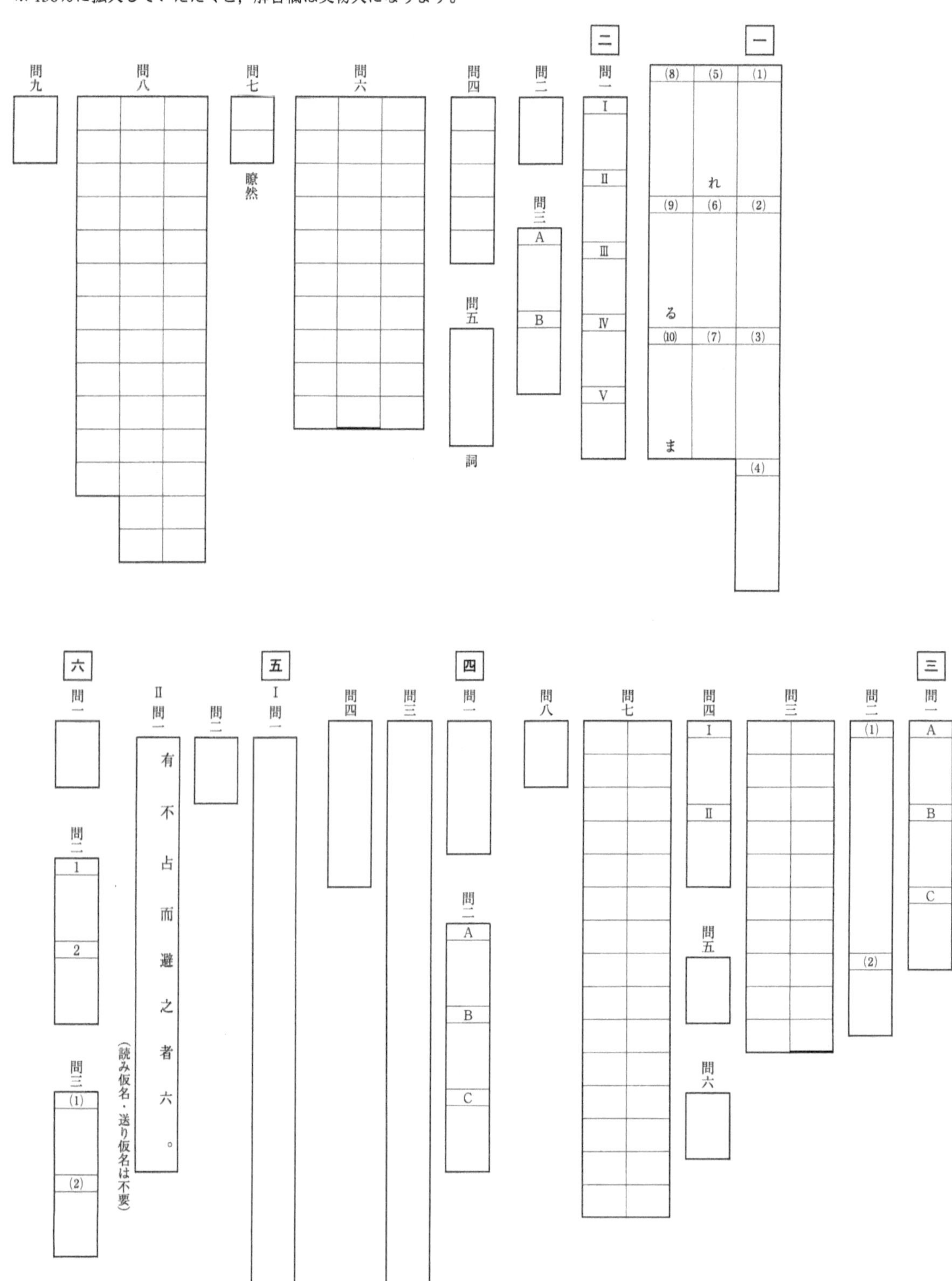

中央大学高等学校（推薦）　2024年度

◇数学◇

※ 114%に拡大していただくと，解答欄は実物大になります。

問1		問2		問3	

問4	

問5	(1)		(2)	

問6	(1)	倍
	(2)	途中式
		答え

A
D
B
C

問7	(1)	$a =$	(2)	
	(3)	：		

中央大学高等学校(推薦)　2024年度

◇英語◇

※ 145%に拡大していただくと，解答欄は実物大になります。

1

1		2	

2

1		2	

3

1	
2	
3	
4	
5	

4

1	A		B		2	C		D	

5

1		2		3		4	

6

7

問1	(10)	(20)
問2	A	B
問3		
問4		
問5		
問6		
問7		

8

1		2		3		4		5	

9

1		2	

10

1		2	

中央大学高等学校(推薦)　2024年度

◇理科◇

※ 122%に拡大していただくと，解答欄は実物大になります。

問1	(1)　cm	(2)	(3)　cm	問2	Ω

問3		問4	

問6	(1)

問6	(2)　kg/m³	問7	(1)

問5	

問7	(2)	問8	(1)

問8	(2)	(3)	(4)　g

問9		問10		問11		

問12	果実	種子	問13	

問14		問15		問16	

問17		問18		問19		問20	度

問21		問22	

中央大学高等学校(推薦)　2024年度

◇社会◇

※ 102%に拡大していただくと，解答欄は実物大になります。

1

(1)	(2点)	(2)	(2点)	(3)	
(4)		(5)			
(6)		(7)		(8)	

2

(9)		(10)		(11)		(12)	
(13)		(14)					
(15)	a：　b：　c：　d：　(2点)					(16)	(2点)

3

(17)	(2点)	(18)		(19)			
(20)						(21)	
(22)		(23)	(2点)	(24)			

4

(25)	

(26)	

◇国語◇

中央大学高等学校(推薦)　２０２４年度

※ １１４％に拡大していただくと、解答欄は実物大になります。

一

問一 ①　②　③　げる

問二

問三

問四

問五

問六 Ⅰ　Ⅱ　Ⅲ

問七 A　B

問八

問九 ……ため。

問十

二

問一

問二 A　B　C

問三 文

三

Ⅰ 問一

問二

Ⅱ 問一 莫　大　乎　與　人　為　善　。

（読み仮名・送り仮名は不要）

四

問一

問二

問三

中央大学高等学校　2023年度

◇数学◇

※ 147%に拡大していただくと，解答欄は実物大になります。

1

問 1	$x=$
問 2	
問 3	$v=$

2

問 1	
問 2	

3

問 1	A(　　,　　)
問 2	
問 3	$x=$

4

問 1	
問 2	

5

問 1	
問 2	A D / A B C D A / E F G H E / E H IK : KM= ML : LJ=
問 3	$S:T=$

6

問 1	
問 2	

中央大学高等学校　2023年度　◇英語◇

※ 147%に拡大していただくと，解答欄は実物大になります。

1

問1		問2	

問3	3－Ⅰ	3－Ⅱ	3－Ⅲ

問4		問5	

問6	A	B

問7 （35）

問8

問9

問10		

2

問1	

問2

問3 （35）

問4	A	B	問5	

3

1		2		3		4		5	
6		7		8		9			

4

1		2		3	
4		5			

5

1		2	

6

1	A	B	2	C	D	3	E	F

7

1		2		3		4		5		6		7	
8		9		10									
11		12		13									
14		15											

◇国語◇

中央大学高等学校　２０２３年度

※１１１%に拡大していただくと、解答欄は実物大になります。

一

(1)　す
(2)
(3)
(4)
(5)　れる
(6)
(7)
(8)
(9)
(10)　い

二

問一

問二

問三

問四　Ⅰ　Ⅱ　Ⅲ

問五

問六

問七　…こと。

問八

問九

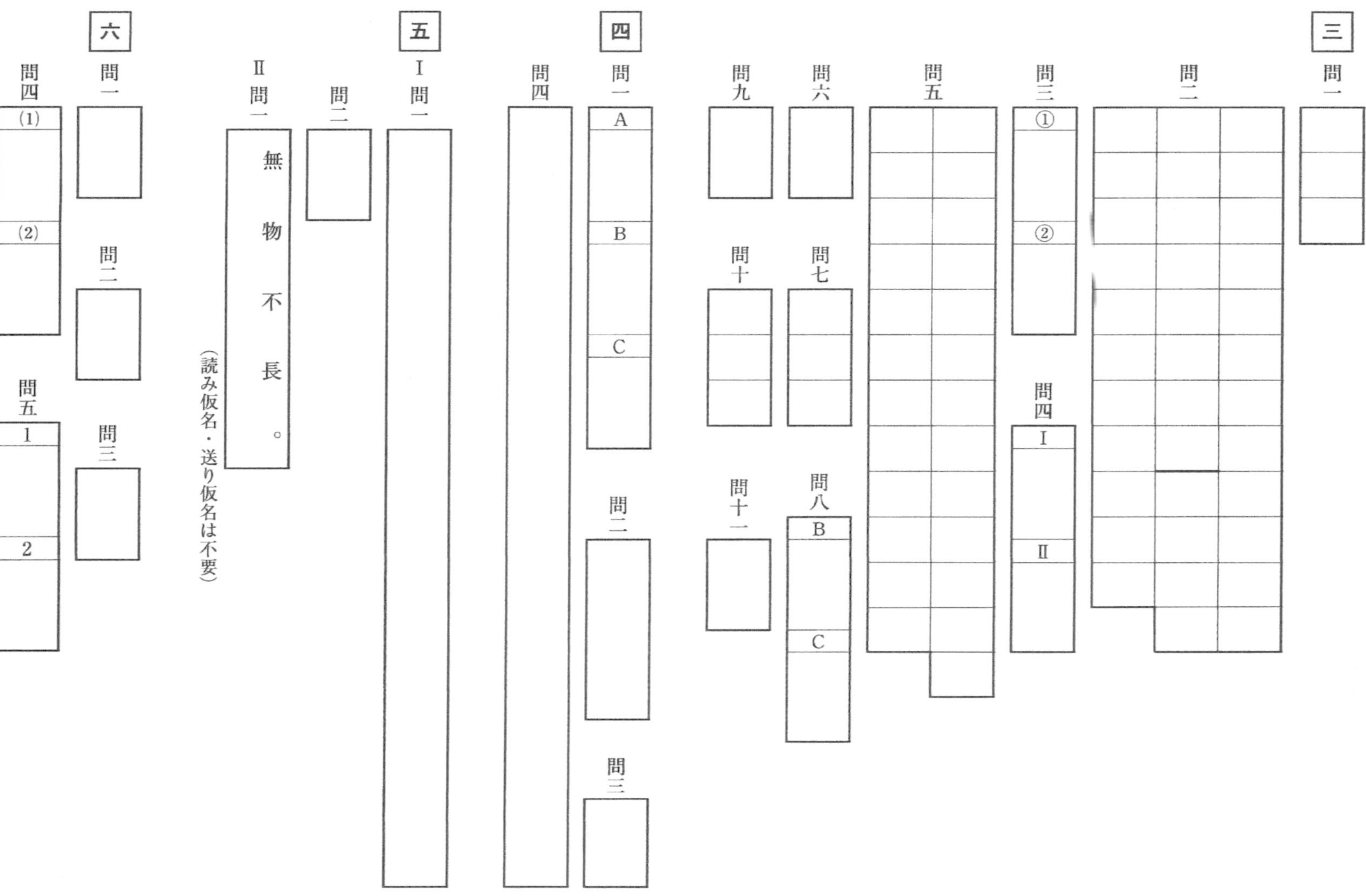
三
問一
問二
問三 ① ②
問四 Ⅰ Ⅱ
問五
問六
問七
問八 B C
問九
問十
問十一
四
問一 A B C
問二
問三
問四
五
Ⅰ 問一
問二
Ⅱ 問一
無 物 不 長 。
（読み仮名・送り仮名は不要）
六
問一
問二
問三
問四 (1) (2)
問五 1 2

中央大学高等学校　2022年度

◇数学◇

※ 154%に拡大していただくと，解答欄は実物大になります。

1

問1	$x=$
問2	
問3	

2

問1	
問2	

3

問1	A(　　,　　)
問2	$x=$
問3	$b=$

4

問1	
問2	

5

問1の断面図　A　C　E　G

問1の答え	$r=$

問2の計算過程

問2の答え	%

6

問1	
問2	

中央大学高等学校　2022年度　◇英語◇

※ 147%に拡大していただくと，解答欄は実物大になります。

1

問1　問2 A B

問3　問4 4－Ⅰ 4－Ⅱ 4－Ⅲ

問5

問6

問7 (30)

問8

問9

問10

2

問1

問2

問3 (45)

問4 A B

問5　問6

3

1 2 3 4

5 6 7 8

4

1 2

3 4

5

5

1 2

6

1 A B　2 C D　3 E F

7

1 2 3 4 5

6 7 8 9 10 11 12

13 14 15

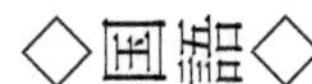

◇国語◇

中央大学高等学校　２０２２年度

※１４７％に拡大していただくと、解答欄は実物大になります。

一
(1) (2) (3) (4) (5) った
(6) (7) (8) (9) (10) び

二
問一 Ⅰ Ⅱ Ⅲ Ⅳ
問二
問三
問四 A B C
問五 D E
問六
問七
問八
問九

三
問一
問二
問三
問四
問五 Ⅰ Ⅱ Ⅲ
問六
問七 ① ②
問八
問九
問十
問十一

四
問一 A B C
問二
問三

五
Ⅰ 問一
問二
Ⅱ 問一 与 人 不 求 感 徳 （読み仮名・送り仮名は不要）

六
問一 (1) (2)
問二 1 2 3
問三

中央大学高等学校　2021年度

◇数学◇

※ 153%に拡大していただくと，解答欄は実物大になります。

1

問 1	$x=$
問 2	
問 3	(ア)
	(イ)
	(ウ)

2

問 1	
問 2	

3

問 1	B(　　，　　)
問 2	Q(　　，　　)
問 3	

4

答え	

5

問 1	
問 2	

6

問 1	
問 2	

中央大学高等学校　2021年度

◇英語◇

※ 145%に拡大していただくと，解答欄は実物大になります。

1

問1 　20

問2

問3 　40

問4

問5 .

問6

問7

問8 …into (　　)(　　)(　　)(　　).

問9

問10

2

問1 　30

問2

問3

問4

問5 People in other countries .

問6

3

1		2		3		4		5	
6		7		8		9		10	

4

1			2		
3			4		
5			6		

5

1		2	

6

1 ?

2 this evening.

3 .

7

1		2		3		4		5		6		7		8	
9		10		11		12		13		14		15			

◇国語◇

中央大学高等学校　2021年度

※146%に拡大していただくと、解答欄は実物大になります。

一
(1)　(2)　(3) い　(4)　(5) げられ
(6)　(7)　(8)　(9)　(10) り

二
問一　問二　問三
問四 a　b　c　d
問五
問六 Ⅰ　Ⅱ　Ⅲ
問七　問八

三
問一　問二　問三　問四
問五　問六　問七 Ⅰ　Ⅱ
問八
問九

四
問一 a　b　c
問二
問三
問四

五
Ⅰ 問一　問二
Ⅱ 問一 不 如 仁 声 之 入 人 深 也 。（読み仮名・送り仮名は不要）

六
問一　問二　問三

東京学参の
高校別入試過去問題シリーズ

＊出版校は一部変更することがあります。一覧にない学校はお問い合わせください。

東京ラインナップ

あ 愛国高校(A59)
青山学院高等部(A16)★
桜美林高校(A37)
お茶の水女子大附属高校(A04)
か 開成高校(A05)★
共立女子第二高校(A40)★
慶應義塾女子高校(A13)
啓明学園高校(A68)★
国学院高校(A30)
国学院大久我山高校(A31)
国際基督教大高校(A06)
小平錦城高校(A61)★
駒澤大高校(A32)
さ 芝浦工業大附属高校(A35)
修徳高校(A52)
城北高校(A21)
専修大附属高校(A28)
創価高校(A66)★
た 拓殖大第一高校(A53)
立川女子高校(A41)
玉川学園高等部(A56)
中央大高校(A19)
中央大杉並高校(A18)★
中央大附属高校(A17)
筑波大附属高校(A01)
筑波大附属駒場高校(A02)
帝京大高校(A60)
東海大菅生高校(A42)
東京学芸大附属高校(A03)
東京農業大第一高校(A39)
桐朋高校(A15)
都立青山高校(A73)★
都立国立高校(A76)★
都立国際高校(A80)★
都立国分寺高校(A78)★
都立新宿高校(A77)★
都立墨田川高校(A81)★
都立立川高校(A75)★
都立戸山高校(A72)★
都立西高校(A71)★
都立八王子東高校(A74)★
都立日比谷高校(A70)★
な 日本大櫻丘高校(A25)
日本大第一高校(A50)
日本大第三高校(A48)
日本大第二高校(A27)
日本大鶴ヶ丘高校(A26)
日本大豊山高校(A23)
は 八王子学園八王子高校(A64)
法政大高校(A29)
ま 明治学院高校(A38)
明治学院東村山高校(A49)
明治大付属中野高校(A33)
明治大付属八王子高校(A67)
明治大付属明治高校(A34)★
明法高校(A63)
わ 早稲田実業学校高等部(A09)
早稲田大高等学院(A07)

神奈川ラインナップ

あ 麻布大附属高校(B04)
アレセイア湘南高校(B24)
か 慶應義塾高校(A11)
神奈川県公立高校特色検査(B00)
さ 相洋高校(B18)
た 立花学園高校(B23)
桐蔭学園高校(B01)
東海大付属相模高校(B03)★
桐光学園高校(B11)
な 日本大高校(B06)
日本大藤沢高校(B07)
は 平塚学園高校(B22)
藤沢翔陵高校(B08)
法政大国際高校(B17)
法政大第二高校(B02)★
や 山手学院高校(B09)
横須賀学院高校(B20)
横浜商科大高校(B05)
横浜市立横浜サイエンスフロンティア高校(B70)
横浜翠陵高校(B14)
横浜清風高校(B10)
横浜創英高校(B21)
横浜隼人高校(B16)
横浜富士見丘学園高校(B25)

千葉ラインナップ

あ 愛国学園大附属四街道高校(C26)
我孫子二階堂高校(C17)
市川高校(C01)★
か 敬愛学園高校(C15)
さ 芝浦工業大柏高校(C09)
渋谷教育学園幕張高校(C16)★
翔凜高校(C34)
昭和学院秀英高校(C23)
専修大松戸高校(C02)
た 千葉英和高校(C18)
千葉敬愛高校(C05)
千葉経済大附属高校(C27)
千葉日本大第一高校(C06)★
千葉明徳高校(C20)
千葉黎明高校(C24)
東海大付属浦安高校(C03)
東京学館高校(C14)
東京学館浦安高校(C31)
な 日本体育大柏高校(C30)
日本大習志野高校(C07)
は 日出学園高校(C08)
や 八千代松陰高校(C12)
ら 流通経済大付属柏高校(C19)★

埼玉ラインナップ

あ 浦和学院高校(D21)
大妻嵐山高校(D04)★
か 開智高校(D08)
開智未来高校(D13)★
春日部共栄高校(D07)
川越東高校(D12)
慶應義塾志木高校(A12)
さ 埼玉栄高校(D09)
栄東高校(D14)
狭山ヶ丘高校(D24)
昌平高校(D23)
西武学園文理高校(D10)
西武台高校(D06)

都道府県別 公立高校入試過去問 シリーズ

- 全国47都道府県別に出版
- 最近数年間の検査問題収録
- リスニングテスト音声対応

た 東京農業大第三高校(D18)
は 武南高校(D05)
本庄東高校(D20)
や 山村国際高校(D19)
ら 立教新座高校(A14)
わ 早稲田大本庄高等学院(A10)

北関東・甲信越ラインナップ

あ 愛国学園大附属龍ヶ崎高校(E07)
宇都宮短大附属高校(E24)
か 鹿島学園高校(E08)
霞ヶ浦高校(E03)
共愛学園高校(E31)
甲陵高校(E43)
国立高等専門学校(A00)
さ 作新学院高校
(トップ英進・英進部)(E21)
(情報科学・総合進学部)(E22)
常総学院高校(E04)
た 中越高校(R03)＊
土浦日本大高校(E01)
東洋大附属牛久高校(E02)
な 新潟青陵高校(R02)
新潟明訓高校(R04)
日本文理高校(R01)
は 白鷗大足利高校(E25)
ま 前橋育英高校(E32)
や 山梨学院高校(E41)

中京圏ラインナップ

あ 愛知高校(F02)
愛知啓成高校(F09)
愛知工業大名電高校(F06)
愛知みずほ大瑞穂高校(F25)
暁高校(3年制) (F50)
鶯谷高校(F60)
栄徳高校(F29)
桜花学園高校(F14)
岡崎城西高校(F34)
か 岐阜聖徳学園高校(F62)
岐阜東高校(F61)
享栄高校(F18)
さ 桜丘高校(F36)
至学館高校(F19)
椙山女学園高校(F10)
鈴鹿高校(F53)
星城高校(F27)★
誠信高校(F33)
清林館高校(F16)★
た 大成高校(F28)
大同大大同高校(F30)
高田高校(F51)
滝高校(F03)★
中京高校(F63)
中京大附属中京高校(F11)★

公立高校入試対策 問題集シリーズ

- 目標得点別・公立入試の数学(基礎編)
- 実戦問題演習・公立入試の数学(実力錬成編)
- 実戦問題演習・公立入試の英語(基礎編・実力錬成編)
- 形式別演習・公立入試の国語
- 実戦問題演習・公立入試の理科
- 実戦問題演習・公立入試の社会

中部大春日丘高校(F26)★
中部大第一高校(F32)
津田学園高校(F54)
東海高校(F04)★
東海学園高校(F20)
東邦高校(F12)
同朋高校(F22)
豊田大谷高校(F35)
な 名古屋高校(F13)
名古屋大谷高校(F23)
名古屋経済大市邨高校(F08)
名古屋経済大高蔵高校(F05)
名古屋女子大高校(F24)
名古屋たちばな高校(F21)
日本福祉大付属高校(F17)
人間環境大附属岡崎高校(F37)
は 光ヶ丘女子高校(F38)
誉高校(F31)
ま 三重高校(F52)
名城大附属高校(F15)

宮城ラインナップ

さ 尚絅学院高校(G02)
聖ウルスラ学院英智高校(G01)★
聖和学園高校(G05)
仙台育英学園高校(G04)
仙台城南高校(G06)
仙台白百合学園高校(G12)
た 東北学院高校(G03)★
東北学院榴ヶ岡高校(G08)
東北高校(G11)
東北生活文化大高校(G10)
常盤木学園高校(G07)
は 古川学園高校(G13)
ま 宮城学院高校(G09)★

北海道ラインナップ

さ 札幌光星高校(H06)
札幌静修高校(H09)
札幌第一高校(H01)
札幌北斗高校(H04)
札幌龍谷学園高校(H08)
は 北海高校(H03)
北海学園札幌高校(H07)
北海道科学大高校(H05)
ら 立命館慶祥高校(H02)

★はリスニング音声データのダウンロード付き。

高校入試特訓問題集 シリーズ

- 英語長文難関攻略33選(改訂版)
- 英語長文テーマ別難関攻略30選
- 英文法難関攻略20選
- 英語難関徹底攻略33選
- 古文完全攻略63選(改訂版)
- 国語融合問題完全攻略30選
- 国語長文難関徹底攻略30選
- 国語知識問題完全攻略13選
- 数学の図形と関数・グラフの融合問題完全攻略272選
- 数学難関徹底攻略700選
- 数学の難問80選
- 数学 思考力―規則性とデータの分析と活用―

〈ダウンロードコンテンツについて〉

本問題集のダウンロードコンテンツ、弊社ホームページで配信しております。現在ご利用いただけるのは「2025年度受験用」に対応したもので、**2025年3月末日**までダウンロード可能です。弊社ホームページにアクセスの上、ご利用ください。
※配信期間が終了いたしますと、ご利用いただけませんのでご了承ください。

高校別入試過去問題シリーズ

中央大学高等学校　2025年度

ISBN978-4-8141-2915-7

[発行所] 東京学参株式会社
〒153-0043　東京都目黒区東山2-6-4

書籍の内容についてのお問い合わせは右のQRコードから　⇒

※書籍の内容についてのお電話でのお問い合わせ、本書の内容を超えたご質問には対応できませんのでご了承ください。

2024年5月30日　初版